Sauerländische
Mundart-Anthologie

Zwölfter Band:
Mundartprosa aus dem
Heimatkalender „De Suerlänner"
1922-1932

Sauerländische Mundart-Anthologie

Zwölfter Band: Mundartprosa aus dem Heimatkalender „De Suerlänner" 1922-1932

Bearbeitet von Magdalene Fiebig
und Peter Bürger

Textreihe zur Mundartliteraturgeschichte
aus dem Christine Koch-Mundartarchiv
am DampfLandLeute-Museum Eslohe

Ministerium für
Kultur und Wissenschaft
des Landes Nordrhein-Westfalen

Konzeption, Recherche & Gestaltung dieser Edition
zur Mundartliteratur der „Weimarer Zeit" wurden gefördert
durch ein Künstlerstipendium im Rahmen der NRW-Corona-Hilfen.

© 2021
Magdalene Fiebig – Peter Bürger
(Buchausgabe zur Digitalen Bibliothek „daunlots")

SAUERLÄNDISCHE MUNDART-ANTHOLOGIE.
Zwölfter Band: Mundartprosa aus dem
Heimatkalender „De Suerlänner" 1922-1932

Bearbeitet von Magdalene Fiebig und Peter Bürger

Textreihe zur Mundartliteraturgeschichte aus dem Christine Koch-
Mundartarchiv am Dampf Land Leute-Museum Eslohe
www.sauerlandmundart.de

Umschlagmotiv: Relief des Heimatbund-Gründers
Franz Hoffmeister (1998-1943) am Brunnen in Balve
(https://commons.wikimedia.org)

Satz & Gestaltung: Peter Bürger
Herstellung und Verlag: BoD – Books on Demand, Norderstedt

ISBN: 978-3-7557-3904-3

Inhalt

De Suerländer 1924

De Suerlänner 1929

Arnsberger Hinkende Bote /
De Suerlänner 1930

De Suerlänner 1932

Über die Reihe „Sauerländische Mundart-Anthologie"

Das Sauerland bildet den südlichsten Zipfel des niederdeutschen Sprachraums. Noch bis weit ins 20. Jahrhundert hinein sprachen die Leute in vielen Ortschaften ein eigentümliches Plattdeutsch. Es zeichnete sich vor allem durch zahlreiche Mehrfachselbstlaute aus und wurde (bzw. wird) von Mundartsprechern aus anderen niederdeutschen Landschaften oft nur schwer verstanden. Heute ist den meisten jungen Menschen in Südwestfalen selbst der Klang der früheren Alltagssprache des Sauerlandes nicht mehr vertraut. Über ältere Schallplatten oder Tonkassetten, eine von Walter Höher bearbeitete CD-Edition des Märkischen Kreises[1] und die noch vollständig lieferbare Hörbuchreihe „Op Platt"[2] aus dem von Dr. Werner Beckmann und Klaus Droste betreuten *Mundartarchiv Sauerland* können jedoch zahlreiche Ortsmundarten, die schon „verstummt" sind, noch immer hörbar gemacht werden (IM REYPEN KOREN 2010, S. 670-673 und 675-680).

Daneben versucht das *Christine-Koch-Mundartarchiv am Dampf LandLeute-Museum Eslohe* seit 1987, über die Vermittlung schriftlicher bzw. literarischer Sprachzeugnisse einen Beitrag zum „plattdeutschen Kulturgedächtnis" im dritten Jahrtausend zu leisten. Eine vom

---

[1] „Auf 20 CDs aus sechs eingeteilten Sprachregionen des Bearbeitungsgebietes [märkisches Sauerland, Balve, Menden] kommen [...] insgesamt 140 Sprecherinnen und Sprecher zu Wort. Es sind plattdeutsche Sprachbeispiele in vielerlei Gestalt (Geschichten, Erzählungen, Gedichte, heitere Darstellungen, Berichte über Kinder-spiele, bäuerliche und gewerbliche Verrichtungen in der Vergangenheit usw.) Die plattdeutschen CD-Texte wurden von Walter Höher in die hochdeutsche Sprache übersetzt und sind in einem Begleitbuch mitlesbar." (http://www.heimatbund-mk. de/ index.php/literatur)

[2] Insgesamt liegen schon 29 Text-&-Ton-Hefte *„Op Platt"* für den kurkölnischen Landschaftsteil vor, erhältlich beim Herausgeber der Reihe: Mundartarchiv Sauer-land, Stertschultenhof Cobbenrode, Olper Straße 3, 59889 Eslohe. E-Mail-Kontakt: mundartarchiv@gmx.de [http://www.sauerlaender-heimatbund.de/].

Initiator dieser Reihe bearbeitete Mundartliteraturgeschichte des Sauer-
landes ist für den Zeitraum bis 1918 bereits abgeschlossen. Folgende
Bände sind bislang erschienen und können über das Museum Eslohe
erworben werden (www.museum-eslohe.de):

1. *Im reypen Koren.*
    Ein Nachschlagewerk zu Mundartautoren, Sprachzeugnissen und
    plattdeutschen Unternehmungen im Sauerland und in angrenzenden
    Gebieten (Eslohe 2010).
2. *Aanewenge.*
    Plattdeutsches Leutegut und Leuteleben im Sauerland
    (Eslohe 2006).
3. *Strunzerdal.*
    Die sauerländische Mundartliteratur des 19. Jahrhunderts
    und ihre Klassiker Friedrich Wilhelm Grimme und Joseph Pape
    (Eslohe 2007).
4. *Liäwensläup.*
    Fortschreibung der sauerländischen Mundartliteraturgeschichte bis
    zum Ende des ersten Weltkrieges (Eslohe 2012).

Die hier mit einem weiteren Band fortgesetzte Reihe *„Sauerländische
Mundart-Anthologie"* erschließt indessen den eigentlichen Gegenstand
von Lieberhaberei und Forschung! Sie ist so konzipiert, dass Entwick-
lungen des plattdeutschen Schreibens in der Region anhand von Quel-
len nachvollzogen werden können. Die Auswahl darf also keineswegs
auf solche literarischen Texte beschränkt bleiben, die der Bearbeiter als
„besonders kunstvolle" Beispiele erachtet. Es gilt jedoch das Ver-
sprechen, dass in jedem Band Türen für ein ausgiebiges Lesevergnügen
aufgetan werden.
   Zugegeben, der Reihentitel ist irreführend, da das Projekt über eine
„Blütenlese" weit hinausgeht und sich in die Richtung einer *Mundart-
Bibliothek* für das kölnische wie märkische Sauerland (samt südwest-
fälischer Grenznachbarschaft) entwickelt hat. Einschlägige „Klassiker"
und verstreute Textzeugnisse u. a. aus dem Heimatschrifttum vergange-
ner Zeiten sollen darin in großzügiger – möglichst repräsentativer –
Auswahl auch einer solchen Leserschaft dargeboten werden, für die be-
reits das Schriftbild (Fraktur) in alten Druckerzeugnissen eine erheb-
liche Barriere bedeutet. Seit über einem Vierteljahrhundert konnten im
Christine Koch-Mundartarchiv einige als verschollen geltende Raritä-

ten, z.T. sehr umfangreiche Nachlass-Manuskripte und zahllose Zeugnisse einer breiten plattdeutschen Schreibkultur in der Region zusammengetragen werden. Die Früchte der diesbezüglichen Archivarbeit nunmehr nach Plan über die *„Sauerländische Mundart-Anthologie"* zugänglich zu machen, dieser Vorsatz ist die stärkste Triebfeder für das ganze Vorhaben. Der Blick auf den „nahenden Abschluss einer überschaubaren [neuniederdeutschen] Literaturtradition" (Robert Langhanke) geht bei einigen Plattdeutsch-Aktivisten noch immer mit rückwärtsgewandten Beschwörungen einher. Das hier Vorgelegte soll jedoch nicht dem Lamento dienen, sondern zu einer Lesereise durch die Kultur- und Sprachgeschichte einer Landschaft verführen.

In dieser Edition geht es nicht um eine Vereinheitlichung der Schreibweise oder eine Beseitigung aller Widrigkeiten in den originalen Textdarbietungen. Die „Mundart" ist auf vielerlei Wegen und Irrwegen zu Papier gebracht worden. Auch das soll vermittelt werden.

Für die Zeit bis zum Ende der Weimarer Republik besteht nunmehr ein durchaus komfortabler Zugang zu Primärquellen. Über die Reihe *„daunlots"* auf www.sauerlandmundart.de und öffentliche Digitale Bibliotheken, insbesondere die der Universitäts- und Landesbibliothek Münster, ist die sauerländische Mundartliteratur dieses Zeitraums zu einem beträchtlichen Teil schon im Internet eingestellt. Die als Hilfsmittel für Textarbeit oder Eigenstudium über das Literaturverzeichnis empfohlenen plattdeutschen Wörterbücher sind in einigen Fällen ebenfalls frei im Netz abrufbar (Übersicht zu weiteren, bis 2010 vorliegenden lokalen Wortsammlungen, Grammatiken etc. auch in: IM REYPEN KOREN 2010, S. 436-445; neu für den kurkölnischen Landschaftsteil: PILKMANN-POHL/BECKMANN 2019). Die *Kommission für Mundart- und Namenforschung Westfalens* erschließt auf ihrer Website Projekte, Publikationsangebote, Schaubilder, Hörbeispiele und interaktive „Lernmöglichkeiten" für den gesamtwestfälischen Raum (www. mundartkommission.lwl.org/de/). Das Literaturverzeichnis jedes Bandes soll neben dem Quellennachweis dazu dienen, all diese Ressorcen für weiterführende literarische Erkundungsreisen und „Heimstudien" aufzuzeigen.

Die gesamte Edition kann zunächst frei zugänglich im Internet aufgerufen und ebenso in Form gedruckter Bände (books on demand) erworben werden. Dieses Konzept der doppelten Veröffentlichung entspricht dem Anliegen, über kleine Spezialzirkel hinausgehend Interesse zu wecken und allen, die es möchten, auch ein „digitales Abtasten" des edierten Sprachmaterials zu ermöglichen.

Zum gegenwärtigen Zeitpunkt liegen in der Anthologie-Werkstatt bereits folgende Teile vor (hier die BoD-Buchversionen nach den Ausgaben für www.sauerlandmundart.de):

1. Erster Band: *Niederdeutsche Gedichte 1300 – 1918.*
   Buchfassung ISBN 978-3-8370-2911-6
2. Zweiter Band: *Plattdeutsche Prosa 1807 – 1889.*
   Buchfassung ISBN: 978-3-7392-2112-0
3. Dritter Band: *Plattdeutsche Prosa 1890 – 1918.*
   Buchfassung ISBN: 978-3-7412-2240-5
4. Vierter Band: *Lyriksammlungen der Weimarer Zeit.*
   Buchfassung ISBN: 978-3-7412-7387-2
5. Fünfter Band: *Verstreute und nachgelassene Gedichte 1919-1933.*
   Buchfassung ISBN: 978-3-7412-7153-3
6. Sechster Band: *Prosa-Sammlungen der Weimarer Zeit - Kölnisches Sauerland.*
   Buchfassung ISBN: 978-3-8482-5981-6
7. Siebter Band: *Lüdenscheider Prosa der Weimarer Zeit von Emma Cramer-Crummenerl [Reprint].*
   Buchfassung ISBN: 978-3-7528-0409-6
8. Achter Band: *Gesamtausgabe der Theaterstücke von Friedrich Wilhelm Grimme 1861 – 1885.*
   Buchfassung ISBN: 978-3-7504-9583-8
9. Neunter Band: *Bühnentexte von Gottfried Heine, Jost Hennecke, Johannes Schulte und Franz Rinsche.*
   Buchfassung ISBN: 978-3-7519-5334-4
10. Zehnter Band: *Mundartprosa von Ludwig Schröder, Friedrich Wilhelm Haase und Fritz Linde.*
    Buchfassung ISBN: 978-3-7519-8526-0
11. Elfter Band: *Mundartprosa aus den Zeitschriften „Trutznachtigall" und „Heimwacht" 1919-1932.*
    Buchfassung ISBN: 978-3-7543-1913-0
12. Zwölfter Band: *Mundartprosa aus dem Heimatkalender „De Suerlänner" 1922-1932*
    Buchfassung ISBN: 978-3-7557-3904-3

[p.b.]

Vorbemerkungen
zu diesem Band

Ergänzend zur ,Sauerländischen Mundart-Anthologie XI' mit Texten aus der Heimatbundzeitschrift (*Trutznachtigall, Heimwacht*) wird durch den vorliegenden Band XII für die Zeit der Weimarer Republik auch noch die gesamte plattdeutsche Prosa aus dem Kalender für das kurkölnische Sauerland erschlossen, die eine Reihe beachtlicher, jedoch kaum bekannter Texte umfasst. Der Name des Kalenders lautete „*De Suerländer*", ab 1926 mit der neuen Schreibweise „*De Suerlänner*". Erst ab der Ausgabe für das Jahr 1924 trug das Titelblatt den Zusatz „Heimatkalender für das kurkölnische Sauerland", wobei dieser Jahrgang erstmalig auch eine im Impressum vermerkte Herausgeberschaft des noch jungen Sauerländer Heimatbundes aufwies.

Während der Zeit der Weimarer Republik erschienen nur Kalender für die Jahre 1922-1926, 1928-1930 und – letztmalig – für 1932. Die Ausgabe für 1930 präsentierte sich einmalig in Vereinigung mit dem Kalender „*Arnsberger Hinkende Bote*" (die Kooperation wurde dann nicht fortgesetzt). Im Krisenjahr 1932 gab es hinsichtlich Nachfrage und Kostendeckung vermutlich schon nicht mehr die Voraussetzungen, einen Kalender für das Folgejahr 1933 zu erarbeiten und zu drucken.

Das soziale Spektrum der siebzehn namentlich bekannten Autorinnen und Autoren der hier neu versammelten Texte fällt deutlich einseitiger aus als bei Mundartbeiträgen der Heimatbundzeitschrift. Es sind vertreten sieben Lehrer bzw. ehemalige Lehrerinnen (Hugo Cramer, Franz Dempewolff, Johann Hengesbach, Fitz Hillebrand, Christine Koch, Maria Poggel-Degenhardt, Heinrich Stahl), sechs katholische Priester (Anton Freiburg, Dr. Friedrich Albert Groeteken, Johannes Hatzfeld, Franz Hoffmeister, Anton Moenig, Rektor Ferdinand Wagener), eine Schriftstellerin (Anna Kayser), ein Schuhmachermeister (August Beule) und zwei Autoren, bei denen ich den Beruf nicht ermitteln konnte (Gottfried Berg, Johannes Leiße). Nur drei von 17 Autorennamen verweisen auf Frauen.

Bis zum Kalender für das Jahr 1924 war Lehrer Johann Hengesbach verantwortlich bzw. mitverantwortlich für die plattdeutsche Redaktion. Sein Text „*Demokratenluie*" (→S. 29-32) weist sich durch reaktionäre Anschauungen aus (Kritik der Gleichberechtigung von Frauen, Votum für die strenge Züchtigung der Kinder, eine antisemitische Passage) und namentlich durch eine ablehnende Haltung gegenüber der noch jungen Weimarer Demokratie. In den ersten drei Jahrgängen ist Dr. F. Albert Groeteken der federführende Herausgeber; er spricht u.a. von „Volkspsyche", „sauerländischer Volksseele", dem „Erhalt völkischer Eigenart" (der deutschen Stämme) und einem Heimatprogramm zur „Volksgesundung", das sich nicht durch „heimatkundliche Spezialistenkrämerei" auszeichnen würde (→S. 33-37). Eine Nähe zu Anschauungen des münsterländischen Rechtskatholiken Karl Wagenfeld darf hier wohl angenommen werden. Aber auch im Sinne der SHb-Gründergeneration wird Heimatarbeit als Bewegung – als ‚Volksbewegung' – verstanden.

Eine Mundartspezialiät am südlichen Zipfel des niederdeutschen Sprachgebietes Südwestfalens vermittelt der Text „*Wensche un Oelper*" von Lehrer Heinrich Stahl aus Gerlingen (→S. 168-170). Die ‚Sprachenfrage' wird außerdem in einem Appell der Redaktion angesprochen (→S. 82): Es sei löblich, heitere und ernsthafte plattdeutsche Literatur zu lesen; dies könne aber nicht die plattdeutsche Sprachpraxis im eigenen Haushalt ersetzen. In unserer Sammlung gibt es 22 Beiträge mit einer ernsten und 28 Texte mit einer humoristischen Tendenz. Die ‚ernsten Themen' werden jedoch in z.T. sehr langen Erzählungen bearbeitet und nehmen deshalb den größeren Raum innerhalb der plattdeutschen Kalenderanteile ein.

Auch in manchen Schwänke werden spezifische Motive der katholischen Landschaft bearbeitet – wie ‚Beichtgang' oder ‚Prozession' (→S. 59-61, 98-100, 203-207). Johannes Hatzfeld lässt in seine Funden aus „*Hannwilmes Oihmen siener Schäperholster*" viel konfessionelles Leuteleben einfließen. Ein heiteres Prosastück wie „*De Falsmünzer*" von Rektor Ferdinand Wagener (1871-1931) verfolgt durchaus die Absicht, Modelle des gesellschaftlichen Zusammenlebens zu vermitteln. Der Inhalt dieser ‚wahren und gelungenen Geschichte' (→S. 52-58): Ein begüterter, stets zu Streichen aufgelegter Bauer Schulte verhilft einem armen Mütterchen mit krankem Sohn zu einer neuen Ziege, wobei er ihr vorgaukelt, er habe die rettenden zehn Silbertaler aus alten Löffeln selber gegossen. Doch der von ihm gewählte Weg des Helfens bringt ihn fast in ernste Kalamitäten, weil die arme Nutznießerin das ihr anvertraute Geheimnis der verbotenen Münzprägung nicht für sich behalten kann. (Der Amtmann will hernach den Schulte wegen des vermeintlichen Betreibens einer Falschmünzer-Werkstatt verhaften.) Im Hintergrund steht das Modell einer patriarchalen Fürsorge der Besitzenden gegenüber den Allerärmsten, nicht aber ein sozialpolitisches Konzept von Gerechtigkeit. Sympathieträger in der Erzählung ist ein denkbar gutgelaunter Wohlhabender!

Die ohne Verfasserangabe dargebotene historische Sage *„De Häxe van Balve"* (→S. 158-167) beleuchtet nicht zuletzt ein trauriges Kapitel der regionalen Kirchengeschichte, das in der Mundartliteratur des Sauerlandes immer wieder bearbeitet worden ist[3] (nach Joseph Pape z.B. auch von Jost Hennecke und Josef Pütter).

Christine Koch, die während der Zeit der Weimarer Republik zwei bemerkenswerte Bände mit Mundartlyrik veröffentlicht hat, bewegt sich in allen ihren Texteinsendungen an die Kalenderredaktion fern von jenem Schwank-Genre, welches beim Publikum die niederdeutsche Sprache stets in einen Zusammenhang der Belustigung rückt. Auch sie formt Stimmungsbilder aus einer katholischen Landschaft.

Der Kalender für das Jahr 1928 zeichnet sich durch den thematischen Schwerpunkt „Dorfleben" aus. Im anonymen Beitrag *„En hilligen Beraup"* (→S. 129-136) erzählt ein katholischer Dorfwirt dem Pfarrer, wie er auf seine Weise einen sehr wichtigen Beitrag zur Seelsorge am Ort leistet; von rheinischen Jungkatholikinnen (Quickbornerinnen) hat der fromme Gastronom wichtige Anregungen erhalten. (Es kommt mir beim Lesen der hartnäckige Verdacht, es könnte die Brachter Gastwirtsfrau bzw. Wirtin Christine Koch die Verfasserin dieses Textes sein.)

Im zweiten plattdeutschen Beitrag *„Beim Dorfoberhaupt"* (→S. 137-143), der vermutlich – wie in einer bibliographischen Kartei des Heimatmuseums Arnsberg vermerkt – vom Heimatbundnestor Franz Hoffmeister stammt, wird ein der Heimatbewegung verbundener Ortsvorsteher vorgestellt, der auf kluge Weise zum Erhalt baulicher Kulturgüter beiträgt, Konflikten vorbeugt, moralische Gefahren abwehrt und sich in sozialen Notlagen aus eigenem Antrieb engagiert. Mit heutiger Begrifflichkeit würde man diesen Helfer in allen Lebenslagen wohl als „Milieumanager" der katholischen Landschaft oder „Kümmerer" bezeichnen.

---

[3] Vgl. LIÄWENSLÄUP 2012, S. 133, 203-207; ANTHOLOGIE II, S. 279-317; ANTHOLOGIE IV, S. 268-289; ANTHOLOGIE V, S. 372-378.

Um eine Vermittlung sozialer (bzw. sozialkatholischer) Ideale ist auch Anton Freiburg bemüht. In seiner Skizze *„Use Strykgooren"* (→S. 227-233) geht es um die Geschichte eines dörflichen „Apfellehrgartens", der bis zur Separation („Flurbereinigung") bestanden hat. In diesem Garten wird die heranwachsende Jugend an die Kunst der Obstbaumzucht herangeführt. Pastor und Lehrer sind die maßgeblichen Persönlichkeiten des Dorfes, die durch ihre Impulse das Gemeinwohl fördern und namentlich die Pflanzung von Obstbäumen angeregt haben. Bei der Entstehung des gemeinsamen Apfellehrgartens, dessen Ernte Jahr für Jahr dem Lehrer zugute kommt, waren alle Bewohner beteiligt. Als der alte Schulmeister in den Ruhestand eintritt, kommt ein durchaus würdiger junger Nachfolger. Der neue Lehrer muss allerdings – mit Hilfe der Schüler – noch lernen, dass am Ort bei der Obsternte kein strenges Besitzdenken waltet. Wer – ohne eigens nachzufragen – beim Nachbarn die Äpfel probiert, begeht keinen Diebstahl, sondern zeigt dem Nächsten geradezu seine Ehrerbietung. Alle am Ort haben genug Obst für ihren Bedarf und nichts spricht dagegen, dass ausnahmslos alle die große Geschmacksvielfalt der Apfelsorten ringsum in aller Freiheit erkunden können. So trägt gerade auch der Lehrgarten im Dorf den Namen: *Unser* Apfelgarten.

Die meisten Kalenderbeiträge des Priesters Anton Moenig sind bereits während des ersten Weltkrieges in einem Feldpost-Periodikum erschienen.[4] Dieser Seelsorger, der sich auf heitere wie ernste Pfade begibt, wirft mit seinen Texten manche Fragen auf. Einerseits kann er sich einfühlsam den Schicksalen von Gemeindemitglieder zuwenden (vgl. *Schmies Buer van der Elpe*; *Et schenget känner mehr met mey* →S. 144-145, 189-190). Andererseits versagt er fahrenden Künstlern des Unterhaltungsgewerbes seine Sympathie (*Brümme Smälters Oihme können Apen mehr in't Hius niemet* →S. 93-94)[5] und gibt ein Kind, das offensichtlich unter psychischen Problemen und einer ausgewachsenen Ess-Störung leidet, der allgemeinen Lächerlichkeit preis (*Päiterken un seyn Gebiät; Päiterken*: →S. 88-90, 106). – Mit Blick auf ein nie gedrucktes Buch aus seiner Werkstatt meinte Franz Hoffmeister, „das leider noch unvollendete und ungedruckte Manuskript ‚Use Räumraise' von Pastor Mönig" zeige – noch klarer als Christine Kochs Lyrik, daß

---

[4] Um ein vollständiges Bild über die plattdeutsche Kalenderredaktion 1922-1931 zu erhalten, werden sie in diesem Band noch einmal dargeboten.
[5] Außerdem zu bedenken ist die antisemitische Tendenz bei A. Moenig (vgl. LIÄWENSLÄUP 2012, S. 715-722, 779-785).

18

zur sprachschöpferischen „Entwicklung des Plattdeutschen" vieles ge-
schehen könne.[6] Zu diesem Zeitpunkt war das erste Kapitel von „*Use
Räumraise*" schon im Heimatkalender „De Suerlänner" für 1932 nach-
zulesen (→235-238). Mehr als diese Kostprobe kennen wir leider nicht.
Moenig arbeitete an einem – heute verschollenen – Episodenroman, der
eine Romfahrt mit zwei Begleitern schildern sollte und uns bei einer
Wiederentdeckung wohl manches über die „katholischen Mentalitäten"
des Sauerlandes seiner Zeit offenbaren könnte.

Ab dem Heimatkalender für 1928 tritt die katholische Schriftstelle-
rin *Anna Kayser* auf dem Feld der plattdeutschen Erzählungen als die
Autorin mit dem längsten Atem in Erscheinung. – Die hochdeutschen
Romane dieser Autorin mit ausgesprochen konfessioneller Tendenz
könnten ein lohnendes Thema für die kulturgeschichtliche Regionalfor-
schung sein. – Drei Beispiele aus dem Kreis von Kaysers Mundartprosa
für die Kalender seien hier angeführt:

In „*Op guerre alle Art*" (→S. 173-182) geht es um ‚Komplikatio-
nen' im Zuge des Sprechsprachenwechsels: Bauerntochter Lieschen,
die sich nach ihrem auswärtigen Schulbesuch neuerdings nur noch „El-
sa" nennt, erwartet den Besuch ihres Bräutigams aus dem Ruhrgebiet.
Sie möchte, dass zu diesem Anlass alle auf dem Hof nur hochdeutsch
sprechen – wobei sie dem Bruder gar Leckereien zur Belohnung ver-
spricht! Es zeigt sich dann aber, dass der Verlobte – ein Dortmunder
Lehrer – Freude an allem Bäuerlichem hat und unbedingt möchte, dass
die abgemahnten Hofbewohner ihre plattdeutsche Muttersprache ver-
nehmen lassen. Der Pädagoge hat aufgrund seiner mütterlichen Prägung
selbst noch Zugang zum Niederdeutschen. Es gibt also zwei verschie-
dene Perspektiven in heimatbewegter Zeit: Die Bauerntochter fürchtet,
das „Platt" können als Makel und Ausweis von Bildungsferne angese-
hen werden. Der Pädagoge aus der Stadt, ihr Liebster, bringt hingegen –
in Einklang mit manchem Professor und ganz anders als erwartet – der
niederdeutschen Alltagssprache eine sehr hohe Wertschätzung entge-
gen.

In „*Snieder-Hiärmes Linge*" (→S. 183-188) wird die Frage aufge-
worfen, ob die Segnungen eines Baumes mit Geld aufgewogen werden
können: Auf dem Hof Schneider-Hermes ist der ‚Oihme' (unverheira-
ter Bruder des Bauern) bekümmert, weil die alte Linde vor dem Bau-
ernhaus gefällt und verkauft werden soll. Sie hat über Generationen das
Leben der Hofbewohner begleitet: mit ihrer Blütenpracht zur Hochzeit

---

[6] HEIMWACHT Nr. 4/1932, S. 84.

des Bauernpaares, als Schattenspenderin für den Schlaf der Kinder (in der ins Freie geholten Wiege), als Ort des Ausruhens, Nachsinnens und Erzählens … Die Botschaft des ‚Oihmen‘ an Peter, den Bauern, lautet: ‚Der Hof gehört dir, aber die Linde gehört uns allen.‘ Ein vom ‚Oihmen‘ heimlich geführtes Sparbuch ermöglicht am Ende die Finanzierung von anstehenden Umbauarbeiten auf dem Gehöft. Ein Verkauf der Linde kann dadurch – gleichsam in letzter Minute – vereitelt werden.

In ihrer sehr langen Erzählung *„Ümme ne Handvull Eere“* (→S. 213-226) variiert Anna Kayser schließlich das Thema der ‚bäuerlichen Heiratspolitik‘: Jungbauer Heinrich bangt um das Leben seiner Frau Elisabeth und der soeben geborenen Tochter. Vor zwei Jahren hatte er sich auf den Hof ‚eingeheiratet‘. Seine Mutter[7] ist jetzt vor allem von der Sorge getrieben, es könnte bald zu einem ‚Hausverweis‘ kommen. Denn wenn das Kind zuerst stirbt – und dann auch die junge Bäuerin im Wochenbett, gibt es keinen Anspruch mehr, auf dem Hof zu verbleiben. Heinrichs Verehelichung basierte auf einer pragmatischen „Vernunftheirat“ – aus materiellen Erwägungen heraus. Beide Gatten hatten ihre wirklichen Geliebten zuvor verraten müssen. Am Sterbebett der Frau wird die Sprachlosigkeit eines unglücklichen Ehe-Weges aufgebrochen. Beide Eheleute beichten einander die Lüge, die sie zum unwahrhaftigen „Ja“-Wort am Traualtar geführt hat. Eine bittere Erkenntnis kommt zum Vorschein: ‚Hundert Morgen tote Erde können Menschen schon mal lieber sei als – ein lebendiger Mensch.‘ – Ein glückliches Ende wird es in dieser Geschichte, die mit ihrer Tragik kaum repräsentativ ist für die plattdeutschen Literaturproduktionen aus dem Sauerland[8], *nicht* geben.

Peter Bürger, im November 2021

---

[7] Die scheinbare Herzenskälte dieser Frau wird nicht einfach als Boshaftigkeit dargestellt; die Mutter selbst verweist auf ihren eigenen Lebensweg als Hintergrund.

[8] Am ehesten bietet sich ein Vergleich mit Christine Kochs erst postum veröffentlichten Bauernroman *„Truie“* an (vgl. ANTHOLOGIE VI, S. 386-423).

DE SUERLÄNDER
1922

De
Suerländer
1
9
2
2

„ÖÜT SWAMM UN HÜLTENWARE"[9]
Vertellekes öüt d'r Friäwereg un Ümmegiegend

Von Lehrer [Franz] Dempewolff –
Wormelskirchen

Musekanten-Spargitzen

Use Altmester Grimme vertellet us van Musekanten, dai te Fastowend op drei Düärpern tegleyke spielern. Düse Musekanten wören öüter Friäwereg, un feyf Mann wören't. De Kapellmester was Färwers Pappa, dai de Trumpätte blais; seyn Brauer, Krämers Hanjüren, maakere Tüllülütt op der Klarnette; Grells Pappa sträik d'n Baß, de Künnemann pöüstere Wuttättä, wuttättä opem Althooren, un de Spielhännes öüter Smallmereg krassere de Viggeleyne. Düt tau der Vüärbemiärkunge.

Düse Musekanten-Onkels gengen äines Daages noh Hennewern. Et was de Daag vüär Grautsunndaag. Diän andern Daag soll op Schulten Diähle Fastowendball seyn. De Kaawe vamme Diäsken was all wiägkiährt; de Schinken, Speckseyen un Wüerste an der Weyme wören propper afmelmet. De Burßen harren Dännentöppe haalt, ümme't recht feyn te maaken. Alt und junk fröggere sik all seyt Askermiddewiäcken op dün Daag. De Blagen stöngen vüärm Duarpe un kuckeren tem Biärge ropp, of de Musekanten nau nit balle kämen. Awwer sau eylig harren dai't nit. Se mochten düär knaidaipen Schnai düär'n Baukhagen rop. Uawen op der Höchte bliewen se äist mol stohn, ümme öüttesnöüwen. Se wören düärnaat van Swäite, besonders de Baßdriäger. De Baßraimen was buasten, un nöü mochte dät wahne Dier unnerm Aarme draggt weeren. Asse de Musekanten do stöngen un sik d'n Swäit afwiskern, kam Schulten Knecht met'ner Hälfte Liär amme Biärge rop, dai hai beym Weythuawe in der Smallmereg haalt harre. „Dunnerwiär, döü kümmest asse geraupen," saggte de Künnemann met'm fröntleksten Gesichte van der Welt, „wamme äuk näu säu figgelant oppen Bäinen wör! Kümmest amme Biärge rop un hiäst känn Hoor naat! Wat hiäste do ne schoine Hälfte Liär! Lait sik do nit ne niggen Raimen füär ussen Baß röütschnien?" „Dät glöft'ik äuk," saggte de Junge, „dät Liär hört mey nit; dät hört meynem Heeren, d'm Schulten." „E wat, dät mäket nicks," saggte Spielhännes, „dät is dät Liär äinerlai, wai't kaputtschnitt;

[9] DE SUERLÄNDER 1922, S. 45.

giew us ment ne Raimen, saßt ok mooren ümmer ümmezüs danßen, bröükest keinen Grosken te betahlen." Diäm Knechte biewere't Hiemet, asse van danßen hoor. „Meynthalwen, wann ey ugge Woort hallet, dann schnitt ug ne Raimen af, awwer säu, därr'et de Heer nit säufort miärket." „Heww känne Naut nit!" troistere de Künnemann; un de Spielhännes kräig et Meß un schnäit mirren öüter Höüt ne bräien Raimen. „Suih, dai pässet! Junge, nöü kannste awwer ok mooren danßen, sauviel de Lust hiäst," saggte Spielhännes; „awwer 'n döüsend Dunnerwiär, nöü heww vey wat Schoines macht! Wann nöü de Böür de baiden Hälften anäinhället, dann passet dai Schnie nit oppenäin, weylen dät ment van äiner Seyt ne Raimen affschnien is. Böü fange vey't aan, dät dai aarme Junge öüter Verliägenhait kümmet? Ik wäit kännen Root." De aarme Knecht joilere un raip: „Wat sall dät giewen? O, ik aarme Schelm! Nöü jäget mik de Heer öütem Denste un zeiget mik uawendropp aan, un ik kumme noh der Friäwereg in Bröüns Kämerken."

„Stille," fenk de Künnemann droige aan, „ik wäit Root. Vey schnitt van diär andern Hälfte äuk ne Raimen af, hai brüöket jo nit gerade säu bräit te seyn, dann passet dai Schnie oppenäin!" „Jo, jo, dät gäiht," söchtere de Knecht; „Guatt Luaw un Dank, därr ik öüt diär Verliägenhait röüt sey." De twerre Raime woor schnien; jeder was tefriän, un dann geng'et noh Hennewern.

Gint Johr vertelle vey widder.

*

Un wann de Osse ne Stall van Silwer krit,
hai blaiwet en Osse un lätt det Misten nit.

Et is kain Hund sau seyg oppen Hacken,
hai kann dik in de Feese packen.

F.W. Grimme.

DE BEIDEN PÖTERS[10]

Vertellt vam Vikarius te Siärkenroe
[Anton Moenig]

De Brauer Benevenutus was ne laiwen, allen Bekannten imme Duorpe. All lange Johre kam hai ümme Aeustern un knapp vüör Christdag taum Termenäiern füört Kläuster. Hai was ne fröndleken Mensken un bo hai hiene kam, gafftet fröndleke Gesichter füör iänne un äuk gehöreg wat füört Kläuster. De Blagen laipen, wann se 'ne kummen sohen, op ne tau, gafften 'me et Hängeken un kraigen en Bieleken.

Op Hiärmes Huowe harr hai all dai Johre seyn Quartier, un de Hiärmeske wahrte 'me guet op. „Et is uch wat late woren", saggte de Hiärmeske, ase de Brauer säu ümme half siewen vam Termeyn in de Küeke kam. „Jo, jo, de Luie het säu viel te kuiern un me well doch äuk wieten, biu't ne gäit un säu gäit de Teyt rümme." „Gatt in de Stuowe, Poter, wiärmet uch äis mol örndlek, sollt wuall kalt woren seyn. Verkuiert usem Großvatter en wäenneg de Teyt, un wann use Mannsluie gleyk kummet, dan iätte vey tehäupe et Owendes." „Näi, näi, danke vielmols", saggte de Poter „iek hewe en parmol Kaffe drinken mocht un äuk gehöreg Vesperstücke hat, iek sey vergnaiget. Iek sey maie, un well te Berre gohn. Et is tworens näu fräuh, awer de Schlop is et beste füör Blagen un alle Luie." „Wann ey maint, Poter; iek hewwe süs et Iätten balle prot." „Näi, et is dankenswert." „No, wann ey dann nit wellt, ugge Külter wiet ey jo, iek hewe't uch nette anwiärmet, un hey niämmet uch düt Stohlecht met." „Dat is wuol nit naideg, et is nigge Lecht, gurre Nacht tehäupe." „Gurre Nacht, Poter, schlopet guet."

Et was gehöreg kalt un diärrümme harr de Hiärmeske det Berre anwiärmen loten. In dier Teyt nahm me dotau en orndlek dicke Stücke Backeholt, deh't innen Backuowen, un wann't gehöreg warme was, wortet in Lumpen inwickelt un int Berre laggt; un füör säun Dingen saggte me je diämmols Poter. Met diem hülten Poter harr de Hiärmeske dem Brauer Benevenutus seyn Berre anwiärmet. Se harr ne dann in iährem Manne seyn Berre laggt un woll der äuk de andern Berrens de Reyge noh met anwiärmen.

---
[10] DE SUERLÄNDER 1922, S. 56-57. [Zuerst im Feldpostperiodikum „Heimatgrüße aus dem oberen Sauerland", 11.03.1916.]

De Brauer was näu nit länger ase ne väierl Stunne imme Berre, do saggte de Hiärmeske füör de Maged: „Lisebeth, goh, dau dien Poter in Großvatter seyn Berre; wäist jo bo hai liet." Lisebeth was äis sir Mertensdag op Hiärmes Huowe un terhäime kannten se kännen hülten Poter. Lisebeth genk rop, kloppere an de Düör un raip: „Poter, Ey söllen opstohn un im Großvatter seynem Berre gohn, hey beniäwer op der Stuowe." De Poter harr siek iäwen terechte laggt un woll gerade diäm Heeren entschlopen. „Bat söll iek?" „Ey söllen opstohn un im Großvatter seynem Berre schlopen." Dai Sake kam dem Brauer selzen vüör. All dai Johre harr hai in düem Berre schlopen un de Hiärmeske harr doch äuk näu säu iäwen saggt, det hai wier imme selftigen Berre schlopen söll, un niu söll hai deriut! „No", dachte, „amme hingesten Enge het se näu Besäuk kriegen, dai in düem Berre schlopen sall." Hai krassere siek op, schmäit de Plünsen ümme un genk imme Großvatter seyn Berre. Brrrr wat was det kalt. Hai konn nit warme weren.

Noh 'ner knappen halwen Stunde saggte de Frugge wier füör Lisebeth: „Goh Lisebeth un dau dien Poter iut 'em Großvatter seynem Berre in Kasper-Oihmen seynt; wäist jo, et stäit op dier selftigen Stuowe." Em Liesbeth kam dai Sake spasseg vüör, awer de Frugge har et saggt. Et kloppere wier an de Kamerdüör. „Bat is der niu all wier luos?" raip Benevenutus ärgerlek. „Poter, use Frugge hiät saggt, Ey söllen in det andere Berre gohn, bat do näu staiht." „Kind", raip der Brauer, „verstoh iek diek recht, all wier söll iek innen ander Berre?" „Jau, in Kasper-Oihmen seynt." „Näi, Kind, dät kann nit stemmen, goh frog de Hiärmeske äis näumol." „Watt saggten Ey, Frugge, in wat füörn Berre söll dai Poter niu?" „Dumme Miäken, kannste nit hören? Imme Kasper-Oihmen seynt." „Poter, iek hewwe miek nit verhort, et is richtig, Ey söllen in det andere Berre." Bat woll de gurre Brauer maken? Gehorsam kannte hai vam Kläuster hiär. Ne daipen Söcht: Herr dein Wille geschehe. Hai genk int annere Berre liegen. De Tiäne klapperen, un et ganze Leyw schutte siek van Külle. Hai taug de Decke buor em Koppe tehäupe un de Bäine ant Leyw, awer hai wor un bläiw kalt ase de Eyskiäkel un fruor ase ne Schnaikrägge.

Vüör 'em Owendiätten, säu ümme halwer achte, saggte de Hiärmeske näumol: „Lisebeth, niu goh un dau dien Poter int Kingerberre." Det konn Lisebeth nit guet gloiwen un frogere diärümme näumol: „In wat füör en Berre sall de Poter niu? Int Blagenberre?" „Dumme Miäken, biste ballhöreg? Int Berre, bo Franz un Antönneken inne schlopet; mak awer langsam, dat Fritzken nit wackereg werde." Lisebeth schutte

amem Koppe. Weylen iät känn Spektakel maken söll, kleysterte iät op
'en Täiwen de Trappe rop, machte de Kamerdüör ne handebräit op:
„Poter, use Frugge hiät saggt, Ey söllen niu int Blagenberre gohn.“
„Dunnerwiäers Miäken, biste stakenunweys? Sey Ey alltehäupe unweys
amme Koppe? Det kann mey doch unmüglik äiner an Sinnes seyn.“
„Ganz sieker, se hiät et saggt, et kam mey äuk spasseg vüör; iek hewe
se diärümme fottens näumol froget, un dann seyt säu guet un maket en
kitzken lanksam, det use Kind nit wackereg werd; det liet all op diär
Stuowe imme Berre.“ „Näi, Miäken, dai Sake is meyner Liäwen nit
richtig. Goh, iek well opstohn un mol selwer met ugger Frugge kuiern,
süs kreyge iek doch van Nachte kenne Rugge un mat amme hingesten
Enge näu op de Haunerwieme.“

„Frugge“, saggte Lisebeth, ase iät wier inter Küeke kam, „de Poter
well awer nit int Blagenberre. Iäwen, ase in Großvatter un dann in Kas-
peroihmen seyn Berre soll, hiät hai all knuetert, dütmol hiät hai gehöreg
schannt.“

„Bat sieste Miäken?“ Widder kam de Frugge nit, se was ganz iutem
Kunzäpte kummen un harr pux de Sproke verluoren. Ase sai wier tau
Ohm kummen was, genk en Dunnerwiäer üwer Lisebeth luos: „Diu un-
bediärwe Miäken, dien armen Poter säu te trisjaken.“ „Awer Ey harren
mey doch saggt, iek söll dien Poter in Großvatter un Kasperoihmen
seyn Berre un niu int Blagenberre daun“, un Lisebeth fenk all an te sur-
ken. „Oweysege Miäken, dumme Kuiken, dien hülten Poter, bo me de
Berrens met wiärmet, hewe iek maint.“ Un se schnappere noh Luft un
woll näu mehr schengen, do kam de Brauer ter Küeke rin met me ganz
verfruorenen Gesichte un woll grad frogen, wat dai Jagd van äinem
Berre int andere söll. „Näi, näi, Poter, wat hiät uch det unbediärwe
Miäken andohn, uch säu te aiwen. Iek harr me saggt, iät söll dien Poter,
un iek mainte dien hülten Poter, bo me de Berrens met anwiärmet, in de
andern Berrens daun, un niu jaget det domelege Blage uch allen Mann
bey düeser Külle van äinem Külter int andere. Wann me nit alles selwer
däut; säu'm unbediärwe Miäken.“ Widder kam se nit, do genk diem Po-
ter en Lecht op. Hai lachere hellop, där et schällere, hält siek seyn
Leyweken un konn vüör liuter Lachen nit stohn; hai schmäit siek op ne
Staul un kloppere van Plasäier op de Knaie. Ase de Hiärmeske soh, dat
de Poter de Sake nit üewel nahm, do lachere se met, un Lisebeth wiske-
re met der Schüörte sik det Water iut en Augen un was fräuh, det dai
Sake säu guet affgenk.

„Säu Poter", saggte de Hiärmeske, ase se iärck iutlachet harren, „niu gatt inter Stuowe, settet uch noge beyn Uowen un wiärmet uch äismol gehöreg; use Mannsluie werd säu grad kummen, dann iätet Ey met us. Un niu kümmet dai hülten Poter äis näu mol in ugge Berre un dann sall känn Menske ug mehr deriut schmeyten."

Noh'm Iätten biäten se tehäupe en Räusenkranz, prohlten un lacheren näu'n Weyleken un dann genk de Poter taum twedden Mole int äiste Berre, un hai hiät schlopen ase ne Turk, säu fast det hai amme andern Muorgen känn Hahnenkräggen un känn Engeldesheeren luien horte, un wann se ne nit wecket herren, herr' hai gewiß bit Middag schlopen.

DEMOKRATENLUIE[11]

Von Lehrer [Johann] Hengesbach –
Eversberg

Vey sind niu uawen droppe un konnt oppen Fingern flaiten; jo, vey konnt niu ment Tedaimen[12] un laudamus singen un wat all nau mehr, dann vey sind niu – Demokraten. Wat dät hett? Vey regäiert us niu selwer, un nümmes hiät us wat te seggen. Un wat dät Schoinste is? Mannsluie un Weywesluie sittet niu all op äiner Bank. Frögger het mol de Schweizer op ter Rütliwiese saggt:

„Wir wollen sein ein einig Volk von Brüdern, in keiner Not uns trennen und Gefahr."

Niu mott dät haiten:

„Vey sind äin Volk van Braiers un van Süsters, un Mann un Frugge sind akkroot ejal."

Allerwiägen weert bunte Reyge macht, ok innen Parlemänten. Do sittet de Romanschriftstellerin tiger'm Bliäckschliäger, de gelohrte Dokter tiger irgend enner allen Hutzel. Äiner gellt, wat de andere gellt; et kümmet ment op de graute Klappe aan. Dät de Weywesluie gutt te Woore sind – wai wüßte dät nit iut Erfahrunge, absonders, wai frigget hiät; awwer dät niu de Mutter noh Berleyn innen Landdaag gäiht, un de Vatter'n Blagen terhäime de Huassen stoppen mott, dät härr ik doch meyn Liäwedaage nit dacht. Doch weylen dät an dür kriusen Veränderunge nix mehr te maken is, mott niu awwer ok manniges andere ümmekrempelt weeren. Do is kuattens taum Exempel dai Vüärschlag macht wooren, de Weyerröcke söllen niu endlich afschaffet weeren. De Aanlaup dotau is all mehr ase äinmol macht, awwer ohne Erfolg. Dann wann de Frugge mol ne Büxe aantrock, dann geschoh dät taum allgemeinen Gelächter. Niu awwer mag dät anders weeren: „Jetzt oder nie!" hett niu de Parole. De Pelze, de Winterpätzelkes un Sumerhaikes wören all lange ziemlich ejal, b'rümme nit ok dät andere? Dann konnt wennigstens Mann un Frugge sik äiner'm andern de Büxen nohreyten. Un wann't mol duhnehället, konnt beide sik met äiner Büxe behelpen. Awwer biu sall me dann imme Reichsdaage unnerschäien können, of

---

[11] DE SUERLÄNDER 1922, S. 66-67.
[12] Feierlicher Lobgesang der Liturgie, latein.: *Te Deum laudamus*, deutsch *Dich, Gott, loben wir.*

Mannsluie oder Weywesluie amme Reden sind? Dät is ganß äinfach: Dai't äiste et Miul hallet, dät sind Mannsluie, un dai't lengeste amme Reden blitt, dät sind Weywesluie. Stimmt's oder stimmt's nicht? Un wat süs nau anders weeren mott? Wann frögger in bunter Gesellskopp irgend 'n Fäst fiert woorte, dann hülpen de Weywer twoorens wacker met beym Bowledrinken un ok all beym Zigarettenschmoiken, awwer't Betahlen was füör de Männer alläine. Dät mott niu ophören. Gleyke Rechte, gleyke Pflichten! De Weywer sollt niu selwer berappen, wat se vertiährt het. Is dät recht oder nit recht? Doch watt hett betahlen? Geld hiät huitigen Daages jeder. Do söll mol äiner seggen, vey wören bankrott! Twoorens is de Geldbuil iuter Maude kummen, dann Gold un Silwer is nit mehr. De eysernen Groskens un de Aluminium-Fiftiger weert äinfach lause in de Büxentaske stiäcken. Awwer de Geldtaske met diän Banknauten – jö johh, wat het de Luie Geld! Frögger woorte faake saggt: Wann't Geld nit opgäiht, de Ware weert nit all. Niu mott dät ümmegekehrt haiten. Doch biu use Demokratenluie dai Papierläppkes laiv het! Sau laiv, dät manniger füör de aarmsälligen Lappen seyne Säile verkoipet. Allerdinges gier'et ok nau rühmliche Iutnahmen. As'ik kuattens Tünes Oihmen besochte, was dai vullopp domet beschäfftiget, seynen Aftriet met nagelniggen Äin- un Twäi-Markscheynekes te tapezieren. Hai harre all äinige Quadratfaut bekliäwet, do kam ik un saggte me strackiut, hai wör unweys un möchte oppen Stipp noh Woosten oder Stadtbiärge. „I wo," saggte Tünes Oihme, „ik hewwe quadratmeterweyse iutriäckent, dät mik dät kium duierder kümmet ase Tapäiten. Un dobey is dät doch mol wat Appartes!" Of hai recht harre, well ik nit wieten; awwer hai hellt use Geld füör dät, warr'et in Wohrheit is: bemoolt Papier un widder nix!

De Iutländer lachet diäshalv ok üwer use Lumpengeld. Doch dai het gutt lachen, dann se het use Gold un Silwer imme Buile. Of wuahl jimols wier 'n Giälgoisken in use Finger kümmet? Ik tweywele, dann bit niu weer'et nit donoh macht. Wann de jungen Burßen oppem Wiäge noh der Aarwet säß Zigaretten schmoiket un oppem Häimewiäge wier sässe – bo sall dät riut? Un wann de väierntwintig Daagesstunnen indailt weert in 8 Stunnen taum Schloopen, 8 taum Aarwen un 8 taum Plaßäier, dann sall us de Dalles fix genaug in der Gewalt hewwen. Van Schuldbetahlen kann dann äist recht känne Rede seyn. Doch in düm Punkte möchte ik wünsken, dät Samuel Silwerstäin nau läiwere. Dai harre in punkta Schuldenbetahlen ganß klore Gedanken. Ase iähne äines Dages seyn kleine Smulchen frogere: „Vater, nu sag mir doch mal, wat eigentlich so'n Konkurs is," do saggte de alle Samuel: „Daßte noh so ungeschait bist in de notwendigsten Punkte! Und dabey so leicht wie nur was: En Konkurs is, wann de steckst dai Geld in de Hos' und laßt dir pfänden den Rock."[13]

Richtig! Wai't ferrig brenget, däf'fe noh düm Rezäpte use Milliardenschulden vamme Reichspuckel afschürret, dai söll wahrhaftig use nigge Künink weeren.

Awwer is dann Konkursmaaken op sülke Art un Weyse erlaubt? Is'et us Christenluien vüär usem Hiärguade erlaubt? Dät is niu ne alberne Froge! Vüär usem Hiärguade? Is dai dann üwerhaupt nau amme Ruder? Iss'e nit van diän „Sozi" hulter de pulter iut seynem äigenen Hiuse schmieten! Wai dächte dann nau an usen Hiärguatt? Ase dai us helpen mochte, dät is mol wiäst; vey Demokratenluie het känne Hülpe noidig, vey helpet us selwer. Weert nit all dät Liäwen un Dreywen noh düm Grundsatze inrichtet? Doch füär dai allen Demokratenisels kann mey dät nit mehr läie dauhn. Wann blaut de Jugend nit wör! Jo, use Demokratenmiäckelkes- und jüngelkes! Wiäme läggten dai nit amme Hiärten! Klemens Alexandrinus nennet de Kinner *Flores Matrimonii* – Blumen des Ehestandes. Awwer niu gier'et äist wahre Blaimekes. Nit Stuarm un Wind sollt dai schoinen Knospen verkuwweln. Nit mol 'n kalt Lüftken sell an se. Ne gurre Mutter, na, dai weert doch iähre Kinner nit mehr slohn – Guatt bewahr! Un de Majister? Dai söll sik mol unnerstohn! Wat dai grauwe Keerl üwerhaupt nau ümmer te peelen hiät! Dai söll doch endlich in ne andere Hiut kriupen; oder miärket'e alls nau nit, biu de Wind van uawen wägget? Ik hewwe mey kauttens vertellen looten, de Minister füär all dai schoinen Künste genge met diäm Plane ümme, all dai Lehrers söllen ne Prämie hewwen, dai in der Schaule ohne Stock proot wörten. Manniger rieket sik all imme Koppe iut, biu lichte un niäwenhiär Diusende an Prämien giuternoh te verdainen sind. Ik vüär meynen Kopp verzichte, trotzdiäm ik Majister sin – andern te gunsten. Ik hewwe niemols geeren meyne Finger noh 'me Däile iutstrecket, bo andern all de Nase noh stonk.

Doch jomerscha' is'et, dät de Augustinerpoter Abraham a sankta Klara nit mehr liäwet. Wat dai säggte? „Ich schneid, ich schneid, ich

---

[13] Der Verfasser betreibt an dieser Stelle – im Einklang mit seinen reaktionären, demokratie- und frauenfeindlichen Anschauungen – zweifelsfreie eine antisemitische Hetze. Vgl. zu judenfeindlichen Steroetypen in der sauerländischen Mundartliteratur (namentlich auch bei Hengesbach) meine Studie in: LIÄWENSLÄUP 2012, S. 553-740 und 749-787.

schneid ab! Vielleicht etlichen die Ohren! Oder die Nase? Oder die Zunge? Nein, aber ich möchte gern denen mehresten Eltern die Finger abschneiden, damit sie nicht mehr so stark ihren Kindern durch die Finger sehen, sondern dieselben von Jugend auf strafen. So lange Moses die Ruthen in Händen gehabt, ist sie eine schöne Ruthen verblieben. Sobald er's aber aus der Hand hat fallen lassen, da ist gleich eine Schlange daraus geworden. Also auch meine liebsten Eltern: Solang ihr die Ruthen in Händen habt und gute Zucht haltet unter den Kindern, so bleibt alles gut; wenn ihr aber die Ruthen fallen lasset, so wird gleichförmig eine Schlange draus. Damit will ich sagen: es ist lauter schädliches Gift den Kindern, so man die Ruthen nicht in die Hände nimmt."

Hiät dai alle Poter nit recht hat? Nit ümme der dauwen Nüte willen heww ik düse Woore innen Kuländer schriewen; jeder kann sik de Nase draan wisken, dann wohr sind se bit oppet I- Pünksken. Möchte use Hiärguatt giewen, dät iut usen Jüngelkes un Miäckelkes känne Strauhköppe un Zuckerääpkes weert; füär dai ganße künftige Staatsherrlichkeit gäffte ik süs keinen Häller un Pännink.

EIN SAUERLÄNDISCHER VOLKSABEND[14]

Von Rektor Dr. Albert Groeteken –
Fredeburg

Um die sauerländische Volksseele ist es ein eigen Ding. So mancher redet davon, ohne sie zu kennen. Was unserer besten jungen deutschen Toten einer, der Kriegsdichter Walter Flex, von der Volkspsyche im allgemeinen sagt: Nur in jahrelangem Dienen um die Seele deines Volkes erreichst du es, daß es dir die verborgensten Kammern seines Herzens erschließt, seine Rumpelkammer sowohl wie seine Schatzkammern," das gilt vom Sauerländer in besonderem Maße. Er legt sein innerstes Wesen nicht aufdringlich auf den Präsentierteller, sondern hütet es verschlossen fast wie ein Dornröschen hinter dichter Hecke. In kleinerem Gesellschaftskreise allerdings vermag sauerländische Eigenart sehr wohl einen kräftigen beherrschenden Ton abzugeben. Doch je größer der Kreis wird, je mehr eine Veranstaltung den Charakter eines Festes annimmt, um so mehr sucht man sich zu verstellen, sucht die Natürlichkeit durch berlinerisch-neuhochdeutsche Ruhmredigkeit zu ersetzen. Die Folgen kennt jeder, der ein offenes Auge und empfindungsreiches Herz hat. Man denke nur an die Karikatur des seine Rede einstudierenden Schützenhauptmannes vor dem Holzhaufen, dessen Verstellungskraft bei dem Festakt selbst doch nicht groß genug ist und dem nur die heimatliche Mundart Rettung in der Not bringt; man denke an die köstlichen Spöttereien von F. W. Grimme, G. Heine und Karl Wagenfeld über jene Wichte, die hochdeutsch „iut der plattduitsken Schniute" sprechen. Aber die „Entgleisungen" sind nicht schlimmste Folge dieser Verstellungssucht, von der sich außer den Tirolern kaum ein deutscher Stamm mit ausgeprägter Eigenart ganz frei gehalten hat; weit verhängnisvoller ist, daß dieses Streben eine Förderung eines der schlimmsten Blutsauger unserer Tage bedeutet, des Mechanismus der Allerwelts-Zivilisation, der den Menschen zum Artlosen herabsinken läßt. Und wenn trotz des vielen Geschreibes von Erhaltung völkischer Eigenart, von der Pflege des Wesens der engeren Heimat die Räder jenes Mechanismus erbarmungslos weiter niederwuchten, was an echtem Volkstum noch sein Dasein fristete, so hat das zweifellos z. T. in einer falschen Orientierung der Heimatpflege seinen Grund. Was uns an erster Stelle

---

[14] DE SUERLÄNDER 1922, S. 84-86.

not tut zur Durchführung des großen Programms: Volksgesundung durch die Heimat, ist nicht heimatkundliche Spezialistenkrämerei, sondern ein Erleben der Heimat, ein Wecken des Heimatgedankens und Nutzbarmachung der darin wurzelnden sittlichen Kräfte. Es gilt auch hier: Wenn Ihr's nicht fühlt, was Euch die Heimat ist, dann werdet Ihr es verstandesmäßig nicht begreifen.

Ein Erleben des Heimatgedankens, eine Offenbarung echter Sauerländer Art aber dürfte weitaus den meisten Teilnehmern der am 5. August 1920 in Förde-Grevenbrück von der Heimatvereinigung der studierenden Sauerländer veranstaltete „sauerländische Volksabend" gewesen sein. (Inzwischen sind ähnliche sauerländische Volksfeste in den meisten größeren Orten des Sauerlandes veranstaltet worden, nicht mit einem gleich großen Erfolg.)

Den Mitgliedern der V.st.S. [Vereinigung studierender Sauerländer] war es schon am Tage zuvor auf ihrer vierten Generalversammlung zum Bewußtsein gekommen, daß sie kein reiner Jugendverein seien, sondern eine Heimatbewegung mit kultureller Bedeutung, zu der man allen Sauerländern, die im Sinne der V.st.S. mitzuarbeiten gewilligt sind, die Tore öffnen müsse. (Nicht-Studierende können daher nach Anmeldung beim Vorort der V.st.S. , Paderborn, Leoninum, in Zukunft als außerordentliche Mitglieder aufgenommen werden.) Die in der Vereinszeitschrift „Trutznachtigall" stets vertretene Beschränkung auf das „kölnische" Sauerland wurde durch Generalversammlungsbeschluß festgelegt. Ohne nämlich die Bewohner jener Gebiete, die in den letzten Jahrzehnten infolge äußerer, innerlich und geschichtlich unbegründeter Einflüsse den Namen „Sauerland" für ihre Heimat gleichfalls erworben haben, irgendwie für minderwertig zu erachten, glaubt die V.st.S., daß sauerländisches Wesen in seiner ureigentlichsten Form nur im alten Sauerlande zu finden ist, im Sauerland Grimmes, das man heute vielfach als „kölnisches" Sauerland bezeichnet.

Den ersten Glanzpunkt des Volksabends am 5. September bildete zweifellos die in sauerländischer Mundart gehaltene Festrede des Herrn Religionslehrers J. Hatzfeld – Paderborn. Schon die herzliche Anrede: „Ey laiwen Luie!" verbreitete etwas merkwürdig Anheimelndes über die fast 1000 Besucher zählende Versammlung. – „Vey sind aarm ase vüär en paar diusend Johren de aarme Job op de Miste. Vey het verluaren usen Reykdum, use Kinger, dai in frümeder Eere liät un schlopet, domet vey hey Fäste fiern konnt; het verluaren use Volksgesundhait, liät diäl an ner geistigen Kranket sau aisk ase domools de aarme

Job amme schlimesten Grind; het verluaren use Ehre; un kain Ruie niemet balle mehr en Stücke Braut vamme Duitsken aan. – Awwer vey hört nit op diän Root, diän dem aarmen Job auk seyne Frugge gafte: ‚Flauke Guatt und verrecke!' Näi, et gäit us, ase diäm Jungen, dai in de Stadt trock, seyne Mutter int Hingerstüäweken satte un ‚modern' liäwere, bit hai alles verluaren harre ase de aarme Job und vey jitzund. Do saggte seyne Mutter nit dät aiske Woort: ‚Flauke Guatt un verrecke', sondern: ‚Diu moßt wual wier met häime gohn!' – Use Suerland is use Mutter wiäst, iät siet niu auk füär us: ‚Vey motten wual wier häime gohn!' – Un vey niämet ne Klumpen Eere, Suerlandseere, un drücket 'ne ant Hiärte: dät is nau do! Vey het nau use Land, dat well vey hauge hallen, welt in Ehren hallen use suerlänske Sproke; denn dät Platt, dät is ase en Sprink, do kann me van drinken sau viel ase me well, dät weert niemools lieg; dät Hauduitske is ase ne Kietel, ne grauten Kietel tworens, awwer hai weert doch mol lieg. – Un bey use suerlänske Land, use suerlänske Sproke, bey use suerlänsken Sitten und Bruike hört auk – use suerlänske Hiärguatt –" Gerade an dieser Stelle zeigt sich, wie fein das Plattdeutsche den feinsten seelischen Empfindungen Schwingen zu verleihen versteht, wenn nur der Meister kommt, der es geschickt zu handhaben versteht. Der Redner sprach sodann noch als Autorität auf dem Gebiete der Volksliedersammlung berufene Worte über das Volkslied und seinen bleibenden Wert im Gegensatz zu den Saison-Gassenhauern. Dann aber erklang wie ein Gelöbnis, wie eine Massenantwort auf die Worte des Redners, August Beules wunderhübsches Sauerlandslied, das nach der flotten Weise des alten „Gaudeamus igitur" durch die Schützenhalle dröhnte:

„Häimat, Häimat, schoinste Klang,
Klingest ase Harfensang,
Un meyn Hiärte weert sau frauh,
Kaine Musik dringet sau
Daip mey int Gemaite!"

Den ersten Hauptpunkt des zweiten Teiles der Veranstaltung bildete ein Vortrag des Schriftleiters der Trutznachtigall[15] über die plattdeutsche Bühnendichtung der Gegenwart und die Zukunftsaussichten niederdeutscher Schauspielkunst, worin die Bedeutung des Plattdeutschen auf der Bühne von hoher Warte aus kulturell gewürdigt und zugleich eine Ein-

---

[15] [d.i. Franz Hoffmeister]

führung in den nächsten Programmpunkt des Abends: die Aufführung des Grimmeschen Lustspiels „De Koppelschmid" gegeben wurde. „Aber: bai sick harre fröggen well, mott äist wahne greynen", daher durften sich die Besucher nicht sofort an der fröhlichen Freierei und Heiraterei des „Koppelschmid" erfreuen, sondern mußten zunächst beim gemeinschaftlichen Gesange des uralten sauerländischen Volksliedes *„En graut Malöhr, en schwor Malöhr"*[16] eine schaurige Liebestragödie seelisch miterleben; merkwürdigerweise aber schien sie nicht auf die Tränendrüsen, sondern nur auf die Lachmuskeln einzuwirken.

Die Aufführung des „Koppelschmid" selbst durch Mitglieder des V.s.S. Ortsgruppe Paderborn Gymnasium bedeutete schlechthin eine Glanzleistung. Reichen Beifall ernteten auch die Gesangsvorträge des Männergesangvereins Förde, ebenso die Vorträge plattdeutscher „Döhnkes", wie F.W. Grimmes „Pannekauken", Jost Henneckes „verschlimmböserter Erlkönig" und „Jans Baunenkamps Höllenfahrt" von Karl Wagenfeld.

So war das bunte, abwechslungsreiche und doch harmonisch abgestimmte Programm zugkräftig vom Anfang bis zum Ende. Konnte auch die in den Einladungen gegebene Ankündigung: „Ümme half taine gäit jeder nette häime" nicht auf die Minute erfüllt werden, so bewies doch der Abend, wie rein und edel man sich freuen kann, ohne niedriger Genußsucht zu frönen und bis tief in die Nacht hinein „Vergnügen" zu suchen.

Die Begeisterung für die Heimat aber, die aus aller Augen leuchtete, scheint Gewähr dafür bieten zu sollen, daß das „kölnische" Sauerland in Zukunft in Bezug auf Heimatpflege nicht mehr am Schwanze der gesamten niederdeutschen Bewegung trottet und daß es von seinen Bewohnern mehr und mehr wieder als *Heimat* geschätzt wird, nicht nur von Fremden als ein Ausflugsgebiet für den Industriebezirk. Den Veranstaltern des Abends dürfte schließlich der Erfolg ein mächtiger Ansporn sein, entschlossen weiter den Weg zu wandeln, den die Gründer der V.s.S. vor damals 13 Monaten aufdeckten, dürfte sie begeistert haben, für ihr hehres Programm noch eifriger zu wirken, der V.s.S. zum Ruhm, der Heimat zum Heil!

*

---

[16] Das vermeintlich „uralte" (Volks-)Lied stammt aus dem aus dem Grimme-Lustspiel „Jaust un Durtel" (1861) und ist vermutlich auch von Friedrich Wilhelm Grimme verfasst worden. Vgl. BÜRGER 2021, S. 174-175.

HEIMATLIEBE[17]

O Liebe zur Heimat, du Licht im Leide,
Du Strahl in dunkelster Stunde!
Wenn finster die Nacht, bringst Kunde,
Du uns von leuchtender Morgenzeit.

O Liebe zur Heimat, du Fels im Meer,
Wenn wütend tosen die Wogen.
Du spannest leuchtend den Bogen
Des Friedens über die Völker her.

O Liebe zur Heimat, du reicher Quell!
Wo du im Herzen entsprungen,
Da haben ans Licht sich gerungen
Vieltausend Wellen silberhell.

Drum wachse und webe und wirke du,
Treudeutsche Heimatliebe!
O, daß unser Gott dich schriebe
Dem Volk in die Seele, dann fände es Ruh!

Herbert von Kühler

---

[17] Dem Beitrag „Ein sauerländischer Volksabend" von A. Groeteken folgt im Kalender 1922 diese Gedichtdarbietung.

SAI WOLLEN ET NIT VERSTOHN
Schnurren eines Landbriefträgers[18]

Hugo Cramer

Niu well ik uch en Stüksken vertellen, wat gerade nit schoine ruiket, awer dat daiht nicks. Wuat fyne Herrens, dai imme Sumer ümmer in use Duarp kummet, ümme us zu besaiken, riuket auk nit ümmer sau ase use suerländske Nase dat hewen well. Wat dai sik in dai Horre un in dat Himet maket und wait use Hiärguatt bohenne, dat sall de Duiwel wieten! Na ik woll dai Geschichte vertellen.

„Kannste mai helpen Mist oplan, muargen, weste dat dauhn", raip et kloine Schoisterken simme Nober Kaurt tau un rait dat Fenster op, dat iäme dat Brillenglas ganz füären op dai bloe Nase ruskede.

„Jau, dat well ik dauhn", lachede de Nober, „wann diu wat te drinken und te schmooren hiäst?"

„Dat sall en Woort syn" raip dat Schoisterken rüwer. Un dai Sake was gut.

Knik diäm Dage wören sai amme oplan. Middags was en graut Dail vann der Miste runner.

Sai machten gud Middag, drünnken un äten iäre dicke Erbetenzoppe mit viel Zaipeln un grautem Abbetyt. Ümme aine genk et wiär an de Arbet.

Aber: „Enn vull Lyf studaiert nit geren" sägget en hauchduisk Woort! Sau genk et auk diän twenn. Sai schwetten ase dai Piäre, bit et iänne ümme Tyt imme Gebälge nit mehr sau recht stimmede. Sai schmunzelden en paar mol und kukeden, of dai Luft raine was. Dann et dunnerde op der Miste, ase wann dai Schlacht by Künsgesgraitz e wiäst wör.

Do kam op emmol dai olle Schloiter ümme dai Ecke. Dai machte graute Augen und saggte ganz erensthaft: Dat gait jä gutt vaan Dage". Do gloiwten dai twai, das Olle wöll sai luawen dat sai sau muracheden (arbeiten) und raipen:

„Jo, jo Olle, wy well iämme auck noch ströggen!"

Dai Olle awer genk widder und schmunzelde.

---

[18] DE SUERLÄNDER 1922, S. 90.

DE SUERLÄNDER
1923

De Suerländer
1923

Heimatkalender für das kurkölnische Sauerland

VÜÄRSPRÜÜK[19]

Von Lehrer Johann Hengesbach,
Eversberg

Hai is wier do, is prick un proot, de nigge „Suerländer";
Is wier van echtem Koorn un Schroot, ne däftegen Kuländer!
Is op de häuge Warte rucht, sall wier gutt Wiär us wicken,
Erfröggen all, dai sind bedrucht, met manech schoinen Stücken.
Of Sunnenscheyn, of Haiwiär blitt, dät wäit de „Suerländer";
Prognosen – hey wat do – gelt nit! Vey sett ment nohm Kuländer.
Dai bütt us allteyt gurren Root in platt un häugen Wooren,
Un is ok met Vertellen proot trotz bitterboisen Johren. –
Seyn Antloot is vull Fröntelkeit un ohne falske Nuppen;
Seyn güllen Hiärte un Gemait well nümmes nit beduppen.
Us Suerländer well hai niu in äin Kumplöttken schliuten;
Hurra, ment tau! Hai well't pardiu bey Zucker un bey Stiuten.
Doch taum Viseyten sind us lang' de Stiuten oppegohen;
Topp, Hand in Hand – ne Kuß dermang! Söll't nit ok säu geroen?
O, ganß gewiß! Well drümme feyn in dün Kuländer schreywen:
„Wellt stur un ständig Frönne seyn un äiwig Frönne bleywen!"

---

[19] DE SUERLÄNDER 1923, S. 18.

ATTENDÖRNER SPAZIERGANG[20]

[Ohne Autorenangabe]

Et was 'n schoinen Summer-Sunndagmuargen, noh d'r eysten Misse. Meyn Frönd Arnold und ik gengen taum Spazeiergange d'r Waaterporte riut, üwer dai gräute steinerne Brügge, op welker domols de Klockengaiter seynen Gesellen dautstiäcken hiät. Oppem Schelmeskampe gengen de Kögge. Me konn se nit saihn, wiägen diäm dicken Niewel. Doch me konn hören, wiu se dät naate Gras rofften. Arnold, dai taum eistenmole in Attendoren was, frogere, wo dai Name Schelmeskamp hiärroihre. Do hew ik iähme vertallt, dät dai Wiese vüär langen Johren d'r Stadt iähr Eigentum wiäst wör. Doch weyl sai an dem Growen van Fürstenbiärg seyne Gemarkunge stodde, härre dai se geren van diän Attendörnsken kaupen wollt. Doch dai wollen sik nit drop inloten. Dann härre de Growe de Stadtvätters mol taum Drinkgeloge inlad un sai met Weyn sau voll soipet, dät se alles ungerschriewen härren, wat 'ne de Growe vüärlaggte. As amme andern Muargen dai Attendörnsken de Augen uappen makeren, hor iähne de Wiese nit mehr. De Growe harre se füär 'n Appel un Ei diär dät Schelmesstücksken kriegen. Dohiär dai Name Schelmeskamp.

Dann genk es rechts ropper, nohme Veierl. Do sollt se d'n Klockengaiter füär de schrecklege Dat, met veier Ossen iuteneinrieten hewen. Dann gengen vey üwer den Sünderwiäg, wo frögger de Galgen stohn hiät; dann rechts af tem Rappelsbiärge ropper. De Niewel worte liuter dünner, un af un tau kuckere de Sunne d'rdüär. As vey opper Riäperhoih aankamen, stonn se klor amme Hiäwen. Un wat 'ne wunnervolle Iutsicht op dai Suerlänske Alpenwelt! Tau Nordosten de Willewiese, mehr noh Osten tau de Biärge imme Amte Siärkenrau. Im Süden üwer et Vaiskedal, bit in 't Stüngemen, de Biärge in d'r Ruispe. Westleg et Ebbe. Blauts dai höggesten Köppkes konn me saihn. In d'n Grüngen bröggere un kuakere de Niewel, as imme Häxenkiettel. Kainen Daun hor me ringsrümme. Do op mol iut d'm Dale Klockenklank. Hör, dai hellen Kiärkenklocken raupet, dät et Sunndag is.

Meynem Frönne, hai is Grautstadtkind met 'm weiken Hiärte, hottleren de Tränen üwer de Backen.

---

[20] DE SUERLÄNDER 1923, S. 24-26.

Niu genk et födder op schmalen Biärgpad d'm Keller tau. An jedem Grashälmken henk 'ne Daudrüppel. 'n sacht Lüftken streik düär de Büske. Et glitzere un blitzere üwerall ase milliaunen Karfunkelsteine. Oppem Keller satten vey us op de Bank. De lesten Niewelschwämkes tröcken üwer Attendoren d'm Biggedale runner. Dann lachte et Städken imme hellen Sunnenscheyne vüär us. Inschluatten in de Biärge, as'n Ei imme Neste. De Klocken vamme allen Kiärktauern raipen taum Guaddesdainste, in de Haumisse. Süß feyerlike Stille ümme us. Vey nahmen d'n Haut af un süngen: ,Ich bin allein auf weiter Flur, noch eine Morgenglocke nur. Anbetend knie ich hier.' Hinger us, imme Dörenbuske sank 'n Nietelenkünik. Ungen imme Dale flotte 'ne Drossel.

Widder gengen vey üwer d'n Keller. Vüär us was ne Schlucht. Runner noh Walmereg. Et was us recht waarme woren, awer niu gengen vey unger d'n kauhlen Bauken. Ein klain Wäterken hupsere vamme Biärge runner te Dale. Wiu dät kluckere un gurgelere. Vey satten us unger de Bauken op et Moß, jeder met seynen Gedanken beschäftigt. Opmol fenk dät Syipken te prohlen aan: „Lange, lange hupse ik all hey runner. Seyt wat füär Teyt weit ik nit. Ik kenne kaine Teyt. Ik sin dün Dag, sin moren, ik sin bit nixen mehr is. Ik was gistern, dai vüärgen Dage. Ik was liuter. Ik sin jeden Dag nigge un junk. Ik sin alt, wuiste alt. Do hinger uch, op diäm hauchen, richten Biärge stonk vüär langer, langer Teyt, ik maine se wören gistern noch do wiäsen, 'ne graute Burg. Do hiusere 'n boisen Ritter. Af un tau kam hai met syinen Knechten te Dale, ümme dai Attendörnsken te plündern. Kam hai wyir terügge, dann wenkere iähme dai schoine, junge Ritterfrugge met 'm Dauke entgiegen. Dät was 'n guttmaideg Menskenkind, met 'm weiken Hiärten. Et Tyigendeil vamme Ritter. Do, eines Dages kamen dai Attendörner, diän boisen Burgheeren te fangen. Dai was awer klauk genaug, sik düär de Büske te schlon. Iut liuter Wiut schmieten dai Attendörnsken de Brandfackel in de Burg. Dät gaffte awer 'n Fuierken; de Scheyn d'rvan blenkere bit op meynen Grund. O un dät laiwe, gudde Fruggeken is imme Fuier te Daue kummen. Do hew ik greynen mocht, dät mey de Oigelkes ganz flaim worten. Het ey dät Kapelleken all saihn, wat do ungen steiht? Gatt mol do runner un biät 'n wänneg. Ik segge uch, do sind all wat Menskenkinger henne kummen, ümme d'r Hiärguadsmutter iähre Naut te klagen."

Dät Quellken härr gewiß noch mehr vertallt, wann iähme nit 'n dicken, droigen Baukentopp op et Miulken fallen wör. Iät sprützere van liuter Angest dicke Perlkes in use Gesichter, sau dät vey opsprüngen.

Vey kuckeren düär de Bauken ropper un sohen de Burgruinen. Et was grade, as wöllen sai us bekräftigen, wat et Wäterken iutplappert harre. Vey satten us vüär et Kapelleken op de Bank. Do kam 'n Mann, 'n klain Jüngesken an d'r Hand un auk noch Miäcksken, iut diäm Kapelleken. Et Miäcksken harr'n swart Kleieken aane. Dai Mann droigere met 'm Schnuffdauke de naaten Augen, dät et Jüngesken ganz verwünnert taum Vatter opkeik. Auk dät Miäcksken grein. Jo, iät begreip all, wat et hett, ne laiwe, gudde Mutter te verlaisen. Vüär acht Dagen harren sai se noh em Kiärkhuawe bracht. Niu harren se de Hiärguaddesmutter biddet, dät sai hölpe, dät dai gudde Mütter in den Hiemel käme. Sieker werd dai et Iähre d'rtau daun, dann diän klainen helpet sai ganz gewiß. Dann kam 'n alt Mütterken riut, diän Rausenkranz all wyir in d'r Hand, diän et oppem Heimwiäge biän woll. Et kuckere sik met 'm daipen Söchte noch mol noh'm Kapelleken ümme. Wiärumme? Ach, d'm Suhn, iährem Jüngesten, is et truge, te stille woren t'r heime, imme klainen Düärpken, byime Mütterken. Hai is in de Welt gohn. Hiät allerhand lohrt. Mehr Schlechtes ase Guddes. Niu hiät Mütterken diän wiyen Wiäg nit schugget, byi d'r Mutter aller Triuregkait iähre üwervolle Hiärte iutteschüdden. Werd hai sik biättern? O gewiß, dann wann ne Mutter füär iähr Kind biät, dailt sik de Wolken un de Engelkes driäget et Gebiät oppem güllenen Tällerken vüär d'n Traun Guaddes.

Niu kam ne Frugge riut. Oppem Aarm'n klain Kinneken. Ne ganze Welt voll Suarge stonn iähr oppem bleiken Gesichte geschryiwen. Sieker hiät sai d'm Kinneken de Aarme noh d'r Himmelskünnigin iutstrecket, domet dai hülpe, dät de Vatter op andere Wiäge käme. Un se werd helpen. Wann auk de Vatter jetz imme Weiertshiuse sittet un de Mutter met Schrecken d'raan denket, wann hai heimekümmet; einmol werd hai doch wuahl tau'r Insicht kummen, dät hai 'ne gudde Frugge un 'n laiwet Kinneken hiät.

Twei junge Menskenkinger, oppem Gesichte nix ase liuter Glücke un Sunnenscheyn, sind dai Lesten, welke riut kummet. Vey briuket nit te frogen, wat iähre Aanliegen wiäst is. Sai wietet wual, dät dann et Liäwen eist aanfänget, wann sai tiene Wiäcke vamme Pastauer am Altore füär liuter verbungen werd. Hand in Hand taiht se iährem Glücke tau. –

Niu gengen vey awer auk in et Kapellken. Nei, düse Rugge! Wat 'n Frieden! O diu Menskenkind, bist diu üwersaat van allen twyibelhaften Späßkes d'r Welt, o, dann goh in et Kapelleken te Walmereg. Do fingest diu Rugge un Traust. Do schwiäwet de Himelsfriede op Engelfitteken. Lange saten vey imme Bänksken, dachten noh üwer use vergohne

Liäwen, schickeren 'ne Bidde in et Unendlege, jeder wiu hai et füär gutt häl. As vey riuter gengen, druchte mey Arnold de Hand, kuckere mik met naaten Augen aan un saggte: Hyi möchte ik bleywen.

Vey gengen dann met d'm Quelleken te Dale. Iät mocht auk noch sau viel v'rtellen, vey achteren nit drop. Et Kapelleken harr et us aandohn. Ungen opper Wiese byi Langenauhle gengen de Kögge opper Waie. De Sprolen hupseren d'rtüsker rümme. 'n Leiwerk steig taum Hiäwen un brachte d'm Hiärguatt 'n Muargengriuß. De Immekes brummeren oppen Wiesenbläumkes. De Wind streik düär et Roggenfeld, dät dai güllenen Ohren sik ase Klöckelkes bewiegern. Biärg un Dal was im Singen un Klingelen. De Natiuer fyirde Sunndag.

Oppem Heimwiäge kamen vey amme Gudde Ewig v'rbyi, wo in allen Teyen, as et noch 'n Klauster was, fruamme Pöters wiäst sind. Niu hiät et de Staat an sik trocken. 'n Guttspächter un 'ne Oberfiüsterigge sind niu droppe.

Ungerwiägens saten klaine Miäckskes in d'r Wiese. Se harren Kränzkes oppem Hoor, geflochten van Märienbläumkes. Jo Kinger, driäget ments ugge unschüllegen Kränzkes, sau lange as uch noch 'n Bläumken blögget. Lange diuert't jo doch nit mehr, dann kümmet dai boise Wind un wägget uch alle Blaumen vamme Koppe. –

Niu wören vey wyir te Attendoren. Im saiten Lingenblaumenduft gengen vey noch ümme de Promenade. As ik tau Arnold saggte, dät Guaddes Welt doch schoine wör, mainere hai, me möchte blaus verstohn, sai van d'r richtegen Seyt te begreyen. Un do harr hai recht.

VERLUARENE LAIER[21]

Christine Koch

Op stillen Stroten in prunkläosen Görens un verlotenen Winkeln, an schaiwen Aiwers un Hängen, in Feld un Wald, in Biärg un Dal liät verluarene Laier. Wai hiät se iutdacht? Wai macht? Wai verluaren? Kein Menske wäier 't. Awwer se sind do un säo lichte te fingen. Äogen uap, Ohren uap, un 't Hiärte näo viell widder, dann läopet se dey entgieggen, liät viär deynen Faiten, springet dey mirren in't Hiärte rin.

Et gengen viär Teyen wuahl briune Gesellen diär stille Stroten, gengen met Vigeleynen un Klarenetten, met Bumbaß un Flaite, smietten 'n Kopp in 'en Nacken, dät dät swuarte Gelock unger 'me schäwegen Filz daip in de Blesse fell, laiten iähre dunkelen Äogen löchten un funkeln un spielleren wunderbare Weysen. Un Finsters un Diären un Menskenhiärten sprüngen weyt uap, un alles helt 'en Ohm an un liuskere. Furt op Nümmerwierkehr sind dai sonderbaren Gesellen, verwägget, verströgget iähre Laier. Dai hanget niu in der Luft, liät op 'en Stroten, in prunkläosen Görens met häimleken Lauwen.

Diär graine Wiesen flütt en klor Wäterken. Seyne kleinen Silwerwellen waiget en kunstläos Schieppken heyhienne un dohienne. Dai dät Wunderwiärk maket hiät un niu met 'ner langen Stange lenket, is en kleiner Junge. Seyne Äogen blitzet viär Vergnaigen un Stolz. Hellop jiuchzet he. Hai singet un singet un wäit nit, wat he singet. Wore hiät dai kleine Sängermund nit, dai sind nit te fingen fiär säo viell Glücke. Wat im kleinen Hiärten keinen Rium hiät, weert in de Welt rinjiuchzet, klockenhell. – Mirren in der Wiese awwer sittet en klein laif Miäkelken, plücket Märgenblaimkes un Vergißmeinnit, mäket Struiße un Kränße, kucket no 'm bloen Hiemmel un süht in jedem Silwerwölkelken ne witten Engel un singet met verklörten Kingeräogen van Sumersunne un Wiesenblaumen, van Watergepulske un Hiemmelsdau, van Silwerwolken un witten Engeln. – Dai beiden Kinger sind lange gräot; se latt keine Schieppkes mehr swemmen un sühtt keine Wolke mehr fiär en Engelken an. Iähre unschülllegen Laier awwer riusket un briuset in kloren Biärg- un Wiesenwäterkes, blögget iut grainen Wiesen un bunten Blaumen riut, un Immen, Müggen un Hummelken singet se no.

Twäi gatt met glücklechen Äogen un gefallenen Hännen diär't güllene Halmenmeer. Sai wiettet un verstatt: Wat do wässet, is et heilege

---

dägleke Bräot. „Gesiägnet sey all Feld un Frucht, use Planten un Säggen, use Arbaien un Möggen, gesiägnet sey jedweder Swäiesdruapen. Et heilege Bräot wässet hey fiär us un use Kinger." En kräfteg Huapen op kummende glückleche Johre, en still Genaigen imme Hiärten lätt dai beiden Laier singen, fruammgloiwege, dankbare Laier. De Wind hiät de Weyse opfangen un riusket se wier im reypen Getreide, erensthaft un fieerlek.

Wai kloppet an use Finsterlaen un well Inlot met Gewalt? Wat stürmet ase de wille Jagd diär Busk un Bäom un huilt met willen Diers ümme de Werre? Noklänge sinner et van Laiern, stiärwenstriuregen Laiern. Terriettene Säilen un gebruakene Hiärten het se bey Nachte sungen in de grawstille Duisterheit; näi, nit sungen: raupen, schrigget, ophuilt in huapnungsläoser Näot un Vertweywelung. Duister sind düse Laier, swormaideg un doch gewalteg, säo echt mensklech.

Op stillen Stroten, in prunkläosen Görens met häimleken Lauwen, in Wiese un Water, in Feld un Wald, in Biärg un Dal: allüwerall liät verluarene Laier. Sunndageskinger met hellen Äogen un sinnegem Gemaite finget se op ase glückleche Kinger de bunten Stäintkes im Sanne.

ÖÜT DIÄM LANNEMPKER BAUKE
Asse Hammeteis friggen woll[22]

Dempewolff
(Lehrer in Wormbach)

Liäwere do in Lannemke vüär vielen Johren ne Mann, deui drop bedacht was, seyn Heime te schaffen. Nenne vey 'ne Hammeteis. Et was iähme saggt woren, in Marpe bey Essel wör säu'n kleuin Güereken un op diäm Güereken ne allen Vaar un en junk Miäken; dät wör wat füär iähne. Hammeteis genk hien un besoh sey deui Sake, frogere natürlek nit foort, dät heui dät Miäken kreygen könn un met diäm Miäken dät Güereken, sondern heui woll mens 'n Rind handeln. Dobey kam heui dann in d'n Stall un bekuckere sey seyne Frugge van düeser Seyt äismol. Im Stalle gefällt et 'me nit schlecht; väier Kauhdiers, diäm Aanscheyne noh gurre Mielekkögge, stöngen am Truage un freeten iärk diän Balg vull Heui. Doniäwen wören ok näu twäi Ossen aanbunnen, deui äuk guet im Stande wören. „Jo", saggte deui alle Vaar, deui miärkere, dät Hammeteis friggen woll un iähne ganß geeren asse Schweygersuehn opnuahmen härr, „säuviel Aarwet gier'et op meynem Güereken, dät deui beuiden Ossen gerade genaug te daune hett. Et is nit gräut, meyn Güereken, awer et hiät ümmer seynen Mann met Bräut versuarget. Awer mey werd de Aarwet doch balle teviel, ik kumme jetz an de siewenzeg. Et wör Teyt, dät ne Schweygersuehn op'n Huaf käme. Awer, awer, säu fix sall sik wuahl känner finnen, dänn et seyd twiälfhundert Dahler Schulden op diäm Güereken."

Hammeteis üewerlaggte, of heui diän Handel maken könn, un kam tau d'r Üewertuigunge, dät twiälfhundert Dahler nit viel was. Heui gaffte diäshalw truihiärzeg tau'r Antwoort: „O, twiälfhundert Dahler lat iärk üewerseuihn, dät geiht näu. Wann ey süs känn Beschwer het."

„Dät is meyn einzeg Beschwer," meuinere de Vatter, „un ik sey ok jetz näu d'r Meuinunge, dät dät gerade genaug wör, döüsend Dahler op'm Höüse un tweihundert Dahler op'n Fellern asse Hypetheike."

As' Hammeteis van döüsend Dahler hor, reit heui et Möül uap bit hinner de Ohren. „Dunnerwiähr, döüsend Dahler op'm Höüse un tweihundert op'n Fellern, nei, dät is doch te viel", dachte heui; „dät Güereken gefället mey süs wuahl un ok dät Miäken, awer döüsend Dahler, nei, dät is te viel!"

---

[22] DE SUERLÄNDER 1923, S. 44-45.

Heui söchtere näumol recht deuip un genk dann hinner diäm Allen hiär in de Stuawe, bo de Kaffe met Waffeln op'm Diske stond. De Awweteyt was 'me vergohn. Wann heui dät friske Miäken aansoh, dät räut bit hinner de Ohren wor, wann et iähne aankuckere, dann kloppere wuahl 't Hiärte, awer döüsend Dahler! Et geiht met d'm besten Willen nit!

Lange hell heui et nit mehr öüt. Heui stonk op, gaffte diäm Allen de Hand un saggte: „Ik matt jetzt eis mol heimegohn un met meynem Vaar kuiern üewer dai Kauh. Ik kumme dann wier." Dat Miäken was all öüt d'r Stauwe gohn, et miärkere, dät düese Frigger nit wierkam.

Un Hammeteis kam ok nit wier. De Luie imme Duarpe frogern iähne: „Sieg, Hammeteis, böü is dät, döü geihst jo nit mehr no Marpe?" „Jä, dät well ik uch mol gerade siegen. Et gefell mey do ganß guet, ok dät Miäken is nit üewel, un met diäm allen Vaar wör ik prot woren. Dät Güereken könn seynen Mann wuahl erniähren. Awer deui Schulden wören mey doch te gräut. Eis kuiere heui van twiälfhundert Dahler, hinnerhiär awer verkuier'e sik un saggte, et stöngen döüsend Dahler alleine op'm Höüse un tweihundert Dahler op diän Fellern asse Hypetheik. Do fell mey de Maut in de Huasen. Säulange, ase et in d'n Hunderten bleiw, was mey nit bange, dann twiälfhundert latt iärk üewerseuihn. Awer ase heui met döüsend dohiärkam, do was et Teyt, därr ik öüt d'r Klemme kam. Döüsend un näu mol tweihundert Dahler, dät was mey teviel."

Als Hammeteis freien wollte[23]

Lebte da in Landenbeck vor vielen Jahren ein Mann, der darauf bedacht war, sein Heim zu schaffen. Nennen wir ihn Hammeteis. Es war ihm gesagt worden, in Marpe bei Eslohe wäre so ein kleines Gütchen und auf dem Gütchen ein alter Vater und ein junges Mädchen; das wäre was für ihn. Hammeteis ging hin und besah sich die Sache, fragte natürlich nicht sofort, ob er das Mädchen kriegen könnte und mit dem Mädchen das Gütchen, sondern: er wolle nur ein Rind handeln. Dabei kam er in den Stall und beguckte sich seine Frau erst mal von dieser Seite. Im Stall gefiel es ihm nicht schlecht; vier Kühe, dem Anschein nach gute Milchkühe, standen am Trog und fraßen sich den Balg voll Heu. Daneben waren auch noch zwei Ochsen angebunden, die auch gut im Stand waren. „Ja", sagte der alte Vater, der merkte, dass Hammeteis freien wollte, und ihn ganz gerne als Schwiegersohn aufgenommen hätte, „soviel Arbeit gibt es auf meinem Gütchen, dass die beiden Ochsen gerade genug zu tun haben. Es ist nicht groß, mein Gütchen, aber es hat immer seinen Mann mit Brot versorgt. Aber mir wird die Arbeit doch bald zuviel, ich komme jetzt an die siebzig. Es wäre Zeit, dass ein Schwiegersohn auf den Hof käme. Aber, aber, so schnell soll sich wohl keiner finden, denn es sind zwölfhundert Taler Schulden auf dem Gütchen. "

Hammeteis überlegte, ob er den Handel machen könnte, und kam zu der Überzeugung, dass zwölfhundert Taler nicht viel wären. Er gab deshalb treuherzig zur Antwort: „Oh, zwölfhundert Taler lassen sich übersehen, das geht noch. Wenn ihr sonst kein Beschwernis habt. "

„Das ist mein einziges Beschwernis", meinte der Vater, „und ich bin auch jetzt noch der Meinung, dass das gerade genug wäre, tausend Taler auf dem Hause und zweihundert Taler auf den Feldern als Hypothek. "

Als Hammeteis von tausend Talern hörte, riss er das Maul auf bis hinter die Ohren. „Donnerwetter, tausend Taler auf dem Haus und zweihundert auf den Feldern, nein, das ist doch zu viel", dachte er; „das Gütchen gefällt mir sonst wohl und auch das Mädchen, aber tausend Taler! Nein, das ist zuviel. "

Er seufzte noch einmal recht tief und ging dann hinter dem Alten her in die Stube, wo der Kaffe mit Waffeln auf dem Tisch stand. Der Appetit war ihm vergangen. Wenn er das frische Mädchen ansah, das rot bis

---

[23] Hochdeutsche Übersetzungshilfe (p.b.)

über beide Ohren wurde, wenn es ihn anguckte, dann klopfte wohl das Herz, aber tausend Taler! Es geht mit dem besten Willen nicht!

Lange hielt er es nicht mehr aus. Er stand auf, gab dem Alten die Hand und sagte: „Ich muss jetzt erst mal nach Hause gehen und mit meinem Vater über die Kuh sprechen. Ich komme dann wieder." Das Mädchen war schon aus der Stube gegangen, es merkte, dass dieser Freier nicht wiederkäme.

Und Hammeteis kam auch nicht wieder. Die Leute fragten ihn: „Sag, Hammeteis, wie ist das, du gehst jetzt nicht mehr nach Marpe?"

„Ja, das will ich euch mal gerade sagen. Es gefiel mir da ganz gut, auch das Mädchen ist nicht übel, und mit dem Alten Vater wäre ich zurecht gekommen. Das Gütchen könnte seinen Mann wohl ernähren. Aber die Schulden waren mir doch zu groß. Der Alte wollte auch nicht recht damit heraus. Erst sprach er von zwölfhundert Talern, hinterher aber versprach er sich und sagte, es stünden tausend Taler allein auf dem Hause und zweihundert Taler auf den Feldern als Hypothek. Da fiel mir der Mut in die Hosen. Solange, wie es in den Hunderten blieb, war mir nicht bange, denn zwölfhundert lassen sich übersehen. Aber als er mit Tausend daherkam, da war es Zeit, dass ich aus der Klemme kam. Tausend und noch mal zweihundert Taler, das war mir zuviel.

DE FALSMÜNZER[24]
Ne wohre un gelungene Geschichte

Ferdinand Wagener
[Rektor in Meschede]

Et was in diän gurren ollen Teyen, bo ne aanstännege Hitte nau acht Dahler kostere.

De olle Schulte saat ächter'm Uawen un schmoikere seyn Peypken. Hai summäiere sau stillkens viär sik hien, un af un tau gänk sau 'n schmeyreg Glünsken üewer seyn olt fröndlek Gesichte. Of hai an ennen Gefallen dachte, diän hai gistern ennem aarmen Nower dohn harre, oder an ennen lustigen Straich, diän hai verbruacken harre, dät wäit ik nit. Owwer in baiden Saken was de Schulte gräut.

Do kloppere 't lanksam an de Diär, un eger de Schulte „herein" seggen konn – hai mochte äis de Peype iut 'm Miule niähmen un spiggen – do käik sau 'n olt verschrumpelt Gesichte ter Diär rin – met 'ner ollen Müske ümme dai gräisen Hoor, un dann ne gelappere Schiätte un en verwasken biewern Kläid, un eger dai halfblinnen Äugen in diäm ollen Gesichte d'n Schulten saihn konnen, raip hai all: „Gu'n Owend, Graitken! Wat fäir Aanliegen brenget diek dann nau ter nachtschlopenden Teyt in meyn Hius? Is et wuat Gurres oder wuat Schlechtes, waste brengest?"

„Jo, Schulte", saggte Graitken un fummelere met seynen biewerigen Hännen an d'r gelapperen Schiätte rümme un kaam dobey Faitken fiär Faitken nöger. „Jo Schulte, asse me 't niemet. Fiär uch vlichte wat Gurres, fiär miek owwer wuat Schlechtes. Ey hewwet vlichte all hoort, bat fiär 'n Unglücke miek aarmen Menske bedruapen hiät. Meyne Hitte is mey vannachte däut gohn. Och, et was sau 'ne guere ..." „Ick wäit, ik wäit!" gaffte de Schulte terügge, asse Graitken anfangen woll, sik met d'r Schiätte diär de Äugen te wisken. „Et dait mey läid fäir dik, owwer wat is te maken? Met Greynen kriegste kaine Hitte weyer. Un diu moß enne hewwen fiär dik un deynen kranken Jungen, dät saih ik wuahl in. Owwer biu sall ik dey helpen!" „Schulte, ey hett en guett Hiärte", saggte Graitken, un dicke Tränen hotteleren iähme üewer de mageren Backen, „Schulte, ik woll uch mool frogen ... ik dachte, of ey wuahl sau guet wören ... ik wäit würklech kännen anderen Root ... meyn aarme

---

[24] DE SUERLÄNDER 1923, S. 53-57.

Fritz ... och, dai Junge weerd alle Dage biufälliger ... et is doch ne aiske Krankhait, dai Iuttiärunge ... hai mott Mielk hewwen, dai aarme Junge ... me well iähme dät Liäwen doch sau lange erhallen, asse't de laiwe Hiärregaut hewwen well ... ik woll uch mool frogen, of ey nit sau guet wören, un ..."

„Ik wäit, ik wäit" unnerbrak et de Schulte – sau saggte hai liuter, wann aarme Luie kämen, iähme de Ohren vull klagen, „ik sall dey Geld giewen fiär ne nigge Hitte ... Jo, jo, wann ik et nau härre. Acht Dahler hiäste gewiß noireg ... Acht Dahler! ... Et dait mey leyd ... Ik hewwe mik gerade ganz iutgafft ... Owwer helpen mott me dey ... Owwer bohiär acht Dahler niähmen un nit stählen?" – –

Un dann käik de Schulte sau 'n bietken viär sik op de Eere, trock en paar mool düchteg an seyner Peype, krassere sik ächter 'm Ohr, laggte de Hand viär 'n Kopp un saggte dann bedächteg: „Graitken, ik gläuwe, ik wäit Root!" „Oh Schulte", fänk Graitken aan ...

„Stille, stille, Graitken", däh de Schulte un laggte 'n Finger op seyn Miul, „segg niks un wachte 'n Äugenblick." Un met diäm Wore stond de Schulte op, gänk gans lanksam an de Diär, dräggere gans schmeyrig diän Schlüetel rümme, käik gans viärsichteg diär 't Finster, of kain Menske op d'r Strote wör, trock dann Graitken in enne Ecke, bo se nümmes saihn konn, griämstere eyn, twey mool, buckere sik an Graitken seyn Ohr un frogere met biwwereger Stemme: „Segg, Graitken, kannste ok schweygen?"

Gräitken käik 'n Schulte gräut aan un kräig et met'r Angest; „Schulte, bat is uch?" raip et iut vullem Halse, „sinn ey unweys woren?" – „Ümme Guattswillen, Menske", pusperele de Schulte un häll Graitken met baiden Hännen et Miul tau, „Menske, raup doch nit sau harre. De Luie höre't jo op d'r Stroten. Un 't draff kain Menske wieten, wat ik dey seggen well. Et is jo, ümme dey in deyner Näut te helpen. Ik froge dik naumool: Kannste schweygen? Kannste 't Miul hallen? Wannste dät nit kannst, dann segge 't, un ik kann dey nit helpen", un domet lait'he Graitken seyn Miul los.

Graitken söchtere daip un saggte terleßt gans verbiestert: „Jo, Schulte, ik kann schweygen." – „Kannste schweygen as en Graav?" frogere de Schulte förder. „Jo, as en Graav", saggte Graitken. „Graitken, gieste mey de Hand derop, däßte niks seggen weßt, kain Stiärwenswoort tau kainem Mensken, saulange diu un ik am Liäwen sind, biu ik dey in deyner Näut hulpen hewwe? Suih, et is niks Boises, wat ik dauhn well, owwer de Staat well 't nit hewwen, un wannste äin äinzig Woort dovan seggest, dann könn ik op meyne ollen Dage nau in 't Luak kummen un diu derbey." – „Ümme Guattswillen, Schulte", fänk Graitken aan te kreysken un schläug de Hänne üewer'n Koppe beynäin, „ey wellt doch dät Geld nit stiählen? Ik ..." – „Ümme Guattswillen", flustere de Schulte un häll Graitken weyer 't Miul tau, „weßte us alle baide unglücklich maken, däßte sau raipest? Ik froge dik naumool: Weße 't Miul hallen, kain Woort dovan seggen, bat ik niu dauhn well, ümme dey te helpen? Verspriekeste et mey op Liäwen un op Stiärwen?" Graitken bedachte sik en wänneg, nuckere dann „jo", gaffte 'm Schulten de Hand un stuatere: „Jo, Schulte, ik well 't dauhn; ik well 't uch verspriäken op Liäwen un op Stiärwen ... Owwer ey wellt doch nicks Boises dauhn?"

Do woor de Schulte ärgerlech: „Maak mik nit boise, Graitken", saggt'he, „ik dauh nicks Boises, dät saßte saihn. Et is en guet Wiärk, bat ik viär hewwe, owwer de Staat well 't nit hewwen, ase ik dey saggte, un dorümme maßte 't Miul hallen. Ik hewwe op stunds kain Geld imme Hiuse, un diu moß wuat hewwen, un do is kain anderer Root, ase dät ik dey en paar Dahler make ..." – „Weßte stille seyn", dröggere de Olle, bo Graitken weyer anfangen woll te kreysken, „ik make richtige Dahlers, grade sau richtige ase se in Berleyn maket. Suih, ik well't dey seggen: Ik hewwe nau twäi silwerne Lieppels van meyner siäligen Frugge; ik woll se verwahren ase Aandenken – et sind de leßten – ik dau't nit gärn – owwer dey mott hulpen wären – diu hiäst'et verdaint – diu hiäst dik allteyt as' en ehrlech Christenmenske ploget un äis recht, seytdiäm deyn Fritz krank is un nicks mehr verdainen kann, – ik well se tiämen [sic] un gaiten dey vannacht en paar Dahlers dervan. De Dahlers sollt gans richteg seyn, owwer de Staat draf se män maken, segget de Luie, un wann se andere Luie maket, segget de Staat, et wör Falsmünzerei, un stoppet de Luie, dai se maket, fiär en paar Johr in 't Luak. Seggeste niu äin Stiärwenswoort dervan, dann stoppet se mik in un dik derbey, weylen däßte se aanuahmen hiäst. Alsau halt et Miul." – „Jo, Schulte", saggte Graitken, „wann 't sau is, un de Dahlers richteg sind, asse ey segget, dann niähme ik se gären aan, un Guatt sall 't uch läuhnen." – „Guet sau", saggte de Schulte, „moren Muaren halfniegene sind se ferrig, dann kannste se halen. Niu goh diär de Küeke; usse junge Frugge sall dey 'n Düppen vull Mielke giewen fiär Fritz, un dann, gu'n Nacht, un hallt 't Miul."

Graitken saggte „gu'n Nacht", kräig in d'r Küeke en Düppen vull Mielke, bedankere sik un gänk häime.

De olle Schulte satt sik weyer ächter'n Uawen, laggte sik en nigge Kiähleken op de Peype un schmunzelere viär sik hien. „Bat hiäste fiär en Spaß, Vatter?" frogere Hinnerk, de junge Schulte, dai grade in de Stuawe kam. „Vandage hewwe ik nau kainen", saggte de Olle, „owwer moren saßte ennen erliäwen."

Un de Schulte erliäwere 'n andern Daag en Spaß, owwer gans anders ase hai 'ne sik dacht harre. Punkt halfniegene kam Graitken. De Schulte dröggere 'me met d'm Finger, dät et nicks seggen söll, schläut dann weyer de Diär tau, käik weyer diär't Finster, gänk dann an d'n Uawen un saggte: „Halt de Schiätte op, Graitken, se sind nau waarme", un rakere met d'r Fuiertange iut d'r Kachel tain nigge, waarme Dahlers. Graitken fänk se in d'r Schiätte op un packere se beynäin. „Ik hewwe taihne maket", flustere de Schulte, „se sind guet geroen, un niu goh un käup dey ne Hitte. De olle Wiesemännske hiät nau ne gurre stohn, hewwe ik hoort. Niu goh un segg mey kain Stiärwenswoort dervan. Wannste 'n Dahler üewereg behällest, dann käup dey 'n Stücke friß Fläiß fiär Sunndag – un biäh 'n *Vatter unser* fiär mik. Niu goh", ... un eger Graitken „danke" seggen konn, schäuf et de Schulte d'r Diär riut.

Graitken gänk häime, un humpelere sau fix, ase de ollen Faite et dräehn wollen, un bo 't in de Stuawe kam, do dä et dätselwe, bofiär et d'n ollen Schulten gistern fiär unweys hallen harre. Et schläut de Diär ächter sik tau, hänk en Berrelaken viär't Finster un laggte all dai blanken Dahler op d'n Disk, äis in ne lange Reyge, dann in en runnen Krink, dann op en Häupken, tallte se gewiß taihn mool, nahm dann ennen jeden in de Hand un befummelere 'ne, hällt ne dann noge viär seyne blinstergen Äugen un bekäik ne van ächten un van viärn, un saggte dobey in eynem fut: „Liuter richtige Dahlers! Et is doch en guet Menske, de Schulte; Guatt sall 't me läuhnen." – „Wat hiäste, Mutter?" frogere ne schwake Stemme iut d'r Kammer. „O Fritz", saggte Graitken, „et giet doch nau gurre Luie op d'r Welt. Suih, de olle Schulte hiät us taihn Dahler gafft fiär ne nigge Hitte, un van Nummedag heww' vey weyer Mielke im Hiuse. Guatt sall't me läuhnen! Un niu goh ik noh d'r ollen Wiesemännsken; dai hiät nau en gurren Äisterlink op'm Stalle", saggte de Schulte, „un diän käup ik us. Un wann ik diäm ollen gnazigen Fraumenske ennen Dahler afhandeln kann, dann käupe ik us fiär Sunndag ok friß Fläisk. De Schulte hiät et saggt. Et giet doch nau gurre Luie op d'r Welt."

Noh ner halwen Stunne harre Graitken bey d'r ollen Wiesemännsken 'ne Hitte kofft. Twäi Dahler harre 't diäm „ollen gnazigen

Fraumenske", ase 't liuter fiär se saggte, afhandelt. Bo se owwer han-
delseyneg wören, frogere de olle Wiesemännske sau 'n bietken van ua-
wen rinn: „Biu is et dann met d'm Betahlen, Graitken? Ik hewwe 't
Geld auk noireg!" Do schmäit sik Graitken in de Buast un raip: „Be-
tahlen, seggeste? Ik betahle saufoots. Ik höre nit tau diän Luien, dai an
allen Ecken un Kanten in d'r Kreyte sittet, ase diu, un fuckelere iut d'r
Taske 'n klain blolinnen Builken, makere 't uapen un tallte ganz stolz
acht Dahler op d'n Disk. De olle Wiesemännske makere gräute Äugen.
„Wat?", saggte se, „liuter nigge Dahlers? Bo hiäste dai kriegen? Ik well
doch huappen, däßte op ne ehrleche Weyse d'raan kummen bist!" –
„Wat? Op ne ehrleche Weyse?" raip Graitken un woor räut viär Gift,
„wat seggeste do? Op ne ehrleche Weyse? Jo, ik sinn op ne ehrleche
Weyse draan kummen. De olle Schulte hiät se mey gafft. Et giet ok nau
gurre Luie op d'r Welt, segge ik. De Schulte harre tworens kaine olle
Dahlers mehr. Owwer hai harre nau twäi silwerne Liepels van seyner
siäligen Frugge ..." Met düem Woore stutzere Graitken un woor witt
ase Kalk an d'r Wand. „Ümme Guattswillen!" raip et dann, „gar niks
hewwe ik saggt. Diu hiäst deyn Geld, giev mey de Hitte, un frog mik
nit förder."

De olle Wiesemännske was owwer neyschiereg woren. Se käik
Graitken en wiänneg twiäß aan un frogere dann un betäunere Woort fiär
Woort: „De Schulte harre känne olle Dahlers mehr, seggeste? Hai harre
nau twäi silwerne Liepels, seggeste? ... Do hiätte wuahl dai niggen
Dahlers iut diän silwernen Liepels maket? Is et nit sau?"

Graitken biewere an allen Knuacken. De helle Schwäit stonk 'me op
d'r Blesse, un 't konn äis kain Woort seggen. „Giev mey de Hitte", kam
't terleßt heriut, „diu hiäst deyn Geld un sey tefriän. De Dahlers sind
echt, de Schulte hiät et saggt. Owwer hai dröffte se nit maken, saggt'he,
de Staat wöll 't nit hewwen, un wann 't riutkäme, dann käme hai in 't
Luak un ik derbey. Dau mey allsau diän Gefallen un segg nicks dervan.
Diu mäkest us süss unglücklich un dik vlichte äuk." – De Wiesemänns-
ke saggte: „Giev mey nau ennen Dahler tau, Graitken, ase Schweyge-
geld wäißte, un ik segge nicks. Äine Fröndlechkait is de andere weert.
Diu hiäst mey de Hitte guet betahlt, un ik schweyge ase de Däud." – „Et
is guet", söchtere Graitken, en wiännig erlichtert, krummelere nau en-
nen Dahler iut d'r Taske, nahm de Hitte am Halse un gänk häime.

Et was nummedags drei Iuer. De olle Schulte räif sik d'n Ungern iut
d'n Äugen, makere sik et Peypken aan un käik diär 't Finster. Do soh
hai d'n Schandarmen stracks op seyn Hius tau kummen. „Gu'n Dag,

Häär Wachtmester", raip 'me de Schulte entgiegen, „hewwe 't sau eyleg vandage? Kummet doch äis rin un niähmet uch en Pinneken!" – „Nicks te Pinneken vandage", saggte de Schandarm un satt de Amtsmiene op, „vandage nit. Ik sinn im Denst; ik sinn eyleg, un ik sall uch ne schoinen Griuß bestellen vam Häärn Amtmann, ey söllen saufoorts met mey noh 'm Amtshiuse kummen, hai härre noireg met uch te spriäcken." – „Wann de Häärens wellt, dann bränt de Schnäi", lachere de Schulte, „ik well mey iäwen d'n Sunndagsrock aantrecken."

Noh taihn Miniuten stond de Schulte op d'm Amtmann seynem Büro. Hai makere nit klaine Äugen, bo hai de olle Wiesemännske do soh un op d'm Diske niegen blitzblanke Dahlers. Indiäm de Schulte wuat seggen woll, gänk de Diär weyer uappen, un de Polizaidainer kam met – Graitken herinn. Dät olle Menske woor fuierräut, ase 't d'n Schulten soh, un häll sik de Schiätte viär de Äugen. Do gänk d'm Schulten en Lecht op. Graitken harre sik verkuiert, un de olle Wiesemännske harre d'n Amtmann froget, of de Dahlers echt wören, un harre d'm Amtmann vertallt, bo se Graitken hiär harre, un de Amtmann harre iähne, d'n Schulten, op sau ne gans sachte Weyse verhaften loten. Düese Gedanken gängen d'm Schulten diär'n Kopp, un hai fänk gans unweys aan te lachen. „Do is nicks te lachen, Schulte", saggte de Amtmann un makere 'n gans ernsthaft Gesichte, „dät is Falsmünzerei, wat ey dreywet, un dät gäiht ohne Sitten nit af." De Schulte hoor owwer nit op te lachen. „Wann 't sau is, Häär Amtmann", saggt'he, „dann mott ik äis mol sitten gohn, un dann well ik uch de Sake hoorklain vertellen, sau ase 't was." Un hai vertellte, biu hai Graitken harre sau 'n wiännig taum Besten hallen wollen, biu hai bit nachts twiälf Iuer do siätten un olle Dahlers met Putzpomade blank schuiert harre, dai seyn jüngeste Junge nau van d'n Saldoten metbracht harre, un biu hai se dann im Uawen waarme maket harre, un dann lachere un vertallte förder, un ter- leßt lachere de Amtmann äuk. Graitken owwer lachere nit. Et stond do ase ne bedraiwere Mutterguarres in d'r Läihmenkiule un was grey- nensmote.

Dät däh d'm ollen Schulten leyd, un hai fänk aan, Graitken op seyne Weyse te troisten. „Diu konnst doch saihn, Graitken", saggte, dät an d'n Dahlers in d'n Ecken nau Putzpomade hänk, dai ik nit dervan kreygen konn! Un biu konnste niu sau unweys seyn, de Sake d'r ollen Wie- semännsken te vertellen, dai doch et Miul nit hallen kann?" – „Sai hiät mey owwer verspruacken, nicks te seggen", gräin Graitken dotüsken, „un ik hewwe iähr en Dahler Schweygegeld giewen müeten ..." – „Wat, en Dahler Schweygegeld?"priustere do de Schulte los, „en Dahler Schweygegeld diär ollen Klabasterken? Diän hiät se nit verdaint", un met diäm Woore kräig hai 'n Dahler vam Diske un gaffte ne Graitken. „Dai Dahler hört dey", saggt'he, „niu sinn tefriän. De Hitte behälste un ok dai twey Dahlers. Niu dauh mey owwer äinen Gefallen! Gin Pinkesten biäs' te fleyteg tau 'm hailigen Geiste ümme seyne acht Gawen ..." – „Acht Gawen?" frogere Graitken verwünndert un woll all weyer aanfangen te lachen, „acht Gawen hiät de hailige Geist jo gar nit, Schulte; hai hiät ment siewene, stäiht im Katechismus." – „Fiär dik hiät'he owwer achte", lachere de Schulte weyer, „un dai achte hiäste besonders noireg, un dät is de Gawe der hailegen Schweygsamkait. Un wannste dai hiäst, un diu bist weyer in Näut, dann helpe ik dey ok weyer. Owwer dai Dahlers moßte dann selwer blank schuiern; domet giewe ik mik nit mehr af. Un ey, Wiesemännske, uch helpet ok de achte Gawe vam hailegen Geiste nau nit. Ey hät nau 'n Schluatt dobey noireg, ümme uch et Miul tau te schliuten, wann uch enner wuat vertellet, wat nit alle Luie wieten briuket. Un fiär düt Schluat make ik im Näutfall ok nau en richtigen falsken Dahler, un wann ik ok derümme sitten möchte."

Domet kräig de olle Schulte seynen Haut un seynen Stock, lachere Graitken naumol fröndlech aan un woll gohn. An d'r Diär dräggere hai sik owwer naumol ümme un saggte: „Bolle härre ik vergiätten, uch Adjüß te seggen, Häär Amtmann. Et dait mey leyd, dät ik uch sau Molästen maket hewwe. Owwer 'n Spaß was et doch." – „Jo, Schulte", lachere de Amtmann, en Spaß was et, owwer met düem Spaß sey ey neype am Sitten verbeyschampet."

Owends frogere Hinnerk: „Niu, Vatter, hiäste 'n Spaß hat vandage?" – „Jo, Junge", wuahl was et ne Spaß, awwer sau hoorsnoge wör ick diär diän Spaß int Kittken kummen."

DE HIÄSPERSKE CHRISTOFFEL[25]

[Ohne Autorenangabe]

Ui[26] kennet duach dät klaine Städtken Hiärsperg imme Wolle, mirren in diäm gräuten Aarnspersken Wolle, wenn 't siek ok wahne in de Eunsamkait verkruapen hiät. In froiheren Tuien wor allerdinges wual mähr van diäm Biärgneste kuiert ärre vandaage. Et is en olt Dingen un hiät in suinen ollen Daagen mähr te saihen kriegen, ärre vui klauken Luie in dür hiemelhäuge gepriesenen un duach säu armsiälegen Tuit ues gewüehnlek vüärstellet. Häuge Häärens wören hui vake te Gaste. Dai Aarnpersken Groofen un de Kölner Erzbischof harren hui säu te seggen iähre Heume.

Wat se vandaage in diän gräuten Städten „Kultur" nennet, dät galte vlichte bui diän Hiärspersken Büärgen nit viel. Sai gengen iährer Aarbet no un kümmeren siek ümme dai gräute Welt nit mähr, ärre de Voß ümme de Käulstrünke. Un wenn sai – ärre Hiärsperske Kualsäcke[27] – giegen dai Meskeder Windbuile ok en wennig trügge wören, sai hellen owwer faste an iähren ollen Sitten un Gebruiken, un doinne nähmen sai et met juidem Siuerländer op.

Under anderem hollet sai juides Johr iähre gräute Prossejäune iäwensau akroot ärre iähre Noowerskopp. Un iähre häuge Paträun, Sänte Christoffel, küemet äuk nit te kuart dobui. Froiher wennigstens – säu hewwe iek mui vertellen looten – harren sai iärk ne gräuten Christoffel snippeln looten. Dai was dann op 'ner Schuller-Driäge fastemacht; un gengen se Prossejäune, dann mochte dai Christoffel affsliut met derbui suin, süß harre dai ganze Prossejäune känn Aansaihen. Veuer Mann nähmen 'ne met der Driäge op de Schuller, un dann harre hai de Opsicht üewer de ganze Prossejäune.

Bui säu'ner Prossejäune sall 't niu vüär Johren en gräut Pläseuer gafft hewwen. Säu hewwe iek wennigstens in muiner Blagentuit van ollen Luien vertellen hoort. Iek giewe tau: dät Stücksken is vlichte ok bläuß van me hellen Spaßviuel diän Hiärspersken aanhangen. Et mäket

---

[25] DE SUERLÄNDER 1923, S. 66-67. (Alle Anmerkungen entsprechen dem Originaldruck.)
[26] Ihr
[27] dort lebten früher viele Köhler!

owwer niks; et is duach wuat taum Lachen un dobui viel klaiker ärre dai bekannten Biekmersken Aansliäge. Alsäu passet op!:

De Hiärspersken rüsteren tau der gräuten Prossejäune. Vüär allem harre de Köster viel Aarbet, domet hai alles in de Ruige un blitzeblank kreug. Dai Büärsten un Wiskelappen flüegen ment säu. Antleßte wor ok de Christoffel herbuihalt un met dem Waskeplette gehöreg rüstert. Owwer düt Malör! Je länger hai wiskere und sappele, desto mähr kam hai tau der Üewertuigunge, de Christoffel harre suine Dennste doon un konn känne Prossejäune mähr gohn. Dai konn jo kium näu stohn. De Wuarm harre 'ne ratz imme Ballge. De Driägers briukeren ment eunen unsachten Triet te dauen, dann käme hai van suinem häugen Träune op de Ääre gebaselt. Düt haare kaine Aart mähr. Do mochte owwer fixe de Pastäuer Bescheud hewwen ...

Un dai laiwe Häär kam in aller Uile, bekeuk siek diän Schaaren un wußte selwer koinen Root. Hai lait suinen Kiärkenvorstand un andere klauke Luie raupen, owwer sai kämen nit widder. Säugaar de Christoffel in suiner Armsiälegkait machte suin bedraiweste Gesichte. Op eunmool kreug euner van diän Häärens ne gueren Infall. Hai mennte: „Düese Christoffel is nit mähr te briuken, doüewer sin vui eunig. Tau der Prossejäune mott owwer enner do suin. Niu konn vui in diär kuarten Tuit kännen niggen snippeln looten, un in der ganßen Ümmegiegend is ok känner te leunen. Alsäu müete vui andern Root wieten. Können vui tau ner Iuthülpe nit mool ne liäwenigen Christoffel briuken?" Dät löchtere allen in, un ne biätteren Iutwiäg wußte jo kain Menske. Niu geng'et owwer derümme: wai soll diän Christoffel spielen? Dai dröffte nit te swoor suin un möchte ok wual tau diär ollen Figiuer passen. Am Enne saggte euner: „Wiet Ui wat? Biu wör't, wenn vui uesen Snuider op de Driäge sätten? Iek maine, dai söll am eusten dotau passen; säu'n Snuidergewichte lait siek guet driägen; un de Högge härre dai äuk." „Jou! Dät is ne gueren Root!" mennten dai andern, – „owwer of de Snuider ok domet tefriän is?" Fixe schickern sai 'ne Deputazejäune noh me Snuider un laiten 'me seggen, iähne härren sai imme ganßen Kiärspel füär würdeg befunnen, Sänte Christoffel te vertriän; of hai dai Ääre un Würde wual aanniähmen wöll? De Snuider was bolle Fuier un Flamme un saggte: „Jou!" Niu mochte hai metgohn. Ohne preiwen genk dät nit. De Präuwe fell owwer guet iut, un allen Verantwortlegen fell domet ne Steun vamme Hiärten.

Am andern Daage genk de Prossejäun läus, un muin Snuider – ärre Sänte Christoffel vullkuemen iutstaffeuert – klätere op de Driäge.

„Hupp!" – harren sai 'ne häuge üewer der Hiärspersken Christenhait. De Snuider lait et siek op diäm häugen Träune wual gefallen un makere en ganß fruam Aantloot, säu ärre siek dät füär säu'ne gräuten Hielegen hört. Vüärgen Oowend harre hai dät met suiner Luisebiät eus iutpreiwet. Hai makere suinem gräuten Vüärbiele verhafteg alle Ääre, un ganß Hiärsperg was met düem Christoffelersatz wualop tefriän. Et wör ok tau guerem Enne kuemen, wenn hai nit all te menskleg wiäsen wör. Suine Luisebiäte harre iähme vandaage wual en extro kräfteg Oomes inkuiert, domet hai suin Hielegenrölleken guet iutfoiern könn. Iut der Gewüehnte kuemen, kann nit juider verdriägen. Dät guere Froihstücke harre dem Snuider suinen Magen ganß iut der Fassunge smieten, un et fenk derinne aan te kulteren ärre kuakeneg Waater imme Schüetelpotte. Dobui sneut de Snuider ganß bedenklege Fratzen, wenn hai gloffte, et miäkere nümmens. Op eunmool – swupp! – sprank muin Snuider suitaf van der Driäge op de Ääre un laip, wat hai konn, in 't Suipen. Wat stoiere et iähne, dät dai andern Luie iähme met langen Gesichtern nohgaaperen! Hai knoipere suine Büxe läus un duckere siek in ne häugen Baisenhufft[28]. ...

Luie, iek kann et Uech[29] nit vertellen, of düt Stücksken näu födder genk. Owwer dai ollen Luie ter Heume – in Miärsber (Eversberg) – het mui liuter saggt: wenn me dai Hiärspersken Kualsäcke säu recht in de Raaske brengen wöll, dann briukere me ment düt Sprüeksken te seggen:

„Sänte Christoffel is uese Paträun.
Vui het ne verluaren un saiket 'ne näu.
Bo is de Oos? ... Imme Baisenhuffte!"

Niks füär unguet, Ui Hiärspersken Kualsäcke! Spaß mott suin, besonders in sau 'ner schäwwigen Tuit. Vlichte wiet Ui ok näu en Stücksken van diän Miärsbersken Tuifelenbröers[30] Dann brenget dät taum Iutgluik gint Johr im niggen Kaländer.

---

[28] Binsenbüschel
[29] Euch
[30] Eversberger Kartoffeln stehen in gutem Rufe; daher rührt wohl dieser bekannte Ulkname.

Von Joh[annes]. Leiße,
Siedlinghausen

De grötteste Suarge

't was vüär Kristag … un ne Külle – Un en slackleg, baise Wiär – Dät
en öntlek Christenmenske – Kainen Hund lait vüär de Düär. – Doch bey
Greiutbrauks Höuse troppet – Iärk de Löü .. wellt läßte Ehren – Dem
verstuarw'nen Jeiust erweysen – Dai gleyk sall begrawen weeren – Un
se statt …. as' Sneyders sniädernd – Aan den Nasen klore Drüppeln –
Wiärm't iärk reywend slo'nd de Hänne – Iäre Fait'met Triän un Hüp-
peln – Unnerhallet iärk ock flöüsternd – (De Pasteiur was neiu nit do) –
Von diäm laiwen, gurren Deiuen – Böu'in läßter Teyd seiu schroh –
Imme Bärre drinne lagde, – Böu dann was de Deiut aankummen – Un
ne metnahm … smeyg'un sachte. – Hännes siet nöu: aarme Blagen! –
Jeiusop: aarme junge Frugge! – Lurweyks: aarme Jeiust nöu räst Dik –
Bit tau biätern Teyn … häv Rugge! – Tünes hulwert: bey düm Sauwiär
– Mot em' jo vergohn de Maut schier – *Un de Jeiust* … bit Maidag kritt-
te – Sieker kainen waarmen Faut wier!

Ne gurren Treiust

Kalt un fucht aan Kleim'sens Hütte – Wier mol Hiärwest – Stüärme rie-
ten – Harr'n d'n Kleimes, dai arg dümpesk – Baise quiält un diälesmie-
ten – Un do lagde … jappre … snapp're – As'ne Köuse inner Hand –
Un seyn Liäbenslecht … me soh et … Was nöu balle öutebrannt –
Willm … seyn Frönd … Dai iän' besocht harr – Soh dät eiuk … „Böu
geit et Dey?" – Sagde dann, üm' wuat te siegen – Kleimes hächet: 't is
verbey! – Je … viel slechter … is't mey woren … – Jo … Frönd Will-
mes … ik goh deiut … Na … im Kiärkhuav … daip im Köülken – Is
verbey .. ock Quol .. un Neiut .. – Willm, erschüttert ampfet: „'t Stiär-
ben – Kleimes – geiht nit seiu geswind – Üwergens … im Grawe …
frögg Dik – Hiäste löuter Üwerwind!"

---

[31] DE SUERLÄNDER 1923, S. 68.

Unbegreyplek

Gar nit gut was't Max ... diäm Schrüäwer – Aan den Dokter wandte
sick – Klag't: Meyn Magen peynegt mik, – Kenn' Aw'teyd ... 'k weer
swiäker ... schriäwer – Un de Dokter gau erkannt – Harret Laiden ...
un hai sagt: – „Mann, was habt Ihr bloß gemacht, – Euer Magen ist ver-
brannt!" – „Bat ... verbrannt? ... Dät glaiv' Ug'n Gösken ... – Süs ... 't
möchte' syen im Sloop passeirt – Dages ... Dokter ... jeder weir't –
Deh'k doch anders nix as' lösken.

WUPP UN WIPP,
DAI WEYSE UN UNWEYSE SCHNEYDER[32]

Von August Beule,
Ramsbeck.

In Gausebieke wuhnten twäi ehrsame Schneydermesters.

Wupp, dai älleste, diäm seyn Zippelböördeken all en wenneg grummeleg woorte, was sau'n kitzken no der allen Fatziun un no'm allen Schniet, – sau mainten de Luie. Awwer bät hai machte, dät poß un hell sau faste, dät selwes dai Klappbüchsenjungens iäre laiwe Naut harren, de Nöe taum Platzen un dät Tuig taum Spleyten te brengen.

Wipp, dai jüngere, harre ümmer seynen Schnurrboort op „es ist erreicht" stohn. Hai wußte liuterfurt de niggesten Mauden van Pareys, Berleyn un Gausebieke. Hai harre ümmer de niggesten Schlipse un Manschettenknoipe. Hai kannte dai niggesten Bügelfallen un süß alle Kinkerlitzkes, dai de Maude met sik brachte.

Awwer auk in der Politik stonk hai seynen Mann, un hai konn sik alts wahne in de Hitze küren; besonders de Franzausen harren't iäme aandohn. Seyne Politik-Rederey was niu awwer usem ollen biederen Wupp gans tiger den Striek, un hai saggte:

„Luie, wann ik ok nit niegenmol weyse sin, siewenmol awwer gans sieker. Met meynem Kollegen Wipp, dät dött kain gutt. Dät dai Menske nau mol üwerschnappet, dät blit sau wenneg iute ase't Weltenne. Un ey sallt saihn, et duurt nit mehr lange, dann konn vey 'ne no Stadtb… na, mik is et jo äindaun, hai dött mey läie, dai aarme Kerel. Awwer b'rümme settet hai sik alle mügleken un unmügleken Finässen innen Kopp! Schneyder, blif bey deyner Notel!"

Niu mochte äines Dages Mester Wupp no Gruchtmecke, un do harr'e sik gutt Teyt op de Stöcker macht, ümme frauhteyeg wier terügge te seyn. Awwer ok Mester Wipp mochte an diäm Dage no Gruchtmecke; genk awwer äist am Nummedage. Unnerwiägens draap hai twäi Mann Gesellskop, un nit lange, do wören se all in der haugen Poletik un bey diän laiwen Franzausen anlanget.

Imme Kualbiärge was ne daipen Hualwiäg. Mester Wipp genk uawen tiger dem Hualwiäge üwer en Päeken; dai baiden andern sa-

---

[32] DE SUERLÄNDER 1923, S. 54-55.

ckeläierten ungen düär'n Hualwiäg. Mester Wipp was in der Wulle un raip in diän Hualwiäg rin:

„Ik heww'et liuter saggt, dät vey ohne Schlohn dai Schweynehunde nit wier iutem Lanne krit; ik heww'et liuter saggt, dät se us de Gurgel taudrücken wellt. Ik heww'et liuter saggt, wann se alle sau dächten ase ik un de alle Derfflinger, dann härre vey in acht Dagen kaine raue Büchse mehr imme Lanne. De Döü - wel sall se alltehaupe halen!!"

Domet hoggte hai met seynem äiken Pieren an dai dicken Baiken, där et man sau schällerte.

In diäm Augenblicke awwer was Schneyder Wupp op me anderen Pae wier terügge kummen. Wual soh hai Mester Wipp in seynem furchtbaren Zorn un hoorte seynen Wiutiutbruch, awwer hai wußte niks van diän twäi Begleiters imme Hualwiäge. Hai druggte sik hinger ne dicke Baike un saggte met Hiärtekloppen: „O wäih, düse aarme Menske! Niu is et Unglücke do! Dütt was ne richtigen Wahnsinnsiutbruch. En Menske alläine, dai kürt sau nit. De raine Wahnsinn. Ik heww' et liuter saggt! Aarme Frugge, aarme Blagen. Wann hai sik blaut niks aandött, schlätt ennen daut, hänget sik op, springet innen Fiskedeyk. Niu well ik fixe laupen un in Gausebieke Luie halen, dät vey diän aarmen Mensken wier infanget!"

Eger hai int Duarp kam, kam iäme Schausterfritz in de Maite. „Schausterfritz, Menske, et Unglücke is do! Mester Wipp is üwersnappet; is draimol wahnsinnig un väiermol unweys woren. Hai kam mey sau iäwen in de Maite imme Kualbiärge, was gans alläine, awwer hai hiät duawet un wuitet, hiät met seynem Knüppel alle Boime kaput schlagen. Ik segge dey blaut: Et is de richtige Wahnsinn, de richtige Tobsuchtsanfall. Ik heww et jo liuter saggt; et Unglücke is do!"

„Dät is allerdinges en wenneg verdächteg," saggte Schausterfritz. „Dann well vey us den Schmiefrans un Schiewerwilm nau metniämen un saihn mol tau, bo use Mester Wipp bliewen is." „Jo jo, awwer fix, eger en Unglücke passäiert."

Mester Wipp brachte in Gruchtmecke fixe seyne Geschäfte in Ornunge. Et handelte sik ments ümme ne Kalwerkaup. Dann draap hai sik met seynen Raiseunkels beym langen Lauränz, bo dai droige Struatte äistmol naat macht woorte. Se kürten van düm un diäm, un Mester Wipp saggte grade gans vernünfteg: „Bät is dät doch en Glücke, dät dai Fickeln sau wahne sind rundergohn. Bovan well sik süß ne aarmen Döüwel sau'n Fiärken kaupen!"

Bey dün Woren was Schausterfritz met seyner Schwitte ter Düär rin kummen un dachte: „Na, sau kürt awwer kaimes, dai unweys is." – Hai nahm Wipp op de Seyt un kürte met 'me. Mester Wipp schutte 't innewenneg van Lachen, dät seyne baiden Lippen pampelten ase'n paar Lammersteeerte. Dann awwer saggte hai gans erensthafteg:

„Ey Luie van Gausebieke, Schausterfritz, Schiewerwilm, un vüär allem menyn laiwe Kollege Wupp! Hey kummet aan meyne Seyt! Ey andern settet ug hey ümme 'n Diß un hört mol tau! Dün Owend is en Stücksken passäiert van Hilfsbereitschaft, Kollegialität, Nächstenliebe, Korpsgeist, Äinegkait in der Gemainde, bät nau nit dowiäst is. – Un dät mott bekannt macht weren. Entweder kümmer't in de Zaitunge oder innen Kuländer. Denket ug, bo ik iäwen met meynen Raiseunkels hey düär den Kualbiärg genk, do gengen dai baiden ungen düär diän daipen Hualwiäg un ik bläif uawen oppem Pae. Ik harre mik sau in de Hitze redet – vey wören in der haugen Politik, un dann wer' ik allsmol gans wahne – dät ik harre in diän Hualwiäg rin raip un ümme mik hoggte op dai Boime, ase wann 't wören liuter Franzausen wiäst. Mester Wupp harre mik in meyner Wiut saihn, awwer nit dai Luie imme Hualwiäge. Bät soll dai gurre Mann anders denken ase dät ik wör verrückt woren. Hai loipet fixe häime un haalt meyne besten Frönne herbey – gans häimelk, weyl hai bange was, ik schlaigte ennen daut, sprünge in 't Water oder henge mik op. – Taum Glücke is düse Tobsuchtsanfall ohne Schaden verbey gohn, un niu sin ey dün Owend meyne Gäste. Sau ne Daat, dai mott öntlech fiert un düfteg beguaten weren. Iätet un drinket, ik betahle alles!"

Nit lange, do spielere de Spieluhr: „Freut euch des Lebens!"

Wupp un Wipp gengen Aarm in Aarm häime un sind sierdiäm de dickesten Frönne.

MAUERANTON[33]

*Von Lehrer [Johann] Hengesbach –
Eversberg*

Es war im ersten Drittel des neunzehnten Jahrhunderts, da verließen vier junge Handwerksburschen ihr hessisches Heimatdorf und gingen auf die Walze; denn daheim gab's wenig Arbeit und wenig Brot, und das kann auf die Dauer auch der Genügsamste nicht ganz entbehren. Zufällig waren es vier Brüder, und noch zufälliger war, dass sie allesamt Maurergesellen waren, welches Handwerk in Familie und Heimatdorf geradezu traditionell geworden war. – Hammer, Kelle und Setzwaage waren die einzigen Handwerksutensilien unserer Auswanderer. Ihre Kleidung war ebenfalls die gleiche: eine englisch-lederne weiße Hose und ein Kittel von dünnem blauen Linnen mit weißen Achselschnüren. Das war die Sonntagsgarnitur; ein grober, leinener Kittel für den Alltag befand sich zusammengeknüllt in einem kleinen Bündel, das entweder unter dem Arm getragen wurde oder mit dem Knoten über den Hammerstiel geschoben war. So wanderten die Handwerksbrüder über die Heerstraße des Siegerlandes. Geld in der Tasche zu haben, war bei einem echten Walzbruder keine Mode. Doch was hatte das auch zu bedeuten? Junges Blut und froher Mut siegten über Kümmernisse jeglicher Art.

Der Gideon unter ihnen war der Anton. Zu allem anstellig, stets aufgeräumt und nie verzagt, voll von angeborenem Mutterwitz, war er nie um eine Antwort verlegen. Und das Schönste war, dass seine schlagenden Antworten stets ergötzten und nie verletzten. Nach abenteuerlichen Wanderungen sollen zwei der Brüder es vorgezogen haben, bei den fleißigen und frohsinnigen Siegerländern lohnende Beschäftigung aufzugreifen, soviel man in damaliger Zeit von solcher sprechen konnte. Anton und sein Bruder Hannes aber zogen noch weiter nach Norden und sind zuletzt in der Freiheit Bödefeld ,kleben geblieben'[34]. (Da sich die Brüder nicht dauernd trennen mochten, sind auch die beiden anderen später nachgefolgt.) Einige Jahre hindurch haben sie in Bödefeld

---

[33] DE SUERLÄNDER 1923, S. 79 (hochdeutsche Prosa mit Mundartpaasagen: niederdeutsch & „hessisch"). – Vgl. zur Gestalt des „Maurerantons": BÜRGER 2013, S. 59-68.
[34] Da sich die Brüder nicht dauernd trennen mochten, sind auch die beiden anderen später nachgefolgt.

nur in den Sommermonaten das Maurerhandwerk ausgeübt, während sie das Winterhalbjahr in ihrer Heimat zubrachten. Erst später haben sie ihren Wohnsitz dauernd in Bödefeld genommen. Ihrem Familiennamen nach hießen die Brüder Benner, aber bei den Ortseingesessenen hießen sie nur der Maurerhannes und der Maureranton. Unter diesem Namen ist besonders der letzte ein wahrer Dorfschalk gewesen, der viele Jahre hindurch als Gesellschaftsheld geradezu für unentbehrlich galt. Seine Zeitgenossen sind nun leider längst auch ins Grab gesunken, und es wurde höchste Zeit, einige Anekdoten von unserem Maureranton aufzuzeichnen. Bald wäre es zu spät gewesen; denn der Strom der Vergessenheit ist bekanntlich unheimlich reißend.

*

Wie Maureranton bei verschlossenen Türen
den Kerker verläßt

Eines Tages bekam M. vom Bürgermeister Hundt den Auftrag, in Färbers Hause zu Bödefeld eine Gefangenenzelle herzurichten. Leichte Arbeit für M., zumal es sich nur darum handelte, eine Ofennische zuzumauern. Nicht einmal eines Metermaßes benötigte er, um das Ofenloch auszumessen und die Zahl der notwendigen Steine zu berechnen. Er pflegte einfach mit den ausgebreiteten Armen zu messen und, wenn ihm Leute hindernd im Wege standen, zu sagen: „Na stoßt mik nicht,·nu stoß mik nicht, ik han das Maß vom Ofenloch!" In Zeit von Null – Komma – Nichts war die Arbeit beendet, und das Gefangenenstübchen konnte seiner Bestimmung für Vater Ratz entgegengehen. Doch, wer andern eine Grube gräbt, fällt selbst hinein: nach einigen Tagen saß M. als Dritter im Loch.

„Müßt ik doch 'n dummer Kerl sein," dachte M., wenn ik nich abbau'n könnt', was ik selbstens aufgebaut hab'!" Behende und geräuschlos werden die Backsteine wieder entfernt, und der Eingekerkerte genießt seine Freiheit wieder. Gerade sitzt der Färber am Mittagstische, als ihm mein M. von der nahen Brücke durch die Fensterrauten weniger freundlich als verschmitzt zunickt und ruft: „Wünsch' guten Appetit, Färber!"

Müllers Peter, der M. eingesponnen hatte, stand noch mit der Nachbarsfrau im Gespräch, als ihm der Färber nachruft: „Halt mol in, Päiter! Ik loiwe, Muierantun hiät sik all wier dünnemacht." Mein Peter hinter ihm her! Aber Flüchtlinge haben flinke Beine. Als Peter auf dem Baumhofe unterhalb des Ortes ankommt, ist M. schon nicht mehr zu sehen. Hinter Baumhöfers Stall steht er und guckt listig um den Eckpfosten. Und indem Baumhöfers Mutter den suchenden gestrengen Ortsdiener auf den Gauner aufmerksam macht, läuft dieser schon den Rübenkamp hinunter.

„Antun, stoh doch mol ne Augenblick!" ruft der Polizeidiener.

„Ik stoh gar nicht!"

„Awwer, halt doch äinmol in; ik woll dey mol wat!",

„Du brauchst mer nix ze wolle!"

„Awwer, Antun, bo woßte dann äigentlich hien?"

„Ik wollt' geh'n un beseh'n mer meine Frichte!"

Dabei hatte M. natürlich keinen Halm im Felde stehen.

Was M. tun soll,
wenn die Hunde aufgehängt werden

Gerade zu der Zeit, als sich das oben Erzählte zutrug, war Maurerhannes mit dem Ausbessern einer Gartenmauer beschäftigt. Er dachte an seinen Bruder Anton, den der Bürgermeister Hundt hatte einspinnen lassen, nur weil er im Kehlenberge, der den Bürgen des Ortes gehörte, einige Heister Holz für die eigene Notdurft gestohlen hatte. Maurerhannes war in diesem Falle boshaft genug, sich vorzunehmen, des Bürgermeisters Namen fortan nur mit weichem „d" zu schreiben. Doch er war ebensowenig ein Grübler wie ein Menschenhasser, und die bösen Gedanken vergessend, trillert er sein Liedchen vor sich hin:

„Die Zimmerleut' und Maurer,
Das seind die rechten Laurer;
Zween Stunde tun se niese,
Zween Stunde tun se priese."

Da gerade kommt Bürgermeister Hundt des Weges.

„Guten Tag, Hannes!"

„Gudden Dag auch, Burgemeister!"

„Nichts Neues, Hannes?"

„Wüßt' grad nicht, Herr Burgemeister! Doch, ik hab' g'hört, mein Bruder Anton säß' als Dritter im Loch."

„Ja, Hannes, dann sieh dich vor, daßte nicht der Vierte wirst!"

„Nee, nee, Herr Burgemeister, ik sin gar nicht neuschierig! – Mein Bruder Anton muß aber auch allerwege mit bei sein!"

„Ja, wem nicht zu raten ist, dem ist nicht zu helfen. Ist's nicht so, Benner? Dein Bruder Anton hat 's wieder nicht anders gewollt."

„Mag sein oder mag nich sein; aber mein' Bruder Anton werd' it tröste un werd 'm sage: ‚Ginternach, wenn mer de Schoope wasche, dann soll 'r de Seife trage, un dereinst, wenn mer de Rüe uphange, dann soll 'r de Leiter trage.'"

Wie M die dritte Frau nahm
und mit ihr einen Kapellengang machte

Maureranton hatte seine erste und zweite Frau früh verloren und wollte zum dritten-mal heiraten. Pastor Deimel suchte es ihm auszureden.

„Das tät' ich doch nicht, Benner, mich zum drittenmal ins Unglück stürzen."

„Daß der Pfarrer das nicht tät', ist zu verstehn, aber ik? – Ik werd' doch ein wahres Wort nicht zur Unwahrheit mache."

„Was für ein Wort, Anton?"

„Die erste Heirat g'schieht aus Liebe, de zweite aus Not, un de dritte aus Wollust, Herr Pfarrer!"

„Ja, Anton, wenn 's so ist, wenn 's dir zu wohl wird, dann zu!" Und M. bekam die dritte Frau.

An einem Sonntage nach stattgehabter Hochzeit sagte Antons Ehegesponsin:

„Biu wört, Antun, wann vey beide dün Nummedag mol noh'm Kruizbiärge gengen?"

„Wie de willst," sagte Anton.

„Jiä, ik hewwe vüär der Hochteyt usem Hiärguatt luawet, wann alles gutt genge, wöll ik dreimol met dey barwes amme Kapellenbiärge ropgohn."

„Waßte g'lobt, mußte halte," sagte M. kurzab. – Und sie gingen. Bedächtig geht's beim Blutschwitzendenheilande hinaus, sie barfuß voraus, er hinternach. Bei der dritten Kreuzwegstation fängt 's an zu rieseln, und da spannt sie jenen bekannten Regenschirm aus, nämlich ihren Kleiderrock, den sie wie 'ne Kapuze über den Kopf zieht. Bei der neunten Station, wo wegen eines Seitenweges und einer darunterliegenden Schlucht meist der Wind sich stößt, merkt sie zu ihrem Entsetzen, daß sie von den Kleidern mehr als nötig hochgezogen hat. Rasch sich umwendend, fragt sie: „Antun, heww ik dät all lange säu hat?"

„Das haste g'habt von der dritten Station ab."

„Äinfältige Keerl, b'rümme hiäste mey dät nit saggt?"

„Ik sagen? Worum? Wußt' ik denn, wie de 's gelobt hattest?"

Wie Maureranton das Wort
suchte und fand

Die Mauermännsche, womit M.s dritte Frau gemeint ist, war eine von den vielen Frauen, die der Ansicht sind, weil sie einmal – nämlich am Altare – ja gesagt hätten, dürften sie von da ab immer nein sagen. Wünschte er dieses, dann wollte sie das ; ging er hott, dann ging sie haar. So hatte M. keineswegs einen beneidenswerten Standpunkt; doch sein Mutterwitz siegte allzeit über Frauentücke.

Da eines Tages nahm sie sich vor, überhaupt nichts mehr zu sagen. Als wenn das Frauen könnten! Ja, und sie konnte es! Er mochte bitten und flehen; er mochte schimpfen und drohen; er mochte alle Qellen seines Mutterwitzes sprudeln lassen – umsonst – sie war und blieb stumm. Schon seit vielen Tagen war kein Sterbenswörtchen über ihre Lippen gekommen.

„Reden sollst', un wenn kein Knödel im Potte bleibt," dachte M. eines Tages, als sie nach geschehenem Mittagessen Teller und Schüssel wusch, derweil er im Sorgestuhl saß und scheinbar schlummerte. Da wie besessen springt er auf, holt eine Wachskerze, zündet sie an und macht allerhand ungewöhnliche Gesten, ganz unverständliche Worte dabei murmelnd. Dann beleuchtet er sämtliche Stubenwinkel und -nischen, sucht unter Tisch, Stuhl und Bank, auch um den Backtrog herum mit dem soeben angesäuerten Brotteige. Starr vor Entsetzen betrachtet sie den Geisteskranken; denn das war sicher: er war plötzlich verrückt geworden.

„Antun, ümme Guarreswillen, Antun, wat saikeste do?" ruft sie in größter Aufregung.

„Das Wort!" antwortete der Schelm gelassen – er konnte mit seiner Errungenschaft mal wieder zufrieden sein.

Inwiefern M. just so sparsam war wie seine Frau

M. hatte die Gewohnheit, am Sonntagnachmittag immer mit einem Kaspermännchen ins Wirtshaus zu gehen; damit bezahlte er dann allemal die am vorigen Sonntag verzehrten Schnäpse, während die neugetrunkenen wieder bis zum folgenden Sonntag stehen blieben. Das geschah mit solcher Regelmäßigkeit, daß der Wirt für M. gar nicht einmal mehr das Schiefertäfelchen benutzte. Als seiner Frau eines Tages diese Zahlmethode bekannt wurde, glaubte sie Veranlassung zu haben, ihn wegen seiner Leichtfertigkeit anzufahren: „Antun, bo sall dät riut? Ik backe vüärgegiätten Bräut, und diu betahlst vüärgedrunkene Schnäpse. Wann de nit sparsamer weerst, dann sollt se us balle amme Bauksturke (Bädeselder Wäldchen) ropjagen."

„Waßte sagst! Ik noh sparsamer sein? Ik beweise dir, daß der M. aufs Haar so sparsam is wie seine Frau selwes."

Damit geht er hinaus und kommt kurz drauf mit der Weihwasserflasche wieder herein. „Weißte auch , Frau, daß unser Fritze am Charsamstag dies Weihwasser geholt hat?" „Jo, wat sall dann dät, dumme Keerl?" „Nu, da sieh! Du hast de Putällge nicht leer gekriegt un ik auch nicht, ergo ist der M. just so sparsam wie seine Frau auch."

Maurerleute und Bürgermeister im Himmel

In Selmanns Hause in Bödefeld war große Hochzeit. Das geräumige Gastzimmer faßte nicht die Zahl der Gäste; die bessern Leute waren darum in dem darüberliegenden Gerichtszimmer untergebracht, so genannt, weil es den allmonatlichen Gerichtssitzungen diente. Hier saßen Braut und Bräutigam und die beiderseitigen nächsten Angehörigen. Zwischen Braut und Brautmutter hatte sich Pastor Deimel plaziert. Auch Bürgermeister Hundt war zugegen. Es war eine feinere Hochzeit, bei der mehr das Sattessen als das Sattrinken vorherrschte. Gerade war das horrende Mittagsmahl verzehrt, und eine gewisse Trägheit der Festteilnehmer war die Folge der herrlichen Mahlzeit. Da sieht Gastwirt Mathias Schmidt unsern Maureranton über die Brücke kommen; schon reißt er 's Fenster auf und ruft: „Antun, kumm mol rin!" Der läßt sich das nicht zweimal sagen, obschon er kein Hochzeitsbettler und Schmarotzer ist.

„Schön'n guten Tag, die Herrschaften!"

„Gurren Dag, Antun!" – „Willkummen, Herr Benner!" klang es mehrstimmig zurück.

„Ihr kommt zur rechten Zeit, Anton," sagte Pastor Deimel, „die Seele der Gesellschaft fehlte noch."

„Anton, kommt! Ich schütte Euch 'n Glas Wein ein!" ergänzte der Bürgermeister.

Doch dem war M. immer noch nicht hold, seitdem er ihn um einen lumpigen Heister Holz eingesponnen hatte.

„Der Maureranton ist kein Zaungast und auch kein bezahlter Possenreißer; er ist ein kreuzbraver Maurer – verstanden? Mathias, kib mer 'n Schnaps!"

„Twäi saßte hewwen, sagte der Wirt, „niem Platz, Antun!"

„Der Bürgermeister fühlte sich zwar etwas getroffen, aber er konnte es nicht übers Herz bringen, zu schweigen. Sofort fragte er wieder: „Anton, weißt nichts Neues?"

„Wüßt' nicht, Herr Burgemeister! – Doch, hab' diese Nacht ein' sonderbaren Traum g'habt."

„Erzähl er, Anton, wir sind neugierig!", drängte der Bürgermeister.

„Mer hat g'träumt, ik wär g'storben un wär innen Himmel kommen. Da wurd' ik von St. Petrussen an all den himmlesken Wohnungen vorbeig'führt – lauter hohe Hallen, mit golden' Toren zug'tan. Das war ein Singen un Jauchzen, ein Jubilier'n un Musizier'n. In einer Halle aber ging's absonderlich lustig zu. Darinnen sei'n lauter Maurerleut, meinte Petrus; sie sei'n wohl dran, die könnten lauter Schnaps trinken un Kartenspielen. Verstehn's, Herr Burgemeister, de Maurerleut' sei'n das!"

„Schön, Anton, und was gab's weiter?"

„Just nebendran in einer Zelle war 's mäuschenstill; ik konnt' lustern und horchen, soviel·ik wollt' – keine mauderge Seele ließ sik dorten hören. Die Wohnung sei for de Burgemeister reservieret, for de hochseligen Burgemeister, aber noch keiner dieser Leut sei drinnen.".

Bürgermeister Hundt war befriedigt und nahm sich vor, von M. nie wieder eine Neuigkeit zu erbitten.

Aller Augen warten aus den Herrn

In Sellmanns Hause zu Bödefeld war Gerichtstag. Der Amtsrichter von Fredeburg kam mit seinem Notar, um Recht zu sprechen und nötigenfalls Strafen zu verhängen. Auch M. mußte erscheinen. Was er diesmal auf dem Kerbholz hatte – wer weiß? Schlimmes wird's kaum gewesen sein; denn verbrecherische Taten lagen ihm fern. Auf 10 Uhr morgens war er vorgeladen. Aber schon hatte er zwei geschlagene Stunden in seinem seinen Sonntagskittel mit den weißen Achselschnüren da gesessen; sein übliches Kaspermännchen war verzehrt, und noch war mein Amtsrichter nicht zur Stelle. Endlich gegen 1 Uhr kommt er im Wagen vorgefahren. Kaum hat er das Gerichtszimmer grüßend betreten, als M. halb freundlich, halb verschmitzt zu opponieren anfängt: Zween Stunden un ne halbe sitz' ich hier, hab' verzehrt und nichts verdient; andre Maurerleut hab'n schon de zweete Tagespause begonnen, und der M. ist mit seiner dummen Anklag' noch nicht abgefertigt". „Aber Benner, wissen Sie auch, wer ich bin?" erwiderte gereizt und vorwurfsvoll der Gesetzesgelehrte; „und wissen Sie auch, daß es heißt: Aller Augen warten auf den Herrn?" „Awwer's heißt auch knapp darauf: und du kibst ihnen ihre Speis' zur rechten Zeit", lautete des Schelmen schlagfertige Antwort. Die Anwesenden lachten und der Amtsrichter auch.

Wie M. sich in den Himmel schmuggeln will

Es war in den Tagen der glorreichen Augustschlachten des Jahres 1870. Die gewöhnliche Abendgesellschaft bei „Schmies Hännes in der Frigget" war um viele Neugierige vermehrt" Sogar Pastor Deimel hatte die stille Pastorat verlassen und wollte hören, was es Neues gab. Waren doch die Zeitungsberichte über die den Franzosen gelieferten siegreichen Schlachten das allgemeine freudige Gesprächsthema.

„Dät mott en Hallo wiäst seyn", fiel Niggen Anton ein, „ase de Hauptmann Bredow met seyner Brigarde innen Hiemel te reyen kam!"

„Dai sind natürlicherweyse rump und stump in de hiemelsken Hallen rinstürmet do!" sagte Hermes Mundes, der bei jedem dritten Worte gern ein kurz abgestoßenes „do" als Nachdruck seiner Worte gebrauchte; „wamme äuk säun Glücke harre do!" „Jiä, Mundes, us tüsker säu ne Schwadräun te misken, sall us wual nit gerohen," gab Niggen Anton zurück, „vey sollt wual all, ase vey hey sind, ob Briuns Schneyder seynem Araber alläine in de Aiwigkeit reyen motten."

Pastor Deimel schmunzelte: „Nanu, keinen Spott mit solch ernsten Angelegenheiten! – Was sagt übrigens unser Maueranton dazu?"

„Hab' schon lange Rat g'wußt, Herr Pfarrer!" sagte M.; „aber solches behält me gerne for sich allein. Denn was kümmert's den Maurer-

anton, ob andre innen Himmel komme, wenn er nur selbstens 'nein-
kommt!"

„Wat hett füär dik behallen – do?" sagte Hermes Mundes, „riut met
deynen Witzen do!"

„Ja, Anton, sorg nur, daßte innen Himmel kommst," sagte Pastor
Deimel, „wenn de in de Hölle kommst, kommste nicht wieder heraus!"

„Ik komm' nicht in de Hölle, Herr Pfarrer, ik komm' innen Himmel;
dafor sorgt der M. ganz alleine."

„Da bin ich neugierig, Herr Benner! Wie „soll 's geschehen?"

„Der Herr Pfarrer müßten das von Rechtens wegen grad' so gut wis-
sen wie der M.," sagte letzterer mit schlauer Miene, „denn er müßte
doch auch wissen, daß Petrus eine Achillesverse hat. Bei der pack' ik
ihn, und 'nein geht 's durch de himmelsken Tore!"

„Wie soll ich 's verstehen?" sagte der Pastor und schüttelte den
Kopf; „raus damit, Benner!"

„Ganß einfach, Herr Pfarrer: wenn der M. stirbt, nimmt er ne Hahn
mit nach oben – verstehen S', Herr Pastor? – ne lebendigen Tuckhahn.
Den läßt er kräh'n aus vullem Hals, daß Petrus zerknirscht wird von
Reu' und Wehmut. Und dann sollt' er den M. nicht 'neinlassen innen
Himmel?"

Wie M. stirbt

Am 6. August 1875 war 's. – Seit langem litt M. an der Wassersucht,
jener unheimlichen Krankheit, von der er selbst sagte, daß man bei ihr
von einem Fortschritt im guten Sinne kaum sprechen könne. Doch im
schwersten Siechtum konnte man noch eins von ihm lernen, was man-
chem so schwer fällt: geduldige Schickung in das Unabwendbare und
Ergebung in Gottes heiligen Willen. Selten ist ein Wort der Klage über
seine Lippe gekommen. Am Tage vor seinem Tode hatte er den Priester
gewünscht, der ihm die Reise ins Jenseits erleichtern sollte. Vikar van
Nahmen kommt, als der Schwerkranke im Sorgestuhl sitzt und, die
Kappe ins Gesicht gezogen, scheinbar schläft. Seine Frau hat den Stuhl
in den durch das Fenster dringenden Sonnenstrahl gezogen, der dem
Kranken die geschwollenen Füße wärmen soll. Der Priester mit der
Predigtmütze auf dem Kopf, setzt sich neben den Todkranken und be-
trachtet ihn teilnehmend. „Antun, sühßte nit, dät de Vikarges do sittet?"
sagt seine Frau und schiebt ihm die Kappe vor den Augen weg; „do ni-

em doch wennegstens de Kappe af!" Doch M. spricht ganz gelassen, indem er seitwärts einen müden Blick auf den Priester wirft: „Er hat se ja auch auf!"

„Wie gelebt, so gestorben," meinte Vikar van Nahmen, „der Witz verläßt ihn nicht eher, bis er die Augen schließt." Am folgenden Tage starb M.

Das ungemein zahlreiche Leichenbegängnis, das ihm nicht nur von den Ortspfarrkindern, sondern auch von den Bewohnern des ausgedehnten Kirchspiels zuteil wurde, sagte mehr als ein spaltenlanger Zeitungsnachruf.

DE SUERLÄNDER
1924

Bet' und arbeit', Gott hilft allzeit!

De Suerländer 1924
Heimatkalender für das kurkölnische Sauerland
Kommissionsverlag
Sauerländer Heimatverlag d. Josefs=Druckerei, Bigge=Ruhr

KINNERMUND[35]

Anton Moenig

„Was tat Kain, als der liebe Gott ihn verflucht hatte?" frogere de Lehrinne bey en I-Männekes. – „Hei fenk aan te biesern."

VERGLEICHE
AUS DEM SAUERLÄNDER VOLKSMUND[36]

Anton Moenig

Säu klor ase Sprinkwater.
Säu raine ase 'n Äuge.
Säu droige ase ne Rotel.
Säu droige ase 'n Siupelken.
Säu dicke ase ne Häister.
Säu teh ase ne Hucke.
Säu niggelek ase ne Hitte.
Säu lenk ase de Humsecke (Gleidert).
Et is mey säu läid ase 't Stäine driägen.
Hiäs Hänge ase wenn de Piärre mulken härs.
De Hiemel suiht iut ase 'n Driäpelaken.
De Roggen stäit ase ne Stickelappen.
Stellest diek, ase wenn de Suge sichten wöll.
Dätt is inäin ase ne Schweynesteert.
Et krahnt sik ase ne Lius op der Hoppenstange.
Hai dampet, ase wenn ne geringen Mann bäcket.
Hai schnitt Dämpe ase ne Piärresteert.
Dät gäit, ase wenn me bey Sträuh bäcket.

---

[35] DE SUERLÄNDER 1924, S. 55.
[36] DE SUERLÄNDER 1924, S. 67.

Christine Koch (1869-1951) und ihr Ehemann Wilhelm Koch,
beide Mitglieder des Sauerländer Heimatbundes (CKA)

KÜNINGESKIND[37]

Christine Koch

Liett en verluaren Küningeskind in daipem, daipem Slope. Hiät ne Silwermantel ümme de Schullern, un de Silwermantel is nix anderes ase lank seyden wäik Flaßhoor. Liät Kräone un Zepter niäwenaane op der Ere un güllene Sandalen; awer dai güllenen Sandalen sind terrietten un verslietten van langen beswerleken Wiägen. Gäiht en daip Söchten diär Küningeskinges junge Buast un dann en glücklech Lachen üwer't feyne Gesichtken. Wat droimet dät Küningeskind? Wat is, där et söchtet un lachet in äime Ohme? Denker' et an Spott un Verfolgunge, an lange beswerleke Wiäge, maie Faite un terriettene Sandalen? Sühr' et im Slope Sunnenopgank, biättere Dage? Sühr' et, wat kümmet, balle kummen mott?!

Gatt trutzege Gesellen op weyer Landstrote; het swielege Arbetsfuiste un geniälte Schauh an 'en Faiten; latt de Äogen heyhienne un dohienne gohn un saiht dät feyne Kind amme Wiäge lieggen, saiht Zepter un Kräone un terriettene güllene Sandalen; siät kein Woort un laet dät slopende Kind im Silwermantel op bräie Schullern un driär et samt Zepter un Kräone weyt weyt furt. Äinen wiettet se, dai lange socht hiät am verluarenen Küningeskinne, diäm en gräot Fröggen int Hiärte tütt, wann dät aarme verstotte wier tau Recht un Ehre kümmet.

Op bräien Faiten in geniälten Schauhen gatt dai Küninglechen Vasallen, gatt op uapener Heerstrote, lanksamen fieerleken Schriees. Kummet Luie un lachet üwer Küningeskind un Vasallen; kummet Luie un niähmet en Haut af un gatt hingerhiär, lanksamen fieerleken Schriees. Un 't Küningeskind slöpet nit mehr. Iut gräoten bloen Äogen lacher' et seyne Getruien aan un wenket met snaiwitter Hand.

Un dai äine, dai Johr un Dag wachtet hiät op düse Stunne, mäket weyt seyne Diären uap un weyt seyn Hiärte, un en gräot Fröggen tütt in seyn Hius. Un met starken Armens driett hai 't Küningeskind op ne güllenen Thräon, giett 'me 't Zepter in de Hand, settet de Kräone op seyn seydenwäik Flaßhoor, gäiht un verkünneget in Staadt un Land: „Herbey, herbey ey Getruien! Use Küningeskind is wier do, use laiwe häimeske siuerlänske Platt." Niu daine 'me, wai dainen kann, un säovi-

---

[37] DE SUERLÄNDER 1924, S. 43.

ell ase jeder kann in Schrift un Woort, in Daun un Rot, dät dät lange verkannte un verbannere entthräonte Küningeskind wier tau Recht un Ansaihn kümmet.

MERKT'S. SPRICH PLATT DAHEIM![38]

[*Ohne Autorenangabe*]

„Wenn einer Sinn für plattdeutschen Humor hat, so ist das wirklich gut. Wenn einer auch gerne ernste plattdeutsche Bücher liest, ist das noch besser. Wenn aber einer das tut und nicht in erster Linie daheim sorgen hilft, daß unser Nachwuchs das Plattdeutsche erlernt, der versetzt unserer Mundart auch einen von den Stichen, unter deren Masse es schließlich sterben muß."

---

[38] DE SUERLÄNDER 1924, S. 83.

WIU EN DULLENLANNEMPKER
WIER LEBÄNDIG WOR[39]

Gottfried Berg

Wat Biäckum imme Münsterlanne is, dät is de Dullen-Lannemke im Siuerlanne. – Jo, in der Dullen-Lannemke hett se auk vake Streiche maket, me söll 't nit gloiwen, awer et is spaigelblanke Wohrheit! Allerdings, et is alt lange hiär. In diär Tyit wören ok de Luie nit sau klauk un opgeklört ase byi unser Tyit. – Huiteges-Dages hiät me Luie, dai studäiert un lehrt sau lange, bit dät sai rein unwyis un wahnsinnig weet, un dann sind sai üwer alles Menschlike riut. Me nennet se dann Üwermensken. – Van diän Dullenlannemker hiät me nit äinmol hort, dät se van Gelahrtheit üwerschnappet wören. Jiä! Niu passet mol op!

Äines Dages was en Biuersmann met syinem Isel imme Biärge un woll 'ne Dracht Holt huahlen. Do kam en Kaupmann diäs Wiäges un soh, dät dai Biuer an diäm selftigen Aste hoggte, wo hai oppe stonk. – „Nu! Männeken, do höggeste awer nit lange, dann fällste dorin!", saggte de Kaupmann un mochte düchteg lachen üwer diän Mann. Dai Biuersmann makere awer graute Augen un lachere diän Kaupmann wat iut. „Yi sind doch nit allwissend?!" saggte hai, „wiu well Yi dät dann wyiten können?" – „Wat ik au syie, gliek konn Yi op ter Ere wier op stohen!" saggte de Kaupmann, genk sinner Wiäge un dachte, hai sall 't wuahl gliek gewahr weren.

Dai Biuersmann hoggte drop los un lachere nau üwer diän dummen Kaupmann, bit op äinmol genk et Krrrrrboms!! Do laggte myin Biuer unner dem Baume. – Glücklicherwyise harr hai keine Knuaken tebruaken. Hai bläif äis en wänneg lieen un bedachte sik, wiu dai Mann dät harre wyiten können. „Dunnerkättken!" raip hai op äinmol un schlaug sik vüär den Kopp, „dai Mann is allwissend un kann myi ok syien, wann myin Enne is. Diän marr ik wier inhuahlen!" – Hai sprank op un hinner diäm Kaupmann hiär geduasken. – „Mann Guares!" raip hai, „wachtet mol! Wußten Yi dät siker vüärriut, dät ik van diäm Baume fäll?! Dann konn Yi myi ok wuahl syien, wann ik stiärwen mott!"

Diäm Kaupmann mochte do äis wuahl infallen, dät hai in der Dullen Lannemke was. Hai makere en ganz ernsthafte Gesichte un saggte: „Jiä myin laiwe Mann, dät wußte ik vüärriut. Ik wäit ok, wann Yi stiärwen

---

[39] DE SUERLÄNDER 1924, S. 93-94.

mott. Miärker 't au! Wann aue Isel tem driddenmol hinnen riut slött, dann is et verbyi met au." „O, myin Guatt!" raip de Biuer, „dann is myin Enne noge!"

Niu genk hai wier ümme no syinem Isel, schmäit 'me 'ne schworen Dracht Holt op un dräif 'ne vüär sik hiär un dachte an 't Stiärwen. Diäm Isel wor't awer wahne warme unner diäm Holte. Hai genk Faütken füär Faütken, ase wann hai äis in drei Dagen häime wöll. Dai Biuersmann wor ungedüldig un gaffte dem Isel ennen met dem Häimedryiwer düär de Flanken. – Awer, dai Isel harr syinne Mucken un fuierde hinnen riut. – „Nu!" saggte de Biuersmann, „niu nau twäimol, dann is et iut met myi."

Et diuerde gar nit lange, do schlaug de Isel tem twäddenmol hinnen riut, dann de Flaigen wören ok schlimm. – „Schwerenaut! Niu is et awer gutt!" raip de Biuer. „Ah! Wachte Männeken, ik well dyi dät Iutsloen wuahl verdryiwen", saggte hai un genk ganz noge hinner dem Isel hiär met syinem Knüppel un dachte: „Niu vergyit de Isel dät hinnen riut fuiern, wann ik iämme sau noge op de Lappen kumme."

Awer dai Isel was anderer Meinunge, un ehr hai's sick versoh, huallere de Isel iut un schlaug met beiden Hinnerbäinen de Biuersmann vüär de Buast, dätte hinnen rüwer schlaug. „O wäih!" raip de Biuer, „niu sinn ik daut!" un bläif rüggelick lieen. De Isel genk awer op Häime los, ase wann nix passäiert wör.

Et diuerde nit lange, do kam dai Schoopestalls Viälten iut ter Lannemke dohiär. „Hör mol, Viälten!" raip de Biuer, „diu kanns myi en Gefallen daun, syien terhäime füär myine Luie, ik läggte hyi un wör daut slan!" „Wann 't sicker wohr is", saggte de Viälten, „dann well ik dät wuahl daun!" Un de Biuer vertallte iämme den ganzen Hiärgank un do gloffte 't de Viälten auk.

Bo de Viälten niu balle byi diäm Biuern syin Hius kam, hor hai alt van feren, dät do graut Spektakel was, wyil dät de Isel alläine häime kummen was ohne syinen Heeren. Awer dät Spektakel wor nau grötter, wo de Viälten de Nohricht brachte, dät de Isel syinen Heeren härr daut slan. De Frugge fenk an te hulwern un te greynen, de Grautknecht gräin, de Vaihmaad gräin, un wo der Piärrejunge dät soh, frogere hai den Grautknecht, of hai auk gryinen möchte. „Gewiß Junge! Gryin doch alles wat diu kanns", saggte de Grautknecht, „wann de Biuer begrawen weert, dann krisste ok en Stiuten." Wo dät de Piärrejunge hor, fenk hai auk an te huilen un te joilen, dät de ganze Nowerskopp in Oprauher kam.

Do kam de ganze Dullen-Lannemke byinäin, un (se) spännen en Wagen an un hualleren den Biuern. Et wor awer alt duister, un sai han diän rechten Wiäg verschuatten un kämen met dem Wägen vüär en grauten Brauk. Do gaffte 't äis en Halt, un et wor üwerlaggt, wiu sai do am besten üwer kämen, dann dai Brauk was geföhrlik un sai konnen met iähren Ossen gutt drinne versinken. Niu konnen dai Dullen-Lannemker awer unner iärk nit äineg wären; denn wat, dai wollen drüwer, un wat, dai wollen en andern Wiäg foiern.

Dai daue Biuersmann wor awer ungedüldig op diäm Wagen un raip 'ne tau: „Wo ik nau liäwere, fauer'k alltyit rechts ümme diän Brauk üwer dem Knallkauwes syin Land!" Awer düse Gesichter! „O! Heer! Kinners! De Biuer liäwet nau!" raip de Grautknecht, un ganz Dullen-Lannemke raip iähme noh: „Joh, hai liäwet nau!" Sai frogeren diän Biuern, of hai wirklich nau liäwere. „Jo, wann yi 't alle siät, dann mag et wuahl wohr syin, därr ik nau liäwe!", saggte de Biuer. Do raip de ganze Cunvänt: „Dann kumm ok vamme Wagen un wyis uns den rechten Wiäg!" De Biuer sprank vamme Wagen, genk vüärop un wäis 'ne den richtigen Wiäg. Un wann hai nau nit stuarwen is, dann liäwet hai bit an syin Enne.

Wie ein Tollen-Landenbecker wieder lebendig geworden ist[40]

Was Beckum im Münsterland ist, das ist Tollen-Landenbeck im Sauerland. Ja, in Tollen-Landenbeck haben sie auch oft Streiche gemacht. Man soll es nicht glauben, aber es ist spiegelblanke Wahrheit! Allerdings, es ist lange her. In der Zeit waren auch die Leute noch nicht so klug und aufgeklärt wie in unserer Zeit. – Heutigen Tages hat man Leute, die studieren und lesen so lange, bis dass sie rein unweise und wahnsinnig werden, und dann sind sie über alles Menschliche hinaus. Man nennt sie dann Übermenschen. – Von den Tollen-Landenbeckern hat man nicht einmal gehört, dass sie von Gelehrtheit übergeschnappt wären. Ja! Nun passt mal auf!"

Eines Tages war ein Bauersmann mit seinem Esel im Berg und wollte eine Tracht Holz holen. Da kam ein Kaufmann des Weges und sah, dass der Bauer auf den selben Ast draufhaute, auf dem er stand. „Nun, Männchen! Da haust du aber nicht lange, dann fällst Du darunter",

---

[40] Hochdeutsche Übersetzungshilfe (p.b.)

sagte der Kaufmann, und musste auch tüchtig lachen über den Mann. Der Bauersmann machte aber große Augen und lachte den Kaufmann was aus. „Ihr seid doch nicht allwissend?!", sagte er, „wie wollt Ihr das denn wissen können?" „Was ich Euch sage, gleich könnt Ihr von der Erde wieder aufstehen!" sagte der Kaufmann, ging seiner Wege und dachte: „Er soll es wohl gleich gewahr werden."

Der Bauersmann haute drauf los und lachte noch über den dummen Kaufmann, bis auf einmal es Krrrrrawums ging!! – Da lag mein Bauer unter dem Baum. Glücklicherweise hatte er keine Knochen gebrochen. Er blieb erst ein wenig liegen und bedachte sich, wie der Mann das hatte wissen können. „Donnerkätzchen!" rief er auf einmal und schlug sich vor den Kopf, „der Mann ist allwissend und kann mir auch sagen, wann mein Ende ist. Den muss ich wieder einholen!" Er sprang auf und eilte hinter dem Kaufmann her. „Mann Gottes!" rief er, „wartet mal! Wusstet Ihr sicher voraus, dass ich vom Baum falle?! Dann könnt Ihr mir wohl auch sagen, wann ich sterben muss?"

Dem Kaufmann musste wohl erst da einfallen, dass er in Tollen-Landenbeck war. Er machte ein ganz schmerzhaftes Gesicht und sagte: „Ja mein lieber Mann, das wusste ich voraus. Ich weiß auch, wann Ihr sterben müsst. Merkt es Euch! Wenn Euer Esel zum dritten Mal hinten ausschlägt, dann ist es vorbei mit Euch!" „Oh, mein Gott!" rief der Bauer, „dann ist mein Ende nahe!"

Nun ging er wieder zurück zu seinem Esel, schmiss ihm eine schwere Tracht Holz auf und trieb ihn vor sich her und dachte ans Sterben. Dem Esel wurde es aber warm unter dem Holz. Er ging , als wenn er erst in drei Tagen zuhause sein wollte. Der Bauersmann wurde ungeduldig und gab dem Esel eins mit dem Heimtreiberstock über die Flanken. Aber der Esel hatte seine Mucken und schlug hinten aus. – „Nun!", sagte der Bauersmann, „nun noch zweimal, dann ist es aus mit mir."

Es dauerte gar nicht lange, da schlug der Esel zum zweiten Mal hinten aus, denn die Fliegen waren auch schlimm. – „Schwerenöter! Nun ist es aber gut!" rief der Bauer. „Ah, warte Männchen, ich will dir das Ausschlagen wohl vertreiben!", sagte er und ging ganz nahe hinter dem Esel her mit seinem Knüppel und dachte: „Nun vergisst der Esel das Hinten-Ausschlagen, wenn ich ihm so nahe ans Fell komme." Aber der Esel war anderer Meinung, und ehe er sich versah, holte der Esel aus und schlug mit beiden Hinterbeinen dem Bauersmann vor die Brust, so dass er hinter herüber stürzte. „O weh!", rief der Bauer, „nun bin ich tot!" und blieb rücklings liegen. – Der Esel ging aber auf Zuhause zu, als wenn nichts passiert wäre.

Es dauerte nicht lange, da kam der Schäfers Valentin aus Landenbeck daher. „Hör mal, Valentin!", rief der Bauer, „Du kannst mir einen Gefallen tun, zu Hause für meine Leute sagen, ich läge hier und wäre tot geschlagen!" – „Wenn es sicher wahr ist", sagte der Valentin, „dann will ich das wohl tun." Und der Bauer erzählte ihm den ganzen Hergang, und da glaubte es der Valentin auch.

Als der Valentin nun bald am Hause des Bauern ankam, hörte er schon von ferne, dass da großes Spektakel war, weil (dass) der Esel allein nach Hause gekommen war ohne seinen Herrn. Aber das Spektakel wurde noch größer, als der Valentin die Nachricht überbrachte, dass der Esel seinen Herrn tot geschlagen hätte. Die Frau fing an zu heulen und zu weinen, der Großknecht weinte, die Viehmagd weinte, und als der Pferdejunge das sah, fragte er den Großknecht, ob er auch weinen sollte. „Gewiss, Junge! Wein doch alles was Du kannst", sagte der Großknecht, „wenn der Bauer begraben wird, dann kriegst Du auch einen Stuten!" Als das der Pferdejunge hörte, fing er auch an zu heulen und zu jaulen, so dass die ganze Nachbarschaft in Aufruhr kam.

Da kam ganz Tollen-Landebeck zusammen, und sie spannten einen Wagen an und holten den Bauern. Es wurde aber schon dunkel, und sie hatten den richtigen Weg verfehlt und kamen mit dem Wagen vor einen großen Sumpf. Da gab es erst einen Halt, und es wurde überlegt, wie sie da am besten herüber kämen, denn der Sumpf war gefährlich und sie konnten mit ihren Ochsen gut darin versinken. Nun konnten die Tollen-Landenbecker sich aber untereinander nicht einig werden, denn welche, die wollten drüber, und welche, die wollten einen anderen Weg fahren.

Der tote Bauersmann wurde aber ungeduldig auf dem Wagen und rief ihnen zu: „Als ich noch lebte, fuhr ich allzeit rechts um den Sumpf herum über dem Knallkauwes sein Land!" Aber diese Gesichter! „Oh! Heer! Kinders! Der Bauer lebt noch!" rief der Großknecht, und ganz Tollen-Landenbeck rief ihm nach: „Ja, er lebt noch!" Sie fragten den Bauern, ob er wirklich noch lebe. „Ja, wenn Ihr es alle sagt, dann mag es wohl wahr sein, dass ich noch lebe", sagte der Bauer. Da rief der ganze Konvent: „Dann komm auch vom Wagen und weise uns den rechten Weg!" – Der Bauer sprang vom Wagen, ging voraus und wies ihnen den richtigen Weg. Und wenn er noch nicht gestorben ist, dann lebt er bis an sein Ende.

PÄITERKEN UN SEYN GEBIÄT[41]

Vertallt vam Vikarius te Serkenruoe
[Anton Moenig]

Päiterken was all imme väierten Johre in der Schaule. Awer in all dien Johren harr hai mens äinen Platz hat: Hai sat van ungen-ropp et äiste. Doch dät ik nit laige: Alle Johre Austern, wann de i-Männekes in de Schaule kamen, ruggte hai en par Bänke ropp. Awer et durte känne väiertain Dage, dann woren se wier alle üewer iämme, un Päiterken sat wier op seynem Platze beym Uowen. „W-w-ann d-doch ä-ä-äinm-mmol de-de S-s-schaule a-a-fbrännte u-u-un et Ssschüttenzeltd-d-derbbbey, s-s-süs halt sei-i-imme Ssschüttenzelte Ssschaule,“ dachte un saggte Päiterken fake.

Met 'em Miulwierke konn Päiterken siek nit recht helpen, awer andere Saken konn hai dieste biätter. Bey Diske mochte hai seyn Fauer. Vüör en par gehöregen Runken was hai nit bange; met äinem Worde: Friätten deh hai wahne geerne. Un bat säu viele Jungens in dien Johren konnt, dät konn Päiterken: Schmeyten üewern Hahnen op 'em Kiärkentäuern, fisken met der Hand, Kasperten un Appeln stiählen. Kännen Hund op der Strote un känn Hauhn op der Miste konn hai in Rugge loten. Wispeltennester iutschröggeln deh hai gerne. Amme laiwesten awer sochte imme Froihjohr Vugelnester. Anderthalw Dutzend wußte hai jedes Jahr: Lulingesnester ne ganzen Tropp; awer dai tallte hai nit met. Baukfinken- un Läiwerkesnester, Flaßfinken-, Wippstertkes-, Iäkstern- un Rawennester sochte un fank hai. Twäi Büxen gengen jedes Froihjohr dertau.

Et was wier Maidag … Ase Päiterken muorgens met der Holster op'em Rüggen iut der Hiusdüöhr kam, schäin de Sunne all säu schoin warme, de Vügel sangen, et was en Plasäier. „Bey düm schoinen Wiäer in de Schaule gohn?“ dachte Päiterken, „iek wäit, bo et biätter is.“ En par Huiser weyt schläörte hai de Stroote run, do awer genk hai luchter Hand aff, üwer en par Misten, ne Satz üwer de Twismeke, düör Jaustes Kamp, do was hai weyt genaug. Hai nahm seyn Ohmes iut der Holster,

---

[41] DE SUERLÄNDER 1924, S. 103-104. – Dass ein Priester sich als Mundartautor berufen sieht, ein stotterndes Kind in der hier vorgeführten Form dem Gespött preiszugeben, sollte zu denken geben.

schmäit de Holster unger ne Wittdören-Buß, un niu innen Biärg ant Nestersaiken.

Et durte nit lange, do har hai all äint fungen. In 'ner allmächteg häugen Bäuke, uowen in der lesten Twietel, do mochte äint seyn. De allen Vügel fläugen aff un tau un jedesmal, wann se beyt Nest kamen, konn me't Jilpern hören.

Jä, jä, do was en Nest met klainen Vügelkes, awer biu derbey kummen? Dät was de Froge. De Bäuke was häuge, unweys häuge. Awer düt wör nit schliem wiest. Päiterken was all op höchtere Bäume kletert. Se was awer äuk wahne dicke un bit an de äisten Töppe was en gehöreg Stücke. Päiterken prowäierte äinmol, twäimol, awer dai Sake woll nit gerohen. Hai schliepere ne gräuten Steyn herbey un laggte ne annen Bäum, genk siek drop stohn un prowäierte näumol, awer näi, et gerait nit.

Bat niu? Päiterken käik noh'm Neste, hai bekäik sick dien Bäum un käik wier noh'm Neste … Do op äinmol har hai ne klauken Infall: In der Schaule har hai hort, de liebe Gott dai könn alles. Bat kain Menske könn, dät könn use Hiärguott un wann hai emme helpen söll, dann briukere me mens te biäen. „Dann kann use Hiärrguott dey äuk helpen, dät diu bey't Nestken kümmest," dachte Päiterken un hai fallere de Hänge, käik stur noh'm Neste un fenk an: „L-l-laiwe Hi-hi-hiärrguot, l-l-lot mmmiek d-doch be-be-bey ddät Nnnnestken ku-ku-kummen! – Sssuih, wwwann de mmiek ddderbbbey kkkummen läß, k-k-kiste äuk en Vü-vü-vügelken mmmet!"

„Niu mat et doch gohn," dachte Päiterken. Hai spiggere in de Hänge; schlaug de Aarmens ümmen Bäum, druggte de Bäine un de Schuoken dertiegen un hai schäuf un täug … un hai ruggte un druggte … un ruggte un täug … un ruggte un schäuf; un hai ankere und questere … un richtig et genk. Tworens langsam, de Schwäit strullere iämme van der Blesse, de Büxe knappere, twäi Rockesknoipe buosten. Niu näu äinmol gehoreg geschuowen un getuogen, do har Päiterken dien äisten Ast packet, un äinen Wapp, do stond hai droppe. „Hä," söchtere hai un päusere äis en Weyleken. „Hi-hi-hi-hiärrguot sssas äuk vvvielmmmols be-be-bedanket seyn. Kkkiß äuk en Vü-vü-vügelken mmmet."

Awwer niu födder. Van äinem Ast oppen andern, als höchter, ase'n Aeiken säu fix. De Töppe worten liuter schwänker, hai prowäierte se hellen. Un niu was hai uowen, un konn in't Nestken kicken. O, bat löchteren diem Päiterken de Augen … Väier Vügelkes woren drinne. Un bat wären se all nette gräut, moren oder üewermoren wören se ge-

wiß flügge. Awer biu soll hai se metniämen? In Büxen- oder Ro-
ckestasken droffte hai se nit daun, dann härr'e se däut druggt oder
dümpet. Awer Päiterken wußte Rot: Hai nahm de Kappe in de Hand, bo
hai siek met faste hält, un met der andern peck hai int Nest un nahm en
Vügelken deriut. O, bat en feynte! „Hi-hi-hiärrguott, nnnnai ddddüt
kkkkiste aaawer nit, dddüt is sssäun fffeynte," un hai deh't in de Kappe.
Hai kräig dät twedde Vügelken iut 'em Neste un bekäik et siek. „Nnnäi
Hi-hi-hiärrguott, dddüt is sssäun gggräutet, dddüt mmmat iik äük
ssselwes hewwen, dddüt ki-ki-kiste äük nnnit." Un hai deh't in de Kap-
pe un peck se duene tau. Met diem drüdden genk et grad säu; dät woll
hai äük nit missen: „Hi-hi-hiärrguott, dddüt hiät sssäun fffeyn rrräut
Bbbbüörstken, dü-dü-düt kkkiste äük nnnit." Dät leste Vügelken woll
grad iut 'em Neste wippen, awwer Päiterken schnappere't näu iäwen.
„Hi hi-hiärrguott, ddddüt kkkkann all bbbballe fl-fl-flaigen, nnnnai
dddüt ki-ki-kiste äük nnnit. Nnnnäi Hi-hi-hiärrguott, se ssssid aaalle
sssäu ssschoin-schoin, ddddiu kkkis gar kkkänn Vü-vü-vügelken met."
Hai har dät leste Wort näu nit saggt, op äinmol: Knack – knack, do brak
de Topp, bo hai oppe stond, un wuoll säu fix, ase ik düt siege, bottelere
Päiterken Ees üwerKopp, düör de Bäuke run un laggte op der Eere …
Amme Koppe harr hai en par Büllen, un de Bollen dehen iämme gehö-
reg wäih, awer kapputt was nix. Hai krassere siek op. „Bo mueget
meyne schoinen Vügelkes seyn?" De Kappe laggte unger'em Bäume,
do woren se nit mehr inne … Suih do saten se op 'me andern Bäume
und käiken ganz verbeystert in de Welt. Do kräig et Pästerken met der
Bäusheit: „Hi-hi-hi-hi-hiärguott, un un nnnniu kiste äis recht kännt."

   Hai nahm seyne Kappe un genk gisteneg födder. Hai woll näu ande-
re Nester säuken, awer et harr känne Art mehr. Hai genk in de Büske
liegen, täug seyn Ohmes riut un hoggte drin; dät was seyn Träust. Ase
de Middagesklocke lutte, dutelte Päiterken op häime tau, kräig de Hols-
ter wier unger'em Buske denn un satte siek terhäime ächter'en Diß.
Wann hai siek äuk ärgert harr, et Middages schmeckere iämme doch.
Ase ik saggte: Friätten deh hai wahne geerne.

DE SUERLÄNDER
1925

De Suerländer 1925

B'RÜMME SMÄLTERS OIHME
KÄNNEN APEN MEHR IN'T HIUS NIEMET[42]

Vertallt vam Vikarius te Serkenruoe [Anton Moenig]

Schmälters Oihme te M ... was ne gurren Wäiert. Bey iämme gafftet en gut Gemöte un hai harr en gut Gemaite. Awer bey diem, wat ik vertellen will, is 'me doch mol de Galle üwerläupen.

Aeines Dages – et was imme Hiärwest – kam ne Apenkerel int Duorp. Hai harr en Drägge-Ueörgel, un wann hai det Ueörgel dräggere, dann machte de Ape opp diem Ueörgel seyne Männekes. Düse Apen-Kerel kam noh Schmälters int Hius. „Kann ich bleiben hier?" frogere hai. Gerne deh det de Oihme nit. Me wäit jo nit, wat me an säu Luien hiät; se stäilt ase de Rawen, un ganz rentleck sollt se äuk nit liuter seyn. Awer wat was der te maken? Et fenk an duister te weren, op der Strote konn hai 'ne doch äuk nit schmeyten. Dierümme wäis hai dien Kerel met seynem Apen op der Schuier int Heu. Ne gehörigen Napp vull Tuiffeln, en Stücke Speck un en halw Bräut was et Owetiätten füör dien Kerel un seynen Apen.

Andern Muorgens woll de Apen-Kerel sik düör de Dämpe maken, ohne noh seyner Schüllegkait te frogen. Süs kam et diem Oihmen nit ümmen Stücke Bräut un en par Grosken. Awer, det de Kerel sik dünne maken woll, ohne en Wort te siegen, det peß diem Oihmen niu doch nit. Hai schnappere 'ne näu grade, ase ümme de Ecke flutzken woll. „Kerel, det sall dey niu doch nit glücken, äis betahls diu mey deyne Zäche met feyf Silwergrosken." „Hab nix Geld", saggte de Kerel un dräggere de Tasken rümme. „Männeken, dann suih tau, bo de bat kis", saggte de Oihme. „goh met deynem Ueörgel luos un hal dey Geld beyneyn. Dien Apen läß diu mey säu lange hey!" De Kerel schrempere un spirgelere sik, awer bat woll hai maken? De Oihme nahm dien Apen an de Leyne un deh ne innen Keller. Hai machte de Kellerfinsters tau, dräggere dien Schlüttel rümme un stak ne in de Taske. De Ape was gut verwahrt, un de Kerel genk oppen Verdenst.

Et was Hiärwestdag, ase ik saggte, un manneger Fäuermann drank sik beym Oihmes imme Stohn ne Kloren. Et worte äuk manneger Schoppen halt füör de Mäggers taum Froihstücke, un dierümme mochte

---

[42] DE SUERLÄNDER 1925, S. 46-47. [Zuerst in: Heimatgrüße aus dem oberen Sauerlande. Nachrichten aus der Heimat für unsere Sauerländer Soldaten. Hrsg. Pfarrgeistlichkeit des Dekanates Medebach, 30.10.1915.]

de Oihme jauenthant (ab und zu) innen Keller un Schnaps ropper halen. Meyn Ape sat in der Ecke un muckere sik nit, keyk awer ganz neype tau, wann de Oihme beyt Faat genk, dien Krahnen luos dräggere un d'en Schnaps inne Kraus läupen lait.

De Kraus was wier leyg, un de Oihme genk wier innen Keller. Hai kräig dien Schlüttel iut der Büxentaske, machte de Kellerdüöhr opp. – Bat is det dann? De Keller stond ne Toll häuge unger Water. Awer näi, Water was det nit, det räuk hai, det was jo Schnaps! Hai genk beyt Faat un kloppere dran. Richtig!! det Faat was lieg, nit ne Drüppel was mehr drinne, de Krahne was oppe. De Oihme schlaug sik füör en Kopp: „Söll ik dien Krahnen nit wier richtig tau drägget hewwen? Et ist doch kenn Menske ase ik imme Keller wiest, un ik drägge doch jedesmol ganz gewietenhaft wier tau, wann ik ne oppen loten härr, härr ik et doch strullen hören mocht." Hai schutte amme Koppe; dai Sake konn hai nit klain kreygen – det genk nit met richtigen Dingen tau! Do soh hai op äinmol dien Apen in der Ecke sitten. Do genk iämme en Lecht op! – „Diu Dunnerwiärs Ape!!! De Galle genk diem Oihmen üwer! Füör tain Dahler Schnaps!!! In seyner Raske schmeyt hai metem Kraus nohm Apen. De Schiärweln fläugen 'em Apen ümmet Gesichte, awer druoppen harr hai ne nit. Dien äisten besten Braken peck de Oihme un schlaug oppen Apen luos. Det schällere un knällere un biusede, un de Oihme schlaug säu wahne, det de Ape ümme Teyt bey der Welt laggte. Hai streckere all Väiere un wiegere kenne Klogge mehr.

Uemme Teyt kam de Apenkerel, woll seyne Zäche betahlen un seynen Apen wier halen. „Do hieste deinen Apen, Schwiärenäuts Apenkerel", raip de Oihme un schmäit'me seynen Apen füör de Baine. „Bat machte de Apenkerel füör en Spittakel!!!" „Mein armes Aff hat kostet 10 Talers, is Aff mir tot, Wirt hat Aff meins tot geschlagen, 10 Talers muß Wirt betahlen, ich gehen sur Polsei." Un hai schannte un regemäntere un worte nit stille.

Bat woll de Oihme maken? Hai harr dien Apen däut schlagen un mochte ne äuk betahlen, det soh hai wuol in. Bat gengen iämme dai Kraundahlers unnoie aff!! Hai tallte diem Kerel de Dahlers op, un bey jedem Dahler schannte hai säu lange, ase dien Kerel soh un näu viel länger.

Füör tain Dahler Schnaps, tain Dahler de Ape, feyf Grosken Schlopgeld un de tebruockenen Kraus, det harr diem Oihmen de Ape inbracht, un alldierümme: *niemmet Schmälters Oihme kennen Apen mehr in't Hius!*

94

HIUSSÄILE[43]

Christine Koch

Et gäiht wuat Laiwes, Waarmes diär Huiser, gäiht lanksamen, swiäwenden Ganges, hiät grundguere Äogen, en guttmaideg Lachen ümme de Mundwinkel, hiät starke Aarmens un wäike Hänne, dai emme sachte üwer de Backen streyket. Diu hörst nix, suihst nix, faihlst bläot, biu gutt et dait.

„Kumm rin!", raipet de bräie twäidäilege Hiusdiär. „Sett dik diäl!", siät häochliähnege, kummäode Staihle un Siätels. „Stieck dey 'ne lange Peype aan!", stäiht an der seygen Decke, „se weert nit swiärter dervan, as se all is, un viär diän klein geruiterten Finsters hanget keine Släggers, diän 't Scharen dee. Mak' et dey gemütlek un bliff recht lange bey us. Hey is Platz un Teyt, Teyt fiär dik un alle, dai bey us intriät. Hey is Rugge, wann ok de Welt do biuten vull Hast un Unrugge is. Diu bis bey us terhäime, wann de taum äistenmol üwer de Sülle trieest. Un de Sülle is nit häoge, is inrichtet fiär alle un junge, fiär maie un fixe Bäine. Diärümme: Kumm rin, wai diu ok bis!"

Wat singet dät schoin in diäm gräoten Kacheluawen! Wat glögget de dicken Baukenknüppels drinne, wann 't in der Stuawen duisterg weert! Un wat statt do waarme wäike Sluffen fiär kalle Faite! Wat tickelt dai alle Swarzwälder Iuher säo bedächteg un gemiäklek: Tick tack, tick tack! Un dann dai allen Schiäpe in der Wand met diäm wunderleken Snitzwiärke! Un dai weytbiukegen Kaffekannen un dai gräoten Scholen met Blaimkes drane un dai blanken Zuckerdäosen! Do kann me geträost beygohn un niähmen, et blitt näo liuter wuat drinne.

Dicke waarme Berrens in bräien Berrestieen ladt in tau'r nächtleken Rugge. Biu gutt morr et sik do inne slopen un ok – wann 't Liäwen ganz te maie macht hiät – stiärwen.

Wat is dät niu, wat diär dai allen Huiser gäiht, säo laif un waarme? Wat mäket se säo häimlek un häimes' fiär jeden äinen? O, dät alle Hius hiät 'ne Säile, 'ne Säile, dai 't läbändeg mäket, dai vlichte all hundert, twäihundert, dreihundert Johr alt is un de Schicksale van drei un mehr Generatiäonen met erliäwet hiät. Se hiät sik met frögget, hiät met arbet un striäwet, met lieen, met klaget, un weylen se säo viell saihn un hoort un erliäwet hiät, is 'ne gräote Stille, 'ne gräote Geduld un en gräot Ver-

---

[43] DE SUERLÄNDER 1925, S. 58.

stohn üwer se kummen. Alles wat Menskenhiärten in diän langen Johren fohllt un lieen hat, wat Menskenverstand dacht un macht hiät, Kingerlachen un Ellern-Suargen, Däopen, Hochteythallen, Stiärwen un Begrawen hiät dai alle truie Hiussäile in sik opnuammen, un dät gäiht niu wäik un waarme diär't ganze Hius, kucket met grundgueren Äogen, lachet behaglek, brett starke Aannens iut un streyket met wäiker Hand üwer kleine Flaßköppe, üwer räoe Backen un greyse Boortstoppeln un schreywet en duitlek „Willkummen!" fiär jedermann in 'nen spitzen Hiusgiewwel, an Finsters un Diären un an jeden Eckpost.

NOH AMEREKA?[44]

Ey wellt noh Amereka? Dät et uch awer nit gäit ase'm Hännes un sey-
ner Bätte iut der Giersslah!
Dai baiden kämen noh Hamburg.
„O Bätte, wat ne Kump!" saggte Hännes.
„O Hännes, wat en Seypen!" saggte Bätte, un se gengen wier häime.
M.

DE NIGGE MAGISTER[45]

De Magister mochte in 'n Kreyg un do kräigen se ne Lehrinne. „Möm-
me," saggte Antönneken, ase hai häime kam. – „Junge, wat weste?" –
„Mömme, niu mat iek dey awer ganz wat Spasseges vertellen: Vey het
ne niggen Magister kriegen, dät is en – – M i ä k e n !"
M.

DE KUCKUCK[46]

De laiwe Heer un Sünte Päiter staweleren op ne Aeinhuof tau. Se woren
maie un harren äuk van Dage näu nit recht wat in't Leyw kriegen. De
Frugge op diäm Huowe awer was gnatzeg un harr füör arme Luie nix
üwereg. Ase se dai baiden van feringes kummen soh, satte se diän
Besmen vüör de Düör un schäuf en Schäller tau. „Heer," saggte Sünte
Päiter, „hey sittet Schmies Kättken vüör der Düör," un se mochten föd-
der gohn, geren oder nit geren. Se woren iäwen vam Huowe, do machte
dät Schantploster van Weywesmenske et Finster luos un raip diän bai-
den noh: „Kuckuck, Kuckuck!" „Hörste dät abschailege Fraumens,
Heer? Lot se weren, wat se raipet!" saggte Sünte Päiter. „Jau," saggte
de laiwe Heer un säu droh, ase hai dät saggte, worte dät Fraumenske ne
Vugel un fläug in en Biärg un mat niu „Kuckuck, Kuckuck" raupen bit
an en jüngsten Dag.
M.

---

[44] DE SUERLÄNDER 1925, S. 58.
[45] DE SUERLÄNDER 1925, S. 58.
[46] DE SUERLÄNDER 1925, S. 72.

DE BICHTEBUTZE[47]

M[aria]. Poggel-Degenhardt

Et was viär Kriutwigge. De Hiemmel stonk in blosidenen Kläie iewer der Welt. Iut dem Garen un iut der Feldmark fleug de Rink van unge-tallten Bläumkes un kräftegem Gekruider in de Luft. Krummenhiewels Hännes was ganz in diän kummenden Väierhoch-tiedsdag versunken. Hai woll amme Owende no der Kiärke un bichten. Seu harr häu't van seyner Mutter Teyt iut anhallen. „Jeden Väierhoch-tietsdag gäit me tau'n Sakramänten," was iäre Sprück un wann Hännes dät nit deh, was et bit in't andere nigge Lecht keun guett Wiär.

Fregger in diän jungen Johren was dät diäm Hännes nit liuter lichte affgohn. Awer seytdiäm, dät hai an de Fiftiger kam, doh hai redlek sey-ne Pflicht un Schüllegkeut, ase sik dät fiär en ordenleken Christen-mensken hört. Hännes harr seyne Bichtebutze wasken henk se unger't Hius op en Reck an de Muarensunne. Do soll se lichte un sachte dreu-gen; nit te langsam – se mochte freutiedeg prot sin un nit te eyleg, dät se worte ase ne Rotel.

Hännes was nämlech ne Aeinspänner. Hai harr en klain Huisken van seyme Vatter iärwet un äuk en Stücke Feld un Wiese un Haggebiärg; hai hell ne Kauh un säu harr hai Koorn un Mielk un Butter genaug. Et Settken, wat seyn halwe Süster was un diän Schulten Biuern harr, wua-nere direkt iewern Wiäg un wann hai wat Besonderes te daun harr, was iät oder de Mad bey hängen.

Hännes liäwere ase en Luilink in der Hannepsoot, kuakede selwes un at selwes un op Rendlechkeut un Ornung soh hai euk.

Hännes liäwere met allen Luien in Friäen, iutgenuammen twäi Noh-werjungens, dai Franz un dai Anton. Dät kam van diäm schoinen Ap-pelbeume, dai op Hännes synem Huowe stonk. Dai Jungens slieken as de Katten rop un raf, un wann de Hännes in seynem „flammenden Zorn" euk schlimmer was, as dai Engel an der Pote vam Paradeyse, eger hai siek versoh, wören de schoinsten Appeln dervan un twäi Jun-gensgesichter schiälten de witten Tiäne. Un et wören säu nette awe-teytleke Summerappeln.

---

[47] DE SUERLÄNDER 1925, S. 85-86.

Viär en par Dagen harr Hännes de Appeldäiwe schnappet un hai harr et'em Lehrer saggt un dai harr ne de Butze stramm tuogen. Dät konnen se 'm Hännes nit vergiäten.

Ase Hännes de Bichtebutze ophenk, kämen dai baiden grad des Wiäges. „Wachte," saggte Franz, „dai sall fix droige seyn." Se räiten ne Fliernast iut der Hecke un in en par Miniuten was de Strunzelbüsse ferreg. As de Butze balle droige was – sssch – doh was se wier naat, ase iut 'em Water getuagen. No'ner Väierlstunde kam de Hännes un soh noh diär Fierdageswäske. „Der Diusend, hiät dai schlecht dreuget. Spasseg! Awer hey is gewiß nit genaug Luft. Ik mat se bey de Immenhütte hangen, do is Zugluft. Hai draggte de Butze tisker Hius un Schuier bey de Immenhütte. De Jungens derhingerhiär un as se en Weyleken hangen harr un Sunne un Wind de Füchtegkait driut teugen – ssssch – do drüppelere se wier.

De Hännes woll noh Middag de Butze kreygen un se dann leyk tain. „Dunnerwiär, se hiät keune Idee dreuget. Wat sall dät giewen! Härr ik se doch all gistern wasken. Seu stark Wand well wat drüwer hewen! Nix ase Aerger un Aerger – niu was ik seu schoin in der Gewissenserforschunge, niu is wier alles vüärbey. Ik well se op'en Tiun bey'n Appelbeum hangen, do pelt de Sunne grrade hin."

De baiden Burßen lachern iärch in't Fuistken, as seu ungeroen Blagentuig daun kann.

Hännes kiärte un butzere imme Hiuse un der biuter un dotüsker dachte hai an' t Bichten.

De Weyser op der Iur genk op väiere tau. „O je, niu is et awer Teyt. Bit noh der Kiärke is en gut Stücke Wiäges un ik sey neu nit angetuan. Hai sprank noh'm Tiune un woll de Butze gripen. „Wat? – neu nit! Ver –, se drippelt neu, un hänget all diän ganzen Dag do biuten. Dät gäit nit met rechten Dingen tau." Hai kaik sik ümme. Do hinger der Hecke ne Scheyn van'me Jungensgesichte. Ain, – twäi sprank Hännes in seyner Bäußheit iewer de Hecke un schnappere diän Undugt. „Niu wachte, Männeken, düt saßte nit ümmezüs dohn hen." „Sloh mik nit, Hännes, sloh mik nit, dät maßte bichten." „Wat, diu Liusebast, wat gäit dik meyn Bichten an? Hey bey der Butze blißte, bit se droige is!" Un hai nahm ne Wiet un bank dien Anton au dien Appelbeum. Do sall hai stohn, bit dät de Butze droige was. Wuall oder iewel mochte hai bleywen. Hai raip un bölkere, awer de Franz lait sik füär't äiste nit saihn. Noh ner ganzen Weyle kam hai angeschlieken. „Dät sall hai buißen" un Fränzken machte diän Anton loß. Se seyn iärch en Weyleken an un üwerlaggten, wat se niu iuthecken söllen, do kreup diäm Fränzken ne Pawiemel iewer'n Schauh. „Diän kitt hai drin un se satten dät arme Dierken op de Butze. In diäm Aeugenblicke genk de Garendiär. Dai baiden Jungens futt.

Hännes kräig de Butze. Op diär innewendegen Seyt, dai hai noh biuten tuon harr, was se droige, op der anderen näu nit. „Dät is biätter as ümmegekehrt." Hai teug se rimme, do kam de Pawiemel noh innewenneg.

Nohm Wilken genk Hännes noh der Kiärke. Beym leßten Hiuse peck hai de Schwänze van diäm Lipp un hält se in de Hoih, dät de Butze neu dreugen könne. Do hor hai van widem en paar Jungenstemmen: „Butzendänzer, Butzendänzer," un 'm Hännes was et, as wann se vam Appelbeume kämen. „Entweder lot ik et Bichten oder et Butzenwasken," saggte Hännes ärgerlek.

IUT HANNWILMES OIHMEN
SIENER SCHÜPERHOLSTER[48]

Von Johannes Hatzfeld

I.
Wiu't emme
met der hailigen Schrift gohn kann

Do was irgendwo – nit grad in d'r dullen Lannemeke, awer äuk nit all-
tewied dervan aff – viär säuviell Johren en Schaulemester, dai was näu
van der Suerte, dai't mol ällinges gaffte, wo fiär de Blagen näu alles
guett genaug was. En Semenar harr'e niemols saihn un wat en Examen
was, dät härr hai sieker nit wußt. Hai was Saldote wiäst, harr eis unger
Napollium de Pruißen un hernoger unger Blücher wier de Französen
verwixet, was bie diäm „Boimken verwessel" imme Kriege Kapporol
woren, harr näu'n paar Johre daihnt un dann dacht, hai wör niu grade
recht tau'm Schaulmester. Un wiel iämme ändere Luie diän Gefallen
dähen, dät äuk te gloiwen, do was hai't dann äuk woren. Dät hett – düt
was tau domol op mannegem Duärpe säu Mäude – hai mochte niäwen-
bie äuk näu Haiere spielen un off diän Biuern mehr amme Haiern odder
amme Schaulmester laggte, dät lätt siek säu glat nit meh iutmaken.
Kuort un gued, hai was Schaulemester un horre Winterdages de Blagen
un imme Summer bit Liukes un Galles de Kaih un de Luie saggten van
'me, de Kaih dai huorken 'me biätter ase de Blagen. Awer dät was ne
Ohwieserie.

Na, et was mol wier Winter un hai dreif alle Dage de Blagen op de
Waihe. In der biblischen Geschichte wären se amme „Leiden Christi".
Et was in der gänzen Schaule bläus ein Bauk un doriut mochte Kniepes
Karl liäsen, wann „biblische Geschichte" was. Ennes gurren Dages was
he wier amme liäsen. Un hai las: „Und Petrus – Petrus zog sein Schwert
und haute dem – haute dem M – al – chus, das rechte Ohr ab". Hie hor
de Siet grade op un Karl mochte rümmeslohn. Et was awer grade Päuse
wiäst, se harren do biuten in Schiete un Dreck un Slackerwiär Knippen
spiellt un siene Hänge wären näu säu stief as en Bock. Do was dät dann
widders guet te begriepen, dät hai bie'm Rümmeslohn *twäi* Blaer te pa-
cken kraig un rümmeslaig. Dann las hai wiedder ase do stonk: „Und –

---

[48] DE SUERLÄNDER 1925, S. 99-103.

und er neigte sein Haupt und starb". Bumms häll hai stille un keik siek verwundert op, denn diet kam iämme dann doch selwer wat allte gratz viär. 't passaiert jo allerhand Saken in der Welt, awer dät ainer van em afgefilleden Ohre in't Gras bieten söll, Kingers, dann könn siek jo kaimes meh in ue ehrleke Klöpperie wogen. De Blagen in diän Bänken sähen äuk alltemole hellop un keiken en Karl ahn, ase wann se me siehen wöllen, „Kärel, dät häst'e doch en wänneg billeger dauhn drofft." Un se knippoigelden op en Lehrer, wat dai wall dotau säggte. Dai awer was äuk nit slecht in enain schuäten, as hai diet unwiese Schicksal hor, blaif pucks stohn und fro're: „Junge, steiht dät doh?" „Jo gewiß", saggte Karl un soh dobie iut, as wann 'he sien wöll „Frog nit säu dumm." „Wies mol hiär", saggte de Schaulemester un de Karl raiker me sien Bauk an. Jä, un do stonk et, swuärt op witt un derniäwer en gräut, prieslich Siegel van Karl sienem smiäregen Diumen, do stonk un was nit afteloignen „Und er neigte sein Haupt und starb". Dai guerre Kapperol a. D. las et noch 'emol un faul dobie, wiu de gänze Schaule iän ansoh un do op wachtere, wat hai tau die'm unfazuinleken Gerätt van Petrussen siener Heldentat wall säggte. Hai spuär, hie stonk et Ansaihn van der ganzen hailegen Schrift op'em Spiele un sien eigene – wat binoh näu slimmer was – derbie. En kuärten Aeugenblick stonk he do as en Kerel, dai priusten well un nit kann, dann gonk me de noidege Throonfunsel op, grad as het höggeste Tied was. Jo, bie Guätt, säu mocht'et sin, dät was jo klor. Do mochte wat bie kummen sin. Dät kiemmet jo viär, wann't grade mol sinn sall un wann diu et wennegste dran denkes. Kurjäus was't jo, dät düt grade diän Malchus driäpen mochte, awer do sall mol einer wat maken. Wiän't driepet, diän driepert. Hai schurrlde alsäu merr'em Koppe un saggte: „Jä, ih Blagen, do marr'me de källe Bränd sin ankummen, änders is't nit miegglek." De Blagen öhmer'n op, dät siek dai Sake säu opklörde un makern en Gesichte ase „Jömer jo, wai härr do awer äuk an denken konnt! Wat is dät doch guett, däff'ie säun klauken Schaulemester hätt."

De Schaulemester saggte awer: „Karl, diu kanns et Bauk niu taumaken; t'is grade Tied taum Riäknen." In der hailegen Schrift was't me dien Dag nit meh gehuier.

II.
Niegenenniegenzig un ennen

Te Dämelkusen do was en Köster, o Här wat was dät en arem Dier. Drai Mol harr'e frigget un jede Frau harr me en halef Dutz Blagen in de Waige laggt. Do mocht'e wall springen un schaffen, dät jeder van diäm änderhalf Dutzend bie jeder Mohltiet en Tiätterek duänne kreig. „De Hoor verluiser'me vamme Koppe bie säu ner Range Blagen, Här Pastäuer," saggt'e jedesmol wann Läuhndag was odder wann't en Däupe- odder Griäffnisgeld gaffte. „Joh, Köster," saggte dann wall de Pastäuer, „giet Guäd et Häsken, dann giet hai äuk et Gräsken. Saiht mol tau, off miene Threse nit en halwen Pünsel Tiufeln fiär auk üwereg hiätt." Dät harr de Threse dann äuk jedes Mol. Awer wat was en halwen Pünsel Tiufeln unger achtaihn Blagen? Dät was, ase wann ne Kauh ne Elber sluiket. Et mochte mehr Geld in't Hius. Partiuh mocht'et dät.

De Köster üwerlaggte. Wo kreigen dai rieken Luie dät viele Geld hiär? Härr'n sai ieworhaupt wat hat, wann't ne unse Hiärguäd nit gaffte? Un b'rümme dai iämme nit äuk mol wat giän. De Köster soh gariut kainen Grund, wiärümme nit un hai dachte, hai wöll siek äuk mol an diese Adrässe wengen.

Niu was hai awer op siene Art un in gewissen Saken en Kerel, dai sienen eigenen Kopp harr. Un säu dachte hai hiebie, unger hundert Dalern könn hai't anständegerwiese gariut nit dauhn. Dät lurre doch eger wo no. Un do no richtere hai sien Gebiätt in. Muärens un middags un owends bie'm Engeldesheerenluien, wo hai allaine met unsem Hiärre- guärre in der Kiärke was, biärre hai jedes Mol harre: „Här, gieff mi hundert Daler. Wann awer *ennen* drane fehlt, dann well'ek se nit."

Wait Guäd, wie manneges Mol hai dät äll biätt harr. Awer liuter: „Wann ennen drane fehlt, dann well'ek se nit." Et soh gänz dernoh iut, ase wann siek unse Hiärrguäd op säu'ne bützege Art nit inloten wöll. En gänzen Klockenstrank harr de Köster bie siener Biärie öll diär lutt un diän niggen äuk ält wier halef liewert. Awer, säu fake hai noh'm Lu- ien op et Aeltor soh – un dät doh hai jedes Mol, – off do näu nix läggte, et laggte der nix.

De Köster harr awer en Nower, dai was Schriener. Dät was säu'n rechten lubitsken, ällen Junggesellen, dai in der Welt nix laiwer däh, ase Luie varaiern. Et giet jo säu Guanten unger diär Suerte Mensken, dai gloiwet, alle Luie wören dofiär do, dät sai iäre Wuähldage können dr'ane iutloten. Dai Schriener was op en Middag in der Kiärken amme

Bichtestauhle te flicken un hör dobie dem Köster sien Engeldesheerengebiätt. Dat was awer Water op siene Miell, woll siehen, Liem in sienen Pott. Dunnerkeil, dachte hai, do kannste doch wie'r mol wiän ansmiären. Weß doch mol saihn, wat de Köster fiär'n Gesichte mäket, wann do 99 Daler liätt. Gefohr is der dor jo widders nit bie, hai well jo hundert hewwen. Gänk heime, tällte niepe 99 Daler in an Säckelken, konn den Owend kium afwaren un gonk, as't Tied was, säu haimlek, as't siek maken lait in de Kiärke, laggte düt Säckelken met diän 99 Dalern säu recht pränges op et Aeltor un kräup in en Bichtestauhl.

No knapp ner Veierlstunde kam de Köster un peck an'en Klockenstrank, un fänk an te luien. Hinger jedem Anslohn biärr'he harre ase liuter: „Här, o Här, gieff mi hundert Daler. Wann awer ennen dr'ane fehlt, dann well'ek se nit." Un dann täug hai diär, ase wann'he dai hundert Daler vamme Kiärkentäuern raffer luien wüll. Sließleck was'he ferreg, hänk en Strick in de Noise un gänk no siener Gewiännde op et Aeltor an. Hai was awer näu nit diär de halwe Kiärke rop, do gafft'et me en Stäut, dät siek sin schrohe Adam knapp op en Beinen hällen konn. Diu laiwe, gräute Guäd van Saust, was't mieglek? Do – stonk de Sack, säu dick un rund un flätzeg, as härr hai ält hundert Johre do stohn. De Köster kneip de Aeugen tau un maker se wier op. De Sack stonk noch do. Hai befauhl siek van uäwen bit ungen un soh dann wier opt Aeltor. De Sack stonk noch do. Hai makere näu'n paar Expermente. De Sack bleif stohn. Do schäut hai op eimol drop los, ase en Hawik op et Hauhn, grad, as wär hai bange, dai Sack könn siek luinsk wier op de Lappen maken. Met me Wuppdich harr hai ne packet un schurrlde ne'n paar Mol, dät dai Dalers kliätterden. Hu, wat en kostbar Geluit! De Köster snäuf diär de Nase, as wann hai Brotwurst met Käuhl un gebronen Tiufeln rüeke. Ha saihn mochte me dät mol, saihn. Op merr'm Sacke! Met bieweregen Hängen knippere op, peck den ingesten Zippel un schurre de Dalers säu placks op et Aeltor un smeit siek driewer, dät me jäu kainen op de Ere fell.

Jä, do woren se. Blanke Dalers. Ennen näu schoiner ase de ändre. Un et was wahn te betwieweln, off siek de Köster an ennem van sienen drai Hochtietsdagen säu frägget harr, ase jetz viär sienen Dalers. En stuäken Kalef konn unmügglek säu gräute Aeugen maken, ase hai in diem Aeugenblick.

Op einmol kräup en Infall iüwer de Liäwer un't was, ase wann't me en Stäut unger sine lange Nase gafft härr. Sällen't äuk wall *hundert* sin? Diusend schaiwe Naut, et woire doch wall kainen drane fehlen? Dät

104

woier me de leiwe Här doch wall nit andauhn!? Un domet was hai äuk alt amme tellen. Un hai tällte un hächere viär Iewer. Eine, tweie, fiewe, taine, twinteg, diärteg, fifteg, siewenzeg, niegenzeg, ein, twai, drei, fiewe, siewene, achte, niegene – Dunnerwätter! – Düt konn nit stemmen, düt *droffte* nit stemmen! Quaterie, hai harr siek vertällt. Noch e mol dran un wier getällt. Un hai tällte: Teihne, twinteg, füfteg, achtzeg, niegenzeg, ein, twei, drei, fiewe, siewene, achte, … niegene, – niegene – niegene … Dät was – i, dät was dann doch – ! De Köster wor säu hille, as wann'e de Butze voll Amperzen härr. Hai soh ungert Aeltor, hai haffte den Teppich op un kuckere unger de Klingeln, off siek diese verdammte Daler nit fönge. Hai fummelde imme Lätter van en Käuersängers rimme un häuk unger jedes Blagenbänkelken. Nix! Hai swerre as en Baren un stonk en Aeugenblick stille. Wat niu? Ach Köster, diu bis te hassebasseg. Diu moß mol in Ruggen tellen. Runnerfallen is kainen un do mot he sin. Hai kloppere siek en Dreck vanen Knaien un steig wier no'm Aeltor rop, fänk do wier sien alle Geschäft an, un soh dobie iut, as wann hai Judas wör, dai en laiwen Hären näu ainmol verkäupen wöll. Men, dät härr de Köster – dät konn i gloiwen – sien Liäwegedage nit dohn, un wann'he sessundiärteg Blagen hat härr. Där 'me awer dobie siene gänze Andacht un sien gänze Kösteransaihn iut em Faziune genk, dät konn i begriepen. Niu tällte hai säu langsam – dräggere jeden Daler drei Mol in der Hand rimme, of äuk nit mol twei anenainkliäwet wären – dät diäm Schriener, diämme dai Sake bit hiehiär Spaß genaug maket herr, bie sie dachte: „Niu könne doch küärten's en Enge maken de Köster, un heime gohn, därr iek miene Dalers wierkräig un in miene Rugge käme." Do wußte de Köster natürlich nix van un tällte säu seelenruhig – wat diän Schriener anbedrippet nämlek – dät sie en Sparkassenlehrlink do konn en Muster ane niämmen. Un hai kam wier ant Enge: … fiefenniegenzeg, sessenniegenzeg, siewenenniegenzeg, achtenniegenzeg, niegenenniegenzeg – –. As de Daler wier nit do was, do gaffte siek de Köster in sien Schicksal, haffte de Aeugen op un saggte säu recht iut der daipen Hiärtenskiule un säu getrui as en jungen Ruien: „Här, wann't dann nit änders sin sall, dann – well'k en Sack viär diän ainen Daler gellen loten", smeit ne derbie un tällte „Hundert".

Ingepacket – taugebungen – futt!

Imme Bichtestuhle sat awer ennen, dai swerre, ase wann'e bie diärteg Toll Hitze ne Generolbichte daun söll.

PÄITERKEN[49]

Vertallt vam Vikarius te Serkenruoe
[Anton Moenig]

Päiterken was ne Friätpost. Friäten deh hai wahne geren; dät hew' ik ug terjohr all vertallt.

De Mömme woll op de Hochteyt. Päiterken woll äuk met, awer de Mömme woll 'ne nit metniämen. „Ik mat mik met dey schiämem, wann de wier säu wahne frietes. Bey dey sind jo de Aeugen allteyt grötter ase't Leyw." „Mömme, dann well ik äuk gar nit viel iäten." „Ganz sieker nit?" „Näi, ganz, ganz sieker nit." „Nu joh, dann kannste metgohn. Awer, hör tau, wann iek 'en Finger inter Hoih halle, dann maßte stantepäi ophören 'met iäten! Weßte dät daun?" „Ganz sieker Mömme, dann iäte ik känne Kitze mehr."

Mömme un Päiterken gengen noh der Hochteyt. Vüör em Duorpe nahm de Mömme et Päiterken äis näu mol int Gebiät: „Päiterken, wäißte't äuk näu? Wann maßte ophören?" „Wann ey en Finger inter Hoih hallet." „Junge, dät de mey awer oppässes, süs saste mol saihn."

Se säten beym Kaffe. Päiterken hinger'em Diske, de Mömme dervüör. Päiterken deh seyne Schüllegkait, äin Stücke Kauken noh'm andern, un wann häi können Kauken mehr harr, dann blosere hai en Kaffe un kräig wier Kauken. De Mömme kuierte met diän andern Fruggens un dachte nit an Päiterken. Päiterken at und frat, ase wann hai hangen söll. De Mömme foilte un vergat säu ratz iähr Sünneken. Paiterken stoppere; et Leyweken worte 'me all dune, awer de Mömme häll näu liuter kännen Finger inter Hoih. Päiterken lait lanksam gohn; hai müemelere, hai köggelere, hai käik noh der Mömme iähren Fingern, awer de Mömme käik als näu nit noh'm Päiterken. Päiterken kräig näu en Stücke Kauken, hai bäit drin, hai questere, hai druggte, awer näi, et genk nit mehr. Do raip Päiterken: *„Mömme, wann ey näu nit balle en Finger inter Hoih hallet, dann biäst ik."*

---

[49] DE SUERLÄNDER 1925, S. 108.

DE SUERLÄNNER
1926

De Overkanner

1926

NIEGENTAIHNHUNDERTSÄßUNTWINTEG[50]

Christine Koch

Glücksälleges nigges Johr!
Giewwe Guatt, et were wohr!

Do stoh ik aarme kleine Junge mirren in der kallen Winternacht un fraise. Me söll nit gloiwen, dät en Vatter säo seyn könn: Tütt mik, ohne en Woort te seggen, unger seynem waarmen Mantel dienne un settet mik met äinem Griepp, grade ase de Iuhern twiälwe slatt, mey nix, dey nix mirren op de Kiärkentrappe – „Suih tau, biu de proot weerst!" –, gitt mey de Hand, trecket de Niewwelkappe üwer de Ohren un furt is hai. Un ik aarme Troppe wäit nit, wat ik te daun un te loten hewwe, wäit nit, biu 't Vatter gohn hiät, of de Welt met 'me tefriän wiäst is udder nit, of se 'ne luawet udder schenget, of hai Pflicht un Schüllegkeit doon hiät, of hai Her bliewwen is üwer seyne viellen Bedainten, üwer de twiälf Monate, üwer de Johrestieen, üwer 't Wiär un üwer de Staiern.

Vlichte is et ok gutt, dät ik nix wäit. Säo kann ik jedem frey un uapen in 't Gesichte kucken un met meynem ällesten Dainer „Jänner" en wenneg diär de Welt reisen un saihn, biu de Stemmunge is.

Op 'en Stroten un in 'en Huisern scheynt alles gutt te seyn. De Luie lachet, singet un drinket, lütt un schütt. Wiäm dät Spektakel wuahl gellet, diäm allen udder diäm niggen Johr?

Halt, wat is dann dät? „Glücksälleges Nigges Johr!" Dät wör doch wuahl fiär mik, un et gefället mey. „Glücksälleges Nigges Johr" raupet de Luie, un ik wäit nix Biättres do op te sieggen ase: „Giewwe Guatt, et were wohr!" Un wann ey laiwen Luie en wenneg dertau helpen wöllen, wann ey allteyt usen Hiärguatt viär Äogen hewwen wöllen, dann härr' ik lichteren Stand. – Dau jeder dät Seyne! un Guatt help' us alltemole!

[50] DE SUERLÄNNER 1926, S. 3.

HIÄRGUATTSHAINTKEN
OP PROSSEJÄONE[51]

Christine Koch

Säo blo was de Hiemmel in säß Wiäken nit wiäst; keine Wolke un kein Wölkelken, nix ase güllene Sunne un en ganz feyn häimlek Riusken in 'en Boimen, in 'en Büsken in 'en Griäsern un Smiellen, in 'en Blaumen un Blaimkes. Prossejäone! Dü'n Dag is Prossejäone! Use laiwe Her gäiht diär Staadt un Duarp, diär Feld un Flur. Glücklech alles, wat noge amme Wiäge stäiht! Glücklech alles, wat läopen, flaigen udder kriupen kann! „Lirilirili", sang de Läiwerek, „ik kumme schon derbi." „Widiwit, widiwet, vey daut met, met, met", raipen de Swalftern. Un de Immen im Goren harren all seyt säß Iuher muarens äinander taubrummet: „Summ, summ, kumm, kumm!" Vam Kiärktäoern, iut 'en Dakfinsters, wägget de Fahnen. „Bimbam, bimbam" raupet de Glocken. „Bumbam, bumbam" biuset de Kattenköppe uawen amme Biärge. Ehrenbuagen un graine Büske statt längest de Wiäge. Niu gäiht de Prossejäone loß. Viärriut de Kruiz- un Fahnendriär, dann de Schaulkinger un de jungen Burßen un Miäkens, dann de Engelkes; dai strögget Blaumen, un dann – un dann unger 'm Thräonhiemmel in siägenten Hännen dät Allerheilegste, hingerhiär de Männer un ganz am Enge de Fruggens.[52] Un alle singet se iähre Juwellaier iut vullem Hiärten un iut vullem Halse. Dät schällert diär de Stroten un Feller, un ik meine, et möchte ok bit in 'en Hiemmel schällern. Bo dai allen Mütterken gatt, do is en Gemurmel ohne Enge van Räosenkranz un Lettenigge, van Lettenigge un Räosenkranz.

Bit taur äisten Stazejäone is ne tiemlek weyen Wiäg. Wennegstens denket dät alle Mütterken säo, dät ganz hingen aane gäiht. De Hänne biewwert 'me, un de Knai knickelt äin üwer't andere Mol inäin. Awer dät dait nix; Wilmsens Gräotmutter mott met Prossejäone, do batt kein Guatt help tau. Se hiät iähre seydene Müskelken opsatt met diän langen Bingebängen drane un diän gueren swuarten Ümmehank ümme doon. De seygen Schauh harr' se iäk selwes wickset, dät härr' der doch kein

[51] DE SUERLÄNNER 1926, S. 55-56.
[52] „… ganz am Ende die Frauen" – diese Prozessionsordnung kann man aus heutiger Sicht wohl kaum noch arglos zur Kenntnis nehmen.

Menske gutt genaug maket. Se draigte en dick Singebauk met gruawer Schrift un ne gräoten snaiwitten Taskendauk tüsker 'n Hännen, un ümme de linke Hand was de Räosenkranz wickelt. Feyf Schriett was sai liuter hinger diän andem un biäre fiär iähren Kopp ganz alläine. Ganz noge amme Wiäge stonk en Märgenblaimken un harr' seyn Sterengesichtken aandächteg no 'm Hiemmel richtet. Un mirren in diäm giälen Kiärfken sat en Hiärguattshaintken met feynen räoen Flügeldecken un siewwen swuarten Punkten. De ganze Prossejäone was all an diäm Kiärfken verbeytuagen, un 't wör säo geren metgohn, harr' et awer nit woget. As niu Wilmsens alle Mutter säo lanksam – liuter feyf Schriett hinger diän andern – en Schluß van der langen Reyge makere, do nahm sik use Hiärguattshaintken en Hiärte, fläog op un sat, eger 't sik selwer recht bedachte, mirren unger diäm gueren swuarten Ümmehange. De Gräotmutter miärkere nix un biäre Widder. Un wat konn se biän, un wat harr' se viell te biän! Use Siewwenpunkt kam iut 'er Verwünderunge gar nit riut. Säo harre hai näo niemols biän hoort. Hai biäre jo selwes äok, jeden Muaren un jeden Owend, awer dät was liuter dät selftege Luaf- un Dankgebiät: „Ehre, Luaf un Dank sey usem gräoten Guatt! Hai hiät mik erschaffen, de Welt is säo schoin, meyn Liäwen sall en äinzeg Dankgebiät seyn." Dät me ok näo anders biän könn, harr' hai nit wußt. Use Hiärguatt söll en Roggen gutt wassen loten un de Tuffeln, dät alle Luie g'naug te iäten härren, dät kein Hunger in't Land käme un keine Näot? Näi, do biäre Hiärguattshaintken nit ümme. De Disk was jeden Dag decket, balle hey, balle do; dät sind doch usem laiwen Hiärguatt seyne Suargen. Un dann – Siewwenpunkt was muiskenstille unger diäm gueren swuarten Ümmehange un liuskere – un dann biäre dät Mütterken, wat hai näo viell wenneger verstonk, „fiär Hännesken, dai no Amereka gohn was üwer dät gräote, gräote Water, fiär dät jüngeste Enkelkind, dät sik kuartens te Stanne setten wöll, un fiär diän allen blingen Oihmen, dät he doch jäo nit fallen söll." Un dicke Trönen hottelern dobey üwer dät alle runzelge Gesichte. Do wor ok Hiärguattshaintken triureg un wiskere sey an 'en Oigelkes. „Wat is et gutt", saggte 't viär sik hienne, „där et bey us säo wuat nit giett. Use Kinger gatt nit no Amereka. Kaimes is blind, un kaimes settet sik te Stanne; de Mensken sind doch de wunderlechsten Dinge op dü'r Welt." Wilmsens alle Mutter awer biäre widder fiär Aarme un Kranke, fiär Witwen un Waisen, fiär Guere un Boise un näo viell mehr.

Middelerweyle wören se an der äisten Stazejäone aankummen, un Siewwenpunkt dachte: „Niu könn ik wuahl en Huisken födder gohn un saihn mol tau, wat dai andern daut, dai 'n Haut in der Hand driät un witte Kragens ümme 'n Hals het." Richteg, ungefähr in der Mirre genk ne Mann, gräot un strack ase 'n Lecht, ne häogen Vatermörder ümme 'n Hals, ne blanken Zylinder in der Hand un sang un sang, liuthals, där et mens säo schällere. Do wör gewiß gutt seyn un viell te lehren, dachte Siewwenpunkt, spannere seyne feynen räoen Flügeldecken met diän siewwen Punkten un sat – wuptich – in diäm blanken Zylinder. Dät was niu würklech wuat Wunderschoines. Ase 'ne Waige genk dai blanke Zylinder hienn un hiär, hiär un hienn. Dai gräote stracke Mann swenkere nämlek seyne linke Hand, dai diän blanken Zylinder hält, met 'ner Beharrlechkeit un Pünklechkeit, dät dät genk ase 'n Iuherwiärk: hey, do – do, hey.

Usem Hiärguattshaintken wor de Teyt nit lank bit taur tweden Stazejäone, un ase dai verbey was, kam grade säo 'n feyn wäik Lüftken un raip: „Kumm met, ik weyse dey ganz wuat Feynes." Siewwenpunkt lait sik dät nit twäimol seggen un dee seyne Oigelkes weyt uap. Wat kucket do üwer dai jungen Miäkens rüwer un waiget sik op 'me langen, swanken Stengel? Hiärguattshaintken vergat, där et met Prossejäone gohn woll, un dachte op äinmol an gräote Gorens met häogstämmegen Räosen, witten, räoen un' giälen. Düse, dai do in de Welt löchtere, was dunkelräot. Ohne sik te bedenken, fläog Hiärguattshaintken op un satte sik met gröttestem Wuahlbehagen op dai dunkelräoe Räose. Dai was met 'me langen Drohtstiele op 'me gräoten, gräoten Miäkenshaue faste macht, un se was van echter räoer Seyde. Awer wat is dann dät? Dai schoine dunkelräoe Räose ruiket jo nit, un keine Dören sind am Stengel un, un , un – Hiärguattshaintken wußte selwes nit, wat all fehlere, machte awer kuarten Prozäß un saggte: „Do well ik doch laiwer tüsker dai kleinen Engelkes flaigen, dai het säo blanke Oigelkes un strögget usem Hiärguatt bunte Blaumen un graine Blar, un de Kränzkes in 'en Locken sind van Vergißmeinnit un Heckenräosen. Do is nix Gebackenes un nix Falskes, do is näo alles echt, frisk iut Guares Hand. Un Siewwenpunkt was hiärtensfräoh tüsker diän kleinen Miäksces in witten Kläiern un bloen Schärpen un löchtere met seynen räoen Flügeldecken selwer as en Roiseken.

Do kam de väierte, de leßte Stazejäone. Hiärguattshaintken was niu all noge bey usem laiwen Heren in der Monstranz. Do kam opemol en ganz unbänneg Verlangen üwer 't, äinmol, en äinzegmol recht dicht beym Allerheiligsten te seyn. Et konn nit widderstohn. Dät täog un lockere vam kleinen Tabernakel im Hilgenhuisken van Dannentöppen, bir et all seynen Maut beynäinsochte un met tauen Äogen stracks op de Monstranz taufläog. Do wor 't me säo lichte un fräoh te Maue; et soh un hor nix mehr, dachte nix mehr, fohllte bläot, dät et bey 'm Höchtesten un Laiwesten was, wat et giett im Hiemmel un op Eren, – dee näo äinen daipen Söcht, ase wann 't Glücke nit te driän wör – un fell däot op en Faut van der Monstranz, im selftegen Äogenblicke, ase de leßte Siägen gafft worte.

LANEMECKER STRAICHE
De jungen Ossen[53]

Vertallt vam Vikarius
[Anton] Moenig te Serkenruoe

Iek wäit nit, off ey all van Lanmecke hort het. Et liet imme Wuorme-
cker Kiärspel un is en störeg Dingen. De Luie sind do allteyt gau, wah-
ne gau wiäst und sinner't äuk näu. Magisters un Pastäuers sind der jung
woren. De Lanmecker foiert nit faste; bo känn Menske Rot wäit, de
Lanmecker wietet iärch te helpen un het allteyt, bo et noideg is, ne
klauken Infall.

Awer de Awergunst, de laidege Awergunst! De Buren rundümme
gonnten diän Lanmeckern nit, dät se kläuker seyn söllen ase andere
Luie, un alldiärümme nannten se dai Lanemecker klauken Infälle:
„Lanmecker Straiche", un se dehen näu mehr: Se satten füör diän
schoinen Namen „Lanmecke" näu en Wördeken, bat gar nit schoine lut.
Ik well't uch in't Ohr lustern (Se wird der wual nix van gewahr weren):
„Dullen Lanmecke" saggten se derfüör un iäre klauken Infälle nannten
se „Dullen-Lanmecker Straiche".

Van düsen „Dullen-Lanmecker Straichen", ik woll siegen, klauken In-
fällen, well iek uch en par vertellen, un hingernoh soll ey mey dann sie-
gen, of dai Lanmecker gau sind oder nit.

Et was Hiärwestdag. De Michels Buer te Lanmecke genk äines Sunn-
dag-Nummedages met der langen Peype int Feld un woll mol noh'm
Roggen saihn. Et Hiärte genk 'me op, ase hai van feringes diän störegen
Roggen löchten soh. Hai stonk ase ne Stickelappen.

Awer ase hai bey et Roggenstücke kam, jöh, joh, bat soh hai do? Ne
ganze Masse klaine greyse Diers wören op diäm Roggen. Säu Diers
harr hai seyner Liäwe näu nit saihn. Wören dät gurre oder boise Diers?
Hai genk ümme dät Stücke rümme ... Allerwiägen düse Diers. Dai Sake
konn hai nit klain kriegen. Hai krassere siek unger der Kappe un genk
häime un raip bey seynem Nower, diäm Schimmels Bueren, an un ver-
tallte iämme dai Sake. „Dät kann ik säu nit siegen, äis mat iek dai Diers
saihn", saggte Schimmels Buer. Ungerwiägens kämen näu en par ande-

---

[53] DE SUERLÄNNER 1926, S. 39-42. [Zuerst in: Heimatgrüße aus dem oberen Sauerlande.
Nachrichten aus der Heimat für unsere Sauerländer Soldaten. Hrsg. Pfarrgeistlichkeit des
Dekanates Medebach. Nr. 36 / 23.9.1916.]

re derbey un amme hingesten Enge, ase se bey'n Roggen kämen, wören iärer ne ganzen Tropp. Näi, säu Diers kannte kainer nit, do stond ne iäre ganze Lanmecker Verstand stille.

Se terbraken iärch iähre klauken Köppe, awer et woll 'ne nix infallen, un se wollen all grad häime gohn, do kam Schimmels Bueren ne klauken Infall. „Bat dät sind?", saggte hai, „dät sind junge Ossen!" „Junge Ossen???", saggten de andern un kläggeren iärch unger der Kappe. „Jä gewisse", saggte Schimmels Buer, „se hett en Fell akerot säu greys ase'n Ossenfell, un saih ey dann nit, dät se Hüender het? Dät sind junge Ossen un nix anders." Niu genk diän andern ne Tronlampe op. Se schlaugen iärch vüör de Blesse un wünderten iärch, dät se dät nit selwer fotens saihn harren. Un se worten iärch äineg, dät dät nix ase junge Ossen wören.

„Jä, jä", saggte de Vorsteher, „dät sind junge Ossen, dorüwer sind vey us äineg, un vey motten se opptaihn un fett maken un dann an diän Smallmersken Jiuden verkäupen." Un de anderen nuckeren: „Gewisse, opptaihn un fett maken." „Awer", saggte de Vorsteher, „bomet sollt vey se fauern? Dät kitzken Roggen sollt se balle imme Balge hewwen." „Bomet sollt vey se fauern? Dät is de Froge!", nuckeren dai andern bedächteg. Se terbraken iärch als wier iäre klauken Lanmecker Köppe un kuierten hin un hiär, awer et woll ne nix Geschaides infallen. „Ik saih wuoll, et fällt us nix in. Dann motten vey ne Gemainderotssitzunge hallen, un tworens, de Sake is eyleg, van Owend näu, ümme 8 Uhr", saggte de Vorsteher. Un de andern nuckeren un worten iärch äineg: „Ne Gemainderotssitzunge, düen Owend ümme 8 Uhr."

Et was näu lange känne 8 Uhr nit, do woren de Heerens vam Lanmecker Gemainderot beym Vorsteher beynäin. „Ey Herrens vam Lanmecker Gemäinderot, ey wietet, berümme vey beynäin kummen sind. Ey het alle dai Diers op Michels Roggen saihn, un vey sind us äineg woren, dät dät junge Ossen sind." Un de andern nuckeren. „Et is klor, ase Sprinkwater, vey motten de jungen Ossen optaihn un fett maken un an diän Smallmersken Jiuden verkäupen. Fette Ossen giet Geld, viel Geld." Un de andern nuckeren, „Geld, viel Geld", un et jiückere 'ne all in der Hand van diän vielen Kräundalers un Giällföskes.

„Awer, meyne Heerens vam Lanemecker Gemainderot", saggte de Vorsteher, „niu is de gräute Froge, bomet sollt vey se fauern? Vey motten 'ne wat giewen, bo se wat van op de Riwwen kitt, bo se fix van te Fläiske kummet. Bomet sollt vey se fauern? Dät is de Froge!" Un de andern worten stille un wußten nix und säggten nix …

Do op äinmol sprank Schimmels Buer op: „Ik heww'et, ik wäit, bo vey se met fett maken mott, Fläiß mot vey ne giewen un nix anders. Wann ne Mensken krank wiäst un schroh woren is, säu schroh, dät hai hinger 'me Schüppenstiele schuren kann, dann siet de Dokter, hai möchte Fläiß iäten, viel Fläiß; un bo imme Hiuse schlachtet is, do wird Ratten un Ruiens fett". Dät löchtere diän andern in, un se nuckeren un wörten iärch äineg: Fläiß, dät wör et Richtege füör de jungen Ossen.

„Gewisse", saggte de Vorsteher, „vey sind us äineg, Fläiß mot de jungen Ossen hewwen, dät is känne Froge; awer wat füör Fläiß? Vey konnt doch känne Kauhdiers schlachten un fauern use jungen Ossen dermet. Bat füör Fläiß? Do inne bestieket siek de Sake!" „Bat füör Fläiß?", nuckeren de andern, un se wußten nix un säggten nix ...

Et was stille imme Lanmecker Gemainderot, me konn der Floihe hausten hören. De äinen käiken inter Luft, de andern vüör iärch op 'en Büen; se schmäiten Dämpe, ase wann 'ne kloinen Mann bäcket. Schimmels Buer nahm seynen Kopp in baide Fuiste, söchtere jäu un hand, krassere siek hinger'n Ohren ... op äinmol fell 'me dät Richtege in. „Bomet vey de jungen Ossen fauern sollt?", raip hai, „met Piärrefläiß!" „Met Piärrefläiß?" saggten de andern, un et Miul bläiw ne oppen stohn. „Jau, met Piärrefläiß. Use Schimmel is bey Johren, nit weyt van niegenuntwintig, diän schlachte vey un fauert de jungen Ossen met Piärrefläiß." Un de andern nuckeren un se worten iärch äineg, met Piärrefläiß wöllen se de jungen Ossen fauern.

„Hai hiät recht", saggte de Heer Vorsteher, „säu well vey beschliuten. Schimmels Schimmel well vey op Gemainderiäknunge schlachten un de jungen Ossen dermet fett maken. Van Owend konn vey 'ne tworens nit mehr schlachten; et is Sunndag, awer moren Muargen bey der Teyt ümme säß Uhr. Un dann make vey de jungen Ossen dermet fett un dann wird vey reyke, unweys reyke. Un wat sollt dann de Wäierper un Menkhueser, de Wuormeker un Felbecker awegünsteg seyn; awer lot se biästen van Awegunst un Speyt, dät dait us nix. Awer niu, meyne klauken Heerens vam Lanmecker Gemainderot, vey het us van Owend säu wahne ploget, in meynem, un sieker äuk in uggem Häiern gäit et düörnäin ase'n Schlapprad van all diän schworen Gedanken. Saiht, niu maine ik, de Menske is känne Hitte un äuk känn Püttehaken nit. Vey mottet us der Gemainde te erhallen saiken, un diärümme maine iek, vey drinket us van Owend noh düeser schworen Arwet en Aechtelken Oidinger Bäier, un tworens op Gemainderiäknunge, dät wird an diän fetten Ossen wual ane sitten." Un dai anderen nuckeren un se worten iärch äineg, en Aechtelken wöllen se drinken op Gemainderiäknunge. Noh 'ner Väierlstunde laip de Kranen imme Aechtelken un de Bäierkräuse worten vull un lieg un vull, äin üewert't andere mol, un mit jedem Kräusken worten de Ossen fetter un de Lanmecker reyker.

Andern Muorgens gerait diän Heerens vam Gemainderot de Opstand tworens nit. Nit ümme sässe, ase se beschluoten harren, awer ümme Taine wören se alle beynäin, un de Fillerhännes täug diäm armen Schimmel et Meß düör en Hals, un all dai Heerens pecken un halpen beym Afftaihn. Un ase se diän armen Schimmel säu splenternakeneg afftuogen harren, do mochte de Fillerhännes äinen van diän Bollen affschneyen, diän söllen de Ossen et äiste hewwen. Se wickeleren de Bolle in en raine Berrelaken un laggten se op ne Schiuwekar, un niu genk et luos noh Michels Roggen. De Herrens vam Gemainderot schäuwen selwes de Kar, de Vorsteher de äiste Päuse, de anderen gengen dertiegen an, viel andere, Mannsluie un Weywesluie, Blagen un Ruiens vüörop un derhingerhiär, düör Schloite un Poite.

Et duerte nit lange, do woren se an Ort un Stiee un jederäin bekäik siek äis näumol de jungen Ossen un fröggere siek üewer dai schoinen Diers.

„Bohien sall ik dät Fläiß liegen?", frogere de Fillerhännes. Un se üewerlaggten un worten iärch äineg, dät Fläiß möchte midden op en Roggen, dann können se alle dran; awer nit de Fillerhännes, näi, de hohe Obrigkeit möchte dät selwes daun. Un de Heer Vorsteher peck diän Piärrebollen un stond all met äinem Schuocken imme Roggen. „Oh Heer, hai triet us de ganzen Ossen däut", raip äiner. „Halt, ... wachtet, ... hü, ... ey triät us de Ossen däut, säu gäit dät nit", raipen de andern. Un de Vorsteher schmäit dät Fläiß wier op de Schiuwekar.

„Wat awer niu? Biu soll vey dät maken?" ... Un se wußten alltehäupe nix un säggten nix.

„Ik saih wuol, et fällt us nix in. Dann motten de Heerens vam Gemainderot mol beynäin kummen un Rot schaffen", saggte de Vorsteher. Un de Heerens vam Gemainderot tropperen iärch beynäin ümmen Vorsteher. Se kuierten düt un dät ... „Söllt nit gohn", mainte äiner, „dät vey dät Fläiß säu weyt schmeyten können. Wann vey alle anpecken, genk dät doch gewiß." „Näi, näi, dät gäit nit", saggten de andern, „dann schmeyte vey jo ne ganze Masse van diän jungen Ossen däut, dät gäit gar un gariut nit." Un se worten stille un wussten nix un säggten nix, un alle käiken se diän Schimmels Buer an. Un richtig, hai wusste wier Rot.

„Meyne Heerens vam Lanmecker Gemainderot! Dai Sake is äinfach. …
Vey niähmet ne Mistdriäge un op de Mistdriäge sette vey diän Heeren
Vorsteher un de Vorsteher niemet de Bolle in 'en Armen un de Mist-
driäge met 'em Heeren Vorsteher un der Piärrebolle driäge vey in de
Midde vam Roggen. Saiht, säu driet de Heer Vorsteher dät Fläiß an Ort
un Steye, ohne dät hai met äiner Klogge op 'en Roggen triet." Dät löch-
tere diän andern in un se worten iärch äineg, de Vorsteher söll op der
Mistdriäge dät Fläiß op en Roggen driägen.

Säu ase beschluotten harren geschoh et. Ne fixen Burßen halte ne
Mistdriäge iutem Duarpe herbey; de Heer Vorsteher genk op de Mist-
driäge sitten, un se gafften iämme de Piärrebolle innen Armen un
draggten de Mistdriäge met 'em Vorsteher midden op en Roggen.

„Säu, niu konnt de Ossendiers friäten un fett weren un de Jiude hiät
gewiß nit säu viel Dalers, dät hai se betahlen kann." Säu dächten un
säggten de Lanmecker, ase se häime gengen un se kuierten un droime-
den van nix anders ase van fetten Ossen un Kräundahlers.

Alle Dage konn me Luie bey Michels Roggen stohn saihn. Dai
Diers fraten guet; de Roggen worte alle Dage dünner un klainer, awer
spasseg, de Ossen wörten nit grötter un nit fetter un äines Muorgens, –
et was in der Nacht gehöreg kalt wiäst – woren se alle kaput. Do was
gräute Truer in Lanmecke. „Ik hewwe't mey fotens dacht", saggte de
Schmies Buer, (dät was ne ganz klauken), „vey härren ne Stall füör dai
Diers buggen mocht. Junge Ossen konnt känne Külle verdriägen."
„Hiäs recht", saggten de andern, „jint Johr make vey't anders, dann
bugge vey ne Stall füör de Ossen, un se sollt us nit wier verfraisen".

De Lanmecker harren iutmacht, et söll känn Menske wat van diän
jungen Ossen vertellen; kaimes söll gewahr weren, wat se in Lanmecke
füör en Glücke hat härren, bit de Ossen gräut wören. Awer en par
Weywesluie harren't Miul nit hallen konnt. Se harren op em Wiäge noh
der Kiärke dermet prohlt, wat se in Lanemecke niu reyke wörten un se
harren de ganze Sake vertallt. Do was de Sake weyt genaug. In 'en par
Dagen wußten se imme ganzen Kiärspel un drüewer rüewer, wat in
Lanemecke passäiert wör, dät se in Lanmecke känne Schniägels känn-
ten un mainten, et wören junge Ossen, un dät se de Schniägels mit Piär-
refläiß fauert härren. Un wann de Lanmecker Sunndags noh'r Kiärke
kamen, un wann siek en Lanmecker Menske imme andern Duorpe
saihn lait, allerwiägen mochten se et hören: „Wat maket de Lanmecker
jungen Ossen? Sind se balle fett?"

Die jungen Ochsen[54]

Ich weiß nicht, ob ihr schon von Landenbeck gehört habt. Es liegt im Wormbacher Kirchspiel und ist ein prächtiges Ding. Die Leute sind da allzeit klug, sehr klug gewesen und sind es auch noch. Lehrer und Pastöre sind da jung geworden. Die Landenbecker fahren sich nicht fest. Wo kein Mensch Rat weiß, die Landenbecker wissen sich zu helfen und haben allzeit, wo es nötig ist, einen klugen Einfall.

Aber die Abergunst, die leidige Abergunst! Die Bauern rundherum gönnten den Landenbeckern nicht, dass sie klüger sein sollten als andere Leute und alldarum nannten sie die Landenbecker klugen Einfälle „Landenbecker Streiche". Und sie taten noch mehr: Sie setzten vor den schönen Namen Landenbeck noch ein Wörtchen, das sich gar nicht schön anhörte. Ich will es euch ins Ohr flüstern. (Sie werden da wohl nichts von gewahr werden): „Tollen-Landenbeck" sagten sie dafür, und ihre klugen Einfälle nannten sie „Tollen-Landenbecker Streiche".

Von diesen „Tollen-Landenbecker Streichen", ich wollte sagen „klugen Einfällen", will ich euch ein paar erzählen, und hinterher sollt ihr mir dann sagen, ob die Landenbecker klug sind oder nicht.

Es war Herbsttag. Der Michels Bauer von Landenbeck ging eines Sonntag-Nachmittags mit der langen Pfeife ins Feld und wollte mal nach dem Roggen sehen. Das Herz ging ihm auf, als er von weitem den herrlichen Roggen leuchten sah. Er stand wie ein Sticktuch.

Aber als er bei das Roggenstück kam, ja ja, was sah er da? Eine ganze Masse kleiner grauer Tiere waren auf dem Roggen. Solche Tiere hatte er sein Lebtag noch nicht gesehen. Waren das gute oder böse Tiere? Er ging um das Stück herum ... Allerwegen diese Tiere. Die Sache konnte er nicht klein kriegen. Er kratzte sich unter der Kappe und ging nach Hause und rief bei seinem Nachbarn, dem Schimmels Bauern, an und erzählte ihm die Sache. „Das kann ich noch nicht sagen, erst muss ich die Tiere sehen", sagte Schimmels Bauer. Unterwegs kamen noch ein paar andere dabei, und am hintersten Ende, als sie bei dem Roggen ankamen, waren ihrer ein ganzer Trupp. Nein, solche Tiere kannte keiner nicht. Da stand ihnen ihr ganzer Landenbecker Verstand still. Sie zerbrachen sich ihre klugen Köpfe, aber es wollte ihnen nichts einfallen, und sie wollten schon gerade nach Hause gehen, da kam Schimmels Bauer ein kluger Einfall. „Was das sind?", sagte er, „das sind junge Ochsen!" „Junge Ochsen???", sagten die anderen und kratzten

---

[54] Hochdeutsche Übersetzungshilfe (p.b.)

sich unter der Kappe. „Ja gewiss", sagte Schimmels Bauer, „sie haben ein Fell, akkurat so grau wie ein Ochsenfell. Und seht ihr denn nicht, dass sie Hörner haben? Das sind junge Ochsen und nichts anderes." Nun ging den anderen eine Tranlampe auf. Sie schlugen sich vor die Stirn und wunderten sich, dass sie das nicht selber sofort gesehen hatten. Und sie wurden sich einig, dass das nichts als junge Ochsen wären.

„Ja, ja", sagte der Vorsteher, „das sind junge Ochsen, darüber sind wir uns einig. Und wir müssen sie aufziehen und fett machen und dann an den Schmallenberger Juden verkaufen." Und die anderen nickten: „Gewiss, aufziehen und fett machen." „Aber", sagte der Vorsteher, „womit sollen wir sie füttern? Das bisschen Roggen sollen sie wohl bald im Balge haben." „Womit sollen wir sie füttern? Das ist die Frage!", nickten die anderen bedächtig. Sie zerbrachen sich schon wieder ihre klugen Landenbecker Köpfe und sprachen hin und her, aber es wollte ihnen nichts Gescheites einfallen. „Ich sehe wohl, es fällt uns nichts ein. Dann müssen wir eine Gemeinderatssitzung abhalten, und zwar, die Sache ist eilig, diesen Abend noch: um acht Uhr", sagte der Vorsteher. Und die anderen nickten und wurden sich einig. „Eine Gemeinderatssitzung, diesen Abend um acht Uhr."

Es war noch lange keine acht Uhr nicht, da waren die Herren vom Landenbecker Gemeinderat beim Vorsteher beisammen. „Ihr Herren vom Landenbecker Gemeinderat, ihr wisst, warum wir zusammengekommen sind. Ihr habt alle die Tiere auf Michels Roggen gesehen, und wir sind uns einig geworden, dass das junge Ochsen sind." Und die anderen nickten. „Es ist klar wie Quellwasser, wir müssen die jungen Ochsen aufziehen und fett machen und an den Schmallenberger Juden verkaufen. Fette Ochsen geben Geld, viel Geld!" Und die anderen nickten, „Geld, viel Geld!", und es juckte ihnen schon in der Hand von den vielen Krontalern und Gelbfüchschen. „Aber, meine Herren vom Landenbecker Gemeinderat", sagte der Vorsteher, „nun ist die große Frage, womit sollen wir sie füttern ? Wir müssen ihnen etwas geben, wo sie was von auf die Rippen kriegen, wo sie schnell von zu Fleische kommen. Womit sollen wir sie füttern, das ist die Frage!" Und die anderen wurden still und wussten nichts und sagten nichts ...

Da auf einmal sprang Schimmels Bauer auf: „Ich habe es, ich weiß, wo wir sie mit fett machen müssen. Fleisch müssen wir ihnen geben und nichts anderes. Wenn ein Mensch krank gewesen und mager geworden ist, so mager, dass er sich hinter einem Schüppenstiel verstecken kann, dann sagt der Doktor, er solle Fleisch essen, viel Fleisch. Und wo in einem Hause geschlachtet worden ist, da werden Katzen und Hunde fett." Das leuchtete den anderen ein, und sie nickten und wurden sich einig: Fleisch, das wäre das Richtige für die jungen Ochsen.

„Gewiss", sagte der Vorsteher, „wir sind uns einig, Fleisch müssen die jungen Ochsen haben, das ist keine Frage; aber was für Fleisch? Wir können doch keine Kuhtiere schlachten und damit unsere jungen Ochsen füttern. Was für Fleisch? – darin besteht sich die Sache." „Was für Fleisch?" nickten die anderen, und sie wussten nichts und sagten nichts...

Es war still im Landenbecker Gemeinderat, man konnte die Flöhe husten hören. Die einen guckten in die Luft, die anderen vor sich auf den Boden. Sie schwitzten Dämpfe, als wenn ein kleiner Mann backt. Schimmels Bauer nahm seinen Kopf in beide Fäuste, seufzte Ja und Allerhand, kratzte sich hinter den Ohren ... auf einmal fiel ihm das Richtige ein. „Womit wir die jungen Ochsen füttern sollen?" rief er, „mit Pferdefleisch!" „Mit Pferdefleisch???", sagten die anderen, und das Maul blieb ihnen offen stehen. „Ja, mit Pferdefleisch. Unser Schimmel ist bei Jahren, nicht weit von neunundzwanzig. Den schlachten wir und füttern die jungen Ochsen mit Pferdefleisch." Und die anderen nickten, und sie wurden sich einig, mit Pferdefleisch wollten sie die jungen Ochsen füttern.

„Er hat recht", sagte der Herr Vorsteher, „so wollen wir beschließen. Schimmels Schimmel wollen wir auf Gemeinderechnung schlachten und die jungen Ochsen damit fett machen. Diesen Abend können wir ihn zwar nicht mehr schlachten, es ist Sonntag, aber morgen Morgen bei der Zeit um sechs Uhr. Und dann machen wir die jungen Ochsen damit fett, und dann werden wir reich, unweise reich. Und was sollen dann die Werper und Menkhauser, die Wormbacher und Fellbecker abergünstig sein. Aber lass sie bersten vor Abergunst und Neid, das tut uns nichts. Aber nun, meine klugen Herren vom Landenbecker Gemeinderat, wir haben uns heute Abend so sehr geplagt, in meinem und sicher auch in eurem Gehirn geht es durcheinander wie ein Wasserrad von all den schweren Gedanken. Seht, nun meine ich, der Mensch ist keine Ziege und auch kein Brunnenhaken nicht. Wir müssen uns der Gemeinde zu erhalten suchen, und darum meine ich: Wir trinken uns heute Abend nach dieser schweren Arbeit ein Achtel Ödinger Bier und zwar auf Gemeinderechnung. Das wird an den fetten Ochsen wohl dran sitzen." Und die anderen nickten, und sie wurden sich einig, ein Achtel wollten sie trinken auf Gemeinderechnung. Nach einer Viertelstunde *lief der Kran im Achtelmaß und die Bierkrüge wurden voll und leer, ein übers andere mal, und mit jedem Krüglein wurden die Ochsen fetter und die Landenbecker reicher.*

Andern Morgens geriet den Herren vom Gemeinderat zwar das Aufstehen nicht. Nicht um sechs, wie sie beschlossen hatten, aber um zehn waren sie alle beieinander, und der Schneiderhannes zog dem armen Schimmel das Messer durch den Hals, und alle die Herren packten an und halfen beim Abziehen. Und als sie den armen Schimmel so splitternackig abgezogen hatten, da sollte der Schneiderhannes eine von den Bollen abschneiden, die sollten die Ochsen als erstes haben. Sie wickelten die Bolle in ein sauberes Bettlaken und legten sie auf eine Schubkarre, und nun ging es los nach Michels Roggen. Die Herren vom Gemeinderat schoben selber die Karre, der Vorsteher die erste Pause, die anderen gingen daneben her, viele andere, Mannsleute und Weibsleute, Blagen und Hunde voran und hinterher, durch Tümpel und Pfützen.

Es dauerte nicht lange, da waren sie an Ort und Stelle, und jedereiner beguckte sich erst noch einmal die jungen Ochsen und freute sich über die schönen Tiere. „Wohin soll ich das Fleisch legen?" fragte der Schneiderhannes. Und sie überlegten und wurden sich einig, das Fleisch müsste mitten auf den Roggen, dann könnten sie alle daran. Aber nicht der Schneiderhannes, nein die hohe Obrigkeit müsste das selber tun. Und der Herr Vorsteher packte den Pferdebollen und stand mit einem Fuß im Roggen. „O Herr, er tritt uns die ganzen Ochsen tot", rief einer. „Halt, ... wartet, ... hü, ... Ihr tretet uns die Ochsen tot, so geht das nicht", riefen die anderen. Und der Vorsteher schmiss das Fleisch wieder auf die Schubkarre. „Was aber nun? Wie sollen wir das machen?" ... Und sie wussten allzuhaufe nichts und sagten nichts.

„Ich sehe wohl, es fällt uns nichts ein. Dann müssen die Herren vom Gemeinderat mal zusammenkommen und Rat schaffen", sagte der Vorsteher. Und die Herren vom Gemeinderat trafen sich beisammen um den Vorsteher. Sie sprachen dies und das. „Sollte es nicht gehen", meinte einer, „dass wir das Fleisch so weit schmeißen können. Wenn wir alle anpackten, ginge das doch gewiss." „Nein, nein, das geht nicht", sagten die anderen, „dann schmeißen wir ja eine ganze Masse von den jungen Ochsen tot. Das geht gar und garaus nicht." Und sie wurden still und wussten nichts und sagten nichts, und alle guckten sie den Schimmels Bauern an. Und richtig, er wusste wieder Rat. „Meine Herren vom Landenbecker Gemeinderat! Die Sache ist einfach ... Wir nehmen die Misttrage und auf die Misttrage setzen wir den Herrn Vor-

steher, und der Vorsteher nimmt die Bolle in die Arme, und die Misttrage mit dem Herrn Vorsteher und der Pferdebolle tragen wir in die Mitte vom Roggen. Seht, so trägt der Herr Vorsteher das Fleisch an Ort und Stelle, ohne dass er mit einer Klaue auf den Roggen tritt." Das leuchtete den anderen ein, und sie wurden sich einig, der Vorsteher sollte auf der Misttrage das Fleisch auf den Roggen tragen.

So wie sie beschlossen hatten, so geschah es. Ein fixer Bursche holte eine Misttrage aus dem Dorf herbei. Der Herr Vorsteher ging auf die Misttrage sitzen, und sie gaben ihm die Pferdebolle in die Arme und trugen die Misttrage mit dem Vorsteher mitten auf den Roggen.

„So, nun können die Ochsentiere fressen und fett werden, und der Jude hat gewiss nicht so viele Taler, dass er sie bezahlen kann." So dachten und sagten die Landenbecker, als sie nach Hause gingen, und sie sprachen und träumten von nichts anderem als von fetten Ochsen und Krontalern.

Alle Tage konnte man Leute bei Michels Roggen stehen sehen. Die Tiere fraßen gut. Der Roggen wurde alle Tage dünner und kleiner, aber spaßig, die Ochsen wurden nicht größer und nicht fetter, und eines Morgens – es war in der Nacht gehörig kalt gewesen – waren sie alle kaputt. Da war große Trauer in Landenbeck. „Ich habe es mir sofort gedacht", sagte der Schmies Bauer, (das war ein ganz kluger): „Wir hätten einen Stall für die Tiere bauen müssen. Junge Ochsen können keine Kälte vertragen." „Hast recht", sagten die anderen, „nächstes Jahr machen wir es anders, dann bauen wir einen Stall für die Ochsen, und sie sollen uns nicht wieder erfrieren."

Die Landenbecker hatten ausgemacht, es sollte kein Mensch etwas von den jungen Ochsen erzählen. Keiner sollte gewahr werden, was sie in Landenbeck für ein Glück gehabt hatten, bis die Ochsen groß wären. Aber ein paar Weibsleute hatten das Maul nicht halten können. Sie hatten auf dem Weg zur Kirche damit geprahlt, was sie in Landenbeck nun reich würden, und sie hatten die ganze Sache erzählt. Da war die Sache weit genug. In ein paar Tagen wussten sie im ganzen Kirchspiel und darüber hinaus, was in Landenbeck passiert war, dass sie in Landenbeck keine Schnecken kennen würden und meinten, es wären junge Ochsen, und dass sie die Schnecken mit Pferdefleisch gefüttert hätten. Und wenn die Landenbecker sonntags zur Kirche kamen und wenn sich ein Landenbecker Mensch im anderen Dorf sehen ließ, allerwegen mussten sie hören: „Was machen die Landenbecker jungen Ochsen? Sind sie bald fett?"

ET KLÖRT SIK OP[55]

Vertellt vam Vikarius [Anton] Moenig
te Siärkenruoe

Do genten in der Holthamersecke, midden innen Biärgen stäid ne Ain-huof. Do biuseden vüör Johren Christoph un seyne Frugge, Meristeyne. Christoph was Heer un Knecht tegleyke, un Meristeyne Frugge un Ma-ged. Noh der Kiärke was weyt, un wann se iärch Sunndages op en Patt mächten, tügen se et Hius open Balken.

Et was innen Hundsdagen. Christoph un Meristeyne woren amme Roggen. Hai deh't Mäggen, un iät nahm iut. „Meristeyne, wat is dät häit, ik sey all düörnat van Swäite." „Joh," saggte Meristeyne, „et is wahne beswert, ik gloiwe vey kitt van Dage näu en swor Gewitter."

Et durte nit lange, do täug et all amme Hiäwen op, swuort un giäl un grain, et fänk an te grummeln un te blitzen; nit lange do fellen de äisten dicken Druopen, un Christoph smäit de Siänge innen Roggen, peck sik en Kaffekittel un et Küörweken un Maristeyne slaug sik en Rock üwer en Kopp un wat gieste, wat hiäste üwer Oiwers un Langer, häime. Et was nit weyt bit an't Hius, awer et gäut met Ommers, un ase se imme Hiuse woren, harren se kännen droigen Fahm mehr amme ganzen Leywe. Un niu genk et äis recht läus, et blitzere an allen väier Engen tegleyke, un se konnen nit säu viel Kruize maken ase Blitze kämen un äin Dunnerschlag näu unweyser ase de andere. Dai baiden machten iärch droige un biäten dobey äin Vaterunser üwer't andere. Meristeyne deh Palmen vüört Finster, stak et siänte Lecht an un baide gengen vüör en Diss hiuken un biäten, un biäten de Lettenigge van allen Hailigen, un biäten: „Im Anfange war das Wort" un dotüsker liuter: „Heilige Aga-tha, du keusche Braut, dieses Haus soll sein dir anvertraut, bewahre es vor Feuer und Brand, die Leute aber vor Sünd und Schand."

Se harren all lange biät, awer et lait nit noh.

„Wat mainste, Meristeyne, wann't inslaige, vey wören arme Luie!" saggte Christoph.

„Un wann't us däut slaige? Un vey möggten do uowen henne? Un vey het baide säu lange nit bichtet!" söchtere Meristeyne.

Un et kniätre un schällere, un jeder Slag kam draimol un mehrmol iut em Biärge derügge, un de Wind huilte, un et ganze Hius biewerte.

---

[55] DE SUERLÄNNER 1926, S. 73-74.

„Christoph, wat soll vey anfangen in user Näut? Ik gloiwe et Enge der Welt is do; wann vey doch bichten können!"

„Bichten sieste? Jä, dät deh ik äuk geren. Awer biu konn vey bichten? Vey het jo kännen Heeren hey!"

Awer Meristeyne wußte Rot: „Ik maine, ik härr in der Schaule lahrt, in der Näut könn me äuk vüör me andern bichten."

„Jo, in der Näut sind vey, un diu mainst, Meristeyne, diu vüör mey bichten? Gewiß, dät könnste jo daun."

„Jau, säu well vey't maken, ik goh oppen Staul sitten, un diu der beniäwer hiuken. Kumm Christoph," un se ruggte en Staul terechte.

„Näi," saggte Christoph, „dät Kärrken well vey doch laiwer rümme dräggen, diu bichtes äis un dann ik."

„Näi, Christoph, diu äis un dann ik. Säu Mannsluie daut doch viel mehr Sünden, Weywesluie sind doch viel frümmer. Suih, Christoph, diu hiäs flauket hinger en Ossen, un biu manneg mol hiäste de Ossen ganz ostörreg duosken un hiäste et dann vergiäten, dät diu, ase vey et leste mol Klafterholt halt het, ne Fraigel stuolen hiäs, hiäs mik iutschannt füär alle Häxe, Snaps hiäste drunken un …."

„Un ey Weywesluie daut gar känne Sünden?" fäll iär Christoph int Wort. „Wai tütt dann andere Luie düör de Hiekel? Un in der Kiärke unger der Priärge hiäste nucket, dät was äuk känne Frümmegkait; un wai ärgert seynen Mann alle Dage? Wann dät känne Sünden seyd, dann briukeste jo nit te bichten, dann kannste't jo drop ankummen loten. Ik well do uowen wall prot weren."

„Mey sall't äuk recht seyn," saggte Meristeyne, un se gafften iärch wier an't biäen.

Bius, do gaffte't ne Slag, ase wann tain Kattenköppe tegleyke luos gohn wören.

„O, Christoph, et slätt us däut, et slätt us däut, Christoph, kum, lot us bichten."

„Jo, meynthalwen, awer diu äis", saggte Christoph.

„Jau, jau, ik äis un dann diu."

Un Christoph genk op en Staul sitten, un Meristeyne genk derbeniäwer hiuken, un saggte diäm Christoph iäre Prüteln.

„Meristeyne," saggte Christoph, ase iät ferreg wor, „ik härr nit dacht, dät diu säu'n aisk Menske wörst. Awer diu hiäs deyne Sake gut macht; niu kannste rüggelek affraisen."

„Niu awer, Christoph, bis diu an der Reyge, niu lot mik open Staul."

„Meristeyne," saggte Christoph, „et is nit naideg, *et klört sik op.*"

TABAKRAUCHEN VERBOTEN![56]

M. [Moenig?]

Zäns Buer harr in der Staadt ne Ossen liewert, un seynen Ossen gut betalt kriegen. Unnaideg Geld iutgiewen was süs seyne Mäude nit, awwer van Dage woll hai't mol vüörnehme daun un foiern met der Post; op en par Kaßmännekes sol't me nit ankummen.

Imme Postwagen seeten näu twäi vüörnehme Frailains, se harren Gardeynekes vüör em Gesichte. Awwer kuiern konnen se nit, seynen fröndleken „Gurren Muorgen" dankeren se diäm Zäns Buer niddemol.

Ümmeteyt täug Zänz Buer seyn Lüns un seynen Tabakkesbuil riut un fenk an te stoppen. Dai baiden Frailains harren gewisse näu nit saihn, biu me ne Peype richtig stoppet odder se kannten kännen Tabakkesbuil vanner Sweyneblose, se machten Augen säu gräut ase Plaugraer un käiken mens liuter noh diäm Zänz Buern seynen Fuisten. Un niu konnen se äuk kuiern. „Mein lieber Mann," saggte dät äine Menskelken, „sie dürfen hier nicht rauchen. Sehen Sie denn nicht, da steht: Tabakrauchen im Postwagen ist verboten!?" „Dät gäit mik nix an. Ik smoike *Strank* un van *Strank*smoiken stäiht do nix," saggte Zänz Buer un stoppere födder. Do awwer fengen dai baiden an te jalpern un te kräggen, et äine näu mehr ase't andere: „Aber, lieber Mann, wir können's mit dem besten Willen nicht vertragen; es ist unser Tod." *„Dann awwer riut, et gäit gezund luos,"* saggte Zänz Buer, räit ne Sticke an der Büxe an un smäit Dämpe, ase wann ne klainen Mann bäcket.

---

[56] DE SUERLÄNNER 1926, S. 105. – Die Rücksichtslosigkeit des Rauchers soll hier offenbar als Ausweis von ‚Mutterwitz' vermittelt werden.

DE SUERLÄNNER
1928

De Suerlänner

Heimatkalender für das kurkölnische Sauerland

1928

Sauerländer Heimat=Verlag der Josefs=Druckerei, Bigge a. d. Ruhr

EN HILLIGEN BERAUP[57]

[*Ohne Autorenangabe*[58]]

Markus Väierkante was Wäiert un Stiutenbäcker in Duisterkiärken. Dai
siälige Poter Hillebrand[59] hiät van iäme saggt, den Wäiert könn me an
seyner dicken rauen Nase kennen un de Stiutenbäcker stönte op seynem
Buiksken geschriewen. Awwer dai gurre Mann hiät Markus harre Un-
recht dohn; denn Markus drinket sik höggestens det Sunndages en
Snäpsken un üwerlätt dät Stiuteniäten den Luien, dai der Braut met spa-
ren wellt.

Markus Väierkante helt sik wenniger an Snäpse un Stiuten ase an de
äiste Reyge van diäm allen Volkssprück: „De Wäiert is en hilligen
Mann"; awwer nit biu et födder hett: „Im Keller doipet hai un op der
Schänke mäket hai de Gäste siäleg!"

Wann de Nower, de olle Heer Pastauer, diän Markus met düsem
Sprüke tiärgen well, dann fröget dai spitz: Wohiär wiet ey dät, Heer
Pastauer? Heww ey all mol Paa stohn bey sau ner Daupe? – Dann
awwer lätt hai den Kopp in de Fitteken hangen un segget bedrüppelt:
„Guatt klag ik et, dät dät Siälegmaken bey schlechten Wäierden vake
vüärkümmet. Awwer et git auk gurre Wäierde, un use Beraup is un blit
hillig. De Hilligen sind jo wual dünn un roor sägget op der Welt, awwer
et git nit blauts hillige Pastoiers, et git auk hillige Wäierde."

Wann de Markus sau kuiert, lachet de Pastauer, trecket lange Däm-
pe iut der kuarten Peype un gäit in der Backstuawe oppen Staul sitten,
diän iäme Markus holpereg terechte settet un diän hai flink met 'me
Vüärdauk afwisket hiät. De Pastauer wäit: Niu giet et ne lange Priäke.

Markus blit stohn, liänt sik an en Miälsack, dät hai biäter met den
Iärmens fuchteln kann, un fänget an te priäken: „Dät well ik ug seggen,
Heer Pastauer, de mäisten Philosophen seyd graute Theoretiker; saubal-
le sai awwer in't Liäwen kummet, biuten in de Praxis, versegget se.
Bey mey is dät alles ümmegekohrt. Ik stoh met meyner praktischen Phi-
losophie op un goh dermet te Berre.

---

[57] DE SUERLÄNNER 1928, S. 48-53.
[58] [Vielleicht ist bei diesem anonym veröffentlichten Text doch eine Verfasserschaft
Christine Kochs in Erwägung zu ziehen, p.b.]
[59] Gemeint ist vermutlich der aus Brilon stammende Paderborner Diözesanmissionar
Joseph Hillebrand (1813-1887), bei den Leuten als „Höllenprediger" berüchtigt.

Ik well ug niu mol knapp dervon dertellen. Det Muargens frauh, wenn ik de Windlaen terügge schlohn hewwe, sette ik äis mol meynen ollen Saldotenhelm vüär't Finster, dat me 'ne van biuten saihn kann. Dät hället mi de Handwiärksbursken vam Leywe. Dai maint dann, de Schandarme wör in der Stuawe. Handwiärksbursken, dai no'm Wäirtsschille keyket, sind Süepers, un füär dai Suarte Luie heww ik kein Gedränke. Em Hungrigen gönn ik geren wuat. Dai gatt dann auk in de Seyendüär no meynem Süster Graiten in de Küeke.

Wann ik den Helm putzet hewwe, dann hang' ik Winterdages de Finsters iut un stelle se an den waarmen Uawen, dät se flink loß dögget. Dai Luie, dai verbey kummet, segget iärk dann: „Suih, Markus hiät all de Finsters loß; do mott et schoine waarme seyn," un kummet all rin. Besunders det Sunndag muargens no der Misse. De Mannsluie van den Düärpern drinket en paar Snäpse; de Frauluie gott in de Küke un niämet ne Schole waarmen Kaffe un ne Britzel, alles füär ne Grosken – dät dait den Luien gutt in der Külle, besonders no ugger langen Priäke. Dann dögget se loß, un nit blauts biutenwennig. Se fanget an te kuiern un vertellet mey dät niggeste. Do hört me dann allerhand Saken, gurre un schlechte. Wann et dann nit gerade int Hai riänt, holle ik de Luie geren op. Nit wiägen diän Snäpsen, awwer me kann dann allerhand lehren un dann ok düär gurre Woorde mannegmol wuat Vernünftiges bezwecken. Do was tem Beyspiel gistern nau dai Ossenbuier van Wettmesse bey mi, dai all twäi Johre met seynem Nower ümme de Taufauer prozässet. Diäm hewwe ik saggt: „Kerel," saggt ik, „bat bist diu dumm. Blauts dumme Luie, dai met dem Koppe düär de Wand wellt, schmeytet diän Awwekoten det Geld innen Hals. Wäißte, bat de beste Prozäß wert is? Känne Lius! Doaane kannste iutriäken, bät bey me schlächten Prozäß riutkümmet. Ik könn auk ant Gerichte laupen wiägen diän ollen Wiägen, awwer ik well den Deywel daun, ik hauste diän Awwekoten wuat. Dai well ik nit fauern un dai sallt an mey dat Prozässen nit lehren.

Saiht, Heer Pastauer, sau mak ik dat Sunndages, wann de Luie iut dem ganßen Kiäspel heyhiär kummet. Owwer unger der Misse un Andacht draf mey nümmes in der Stuawe seyn. Dann liäse ik in der Handpostille oder in der Nachfolge Christi oder in der Hilligenlegende. Ik hewwe et sau an mi, harre te liäsen un te biäen. Dann kann me äismol hören, bat me lieset, un me is ok andächtiger un kann alles biäter behollen. – Wann do niu nau äiner in der Stuawe sittet, diäm segg ik, hai söll gohn. Et peß sik nit, unger der Misse te süppeln. Gäit hai dann nit saufoortens, dann schliute ik de Düär tau un fange haare aan te liäsen.

Dann mott hai schweygen un tauhören un de ganße Stunne wachten. Dät wietet niu auk de Luie, un se gatt doch laiwer in de Misse ase dät se tauhört, biu ik dai ollen hebraisken Namens baukstawäiere.

Jä, jä, Heer Pastauer, Religiaune un Wäiertskop – dat is en schwor Kapitel, awwer ik loise dät gutt op meyne Art un Weyse. Jeden Middag un Owend biäe ik harre in der Wäiertsstuawe den Engel des Heeren vüär. Et is dät ne olle Sitte, dai frögger allerwiägen inhallen woor. Ik halle op det gurre Olle un make auk det Vüärbiäen sau, ase meyn Vaar un Grausvatter auk dohn het. Uewerhaupt: dai allen Sitten mottet viel mehr pfleget weren. Ik halle doop. Ik hewwe jeden Chrisdag en Chrisbaum un en Krippken in der Wäiertstuawe, un dann mak ik wuat ganz Apartes.

Te Austern, wann de Jungens riättelt, dann mutet se alle den Engeldesheren op der Diäle biäen, dann krit jeder ne Krengel met Korinthen.

Pinkesten plante ik den Maibaum met Eggerschalen un Biärkenreysern op en Wäiertsdisk, un im Advänt hange ik den Kranz met väier Lechtern an diän Aeikenbalken, bo de Lampe ane bammelt.

Un wann Niejohr ansungen weert, dann stoh ik op, un dann goh vey alltemole tiegen den Nachtswächter an un helpet. De Jungens konnt jo all nit mehr use schoinen Laier. Et weert mey wual en bitken viel, awwer ik begiewe mi nit, schloh en dicket Schooldauk ümme un niäme ne Lüchte in de Hand. Dat Singen lote ik mey nit niämen. Use Sitten seyd enge verbungen met der Religiaune, un do draf mey kaimes antippen.

Dät vey Freydages Fläisk opdisket in der Wäiertsstuawe, dät git et nit. Leßten kam mol en Fauermann van der Willenwiese un aat in der Stuawe en Fläisbuter. Ik frogere: Is de wille Wiese niu lutters woren, dat diu vandage Fläis koggest? Marsch riut met dey! Wann de lutters wörest, dann säggt ik dey niksen, dann könnst diu sitten bleywen. Awwer niu riut, wann diu nit op der Stelle den Speck dem Ruien gist! Dät deh hai dann auk. Gloiwet ment, Heer, ik holle Kummando in der Bude sau gutt ase ey in der Kiärke, un do is mey ne gurren Jiuden laiwer ase ne schlechten Christen.

Im allgemeinen kann ik jo nit klagen, dat sik de Luie schlecht bey mey bedrügen, besunders de Biuersluie nit. Se drinket iärk jo wual en Snäpsken un kuiert geren en bitken, wenn se äinmol tegange seyd; de mäisten seyd awwer sparsam un härren de Snäpse et laiweste ümmetsüß. Ik dauh et bey sau Luien dann auk sau billig ase et iäwen gäit un froge: „Biu lange biste dann hai wiäsen, Kläimes? Un diu, Gamber-end?" „Twäi Stunnen." „Giät mey füär jede Stunde en Grosken. Ik lote auk diän äinen odder andern, dai geren schmoiket, füär feyf Grosken mol in de Cigarrenkiste packen, do kann hai sik dann riuter kreygen, bat hai met seynen feyf Fingern ment packen kann; dann hiät hai füär de Wiäke wuat te dampen.

Sau mak ik dat allerdinges nit liuter. Luie, dai den Hals nit vull kreygen konnt, niäm ik mey anders vüär. Do is tem Beyspiel dai alle Humpelhännes. Hai hiät all säcksig Johr op dem Puckel, kann't Betuppen awwer nit loten. Wann hai gohn woll, frogere ik ne: „Biu viel hiäste dann, Hännes?" Un jedesmol gafte hai twäi odder drai te wennig an. Do heww ik 'ne mi awwer mol alläine harket, un niu mott hai jeden Snaps beym Ingaiten betahlen. Bai bey mey ümmetsüß odder sik besuapen dränken well, dai is an de falsche Adrässe kummen.

Sau genk et auk dem Grämsterhiärmen. Hai kümmet mey jo süß nit int Hius, awwer vüär väier Wiäken harr'e sik doch mol heyhiär verlaupen. Hai harre all äinen im Timpen, un ik saggte 'me, hai söll häime gohn. Doch hai genk nit un druggte dorümme, ik söll 'me äinen ingaiten un äinen in de Pulle giewen. Na, dachte ik, dai sall sau fink no Hius laupen biu nau nit äinmol. Ik gafte 'me en Snaps un deh 'me twäi Awwethäikerdruapen derdüär, dai mey de Proweyser mol füär angebrachte Fälle brugget harre. In feyf Miniuten harren sik de Druapen all derbey trocken. Dai Kerel genk derdüär, ase wann 'ne dullen Ruien bieten härre. Den andern Daag kam hai un brachte de vulle Pulle wier. Dai söll ik selwer drinken, hai härre kainen Buaen mehr im Leywe, un hai wöll seyn Geld wier. Ik saggte: „Meyn laiwe Hiärmen, bey mey krit jeder, bät 'ine taukümmet un bat gutt füär 'ne is. Kümmest diu weyer, gäit et di naumol sau. Deyn Geld awwer heww ik dün Muargen all deyner kranken Frugge bracht un nau ne Daler derbey, diu Siupnickel!"

Dät Pülleken met diän Awwethäikerdruapens, Heer Pastauer, is met Geld nit te betahlen. Do krit jeder wat riut, dai an te krakailen fänget oder stänkert, üwer de Luie schenget, üwer de Kiärke un de Gäistleken spottet, unanständig weert oder de Piäre te lange op der Strote stohn lätt.

Düse Strofe enspriekt diäm philosophischen Grundsatz: „Bo de Menske met sünniget, domet mott hai betrofet weren." – Niu awwer, Heer Pastauer, verrott mi blauts nit meyne Geschäftsgeheimnisse.

Ik könn ug nau viel vertellen, Heer Pastauer, iut meyner philosophischen Praxis.

Wann ik tem Beyspiel äinen Mann do sitten hewwe vam Lanne, di-än ik nau nit gutt kenne, un well wieten, bät füär 'n Temperamänte dai Mann hiät, dann goh ik sau stracks an iäme hiär, wiske den Disk af un staute ase iut Unvorsichtigkeit ant Glas, dät et ümmefället un triäe diän Mann sau, ase wann ik niks dertau könn, op de Täiwen. Dann kümmet seyn richtige Temperamänt un seyn Charakter foortens ant Lecht.

En Choleriker trumphet op, schennet, verlanget frisk Gedränke, drinket giftig iut un schlätt de Düär ächter sik.

En Melancholischen segget: Dät was nit schliem, et hiät nit wäih dohn, et was jo nit boise maint.

De Phlegmatiker mäket et wual sau ase dai dicke Kasperoihme: „Danke schoine, meyn Markus. Et was würklich angenehm. Würklich, ik danke bestens."

En Menske sau ase icke, en Sanguinste awwer schennet kuart af: „No, diu olle Isel, meinst gewiß, ik härre Holsken ane, gif mey en an-dern Snaps, dann sey vey quitt."

Sau lehrt me de Luie kennen, Heer. Saugar de Frauluie kann ik an den Mannskerels studäiern. Saih ik do en Kerel met fludderigen Schau-hen, met Klickstern an der Büxe frisk van vüärige Wiäke, met fehlen-den Knoipen odder schmuddeligem Kragen, dann kann me Gift drop niämen, dät de Frugge terhäime nit blänker un akkroter is ase alle düse Saken. Wann ik awwer ganz sieker wieten well, biu düt oder dät Weywesmenske is, dann giew ik diäm Manne en stark Schnüffken, dann mott hai priusten un krit et Taskenplett riut. Un sau ase dät Schnuffdauk, sau is de Frugge. Hiät dai Kerel kain Schnuffplett, na dann hiät hai entweder auk kaine Frugge, oder hai hiät en Unsel, un dät is nau schliemer ase gar kaine.

Wann ik wieten well, wiu en Kerel giegen seyne Frugge is, dann bekeyk ik mey, biu hai met der Peype ümmegäit un se estemäiert.

Hiät dai Kerel kaine Peype, dann is hai üwerhaupt kain Kerel, oder seyne Frugge gönnet 'me kain Plesäier, un dät is schliemer, ase wann hai gar kaine härre.

Gewiß, en Menske kann auk dertiegen rohn, sau ase dai siälege Po-ter Hillebrand. Iutnahmen ase met diäm Poter un meyner Nase git et ümmer.

En Iutnahmefall is mey nau vüär säß Wiäken passäiert met [D]roigen Wilm. Ik dachte liuter op Grund van meynen philosophi-schen Beobachtungen, dai härre kaine feywe tellen konnt. Awwer bät harr ik mey im Lechten siäten! Bät is dai helle, bät hiät dai se ächter den Ohren! Vey kemen tehaupe vam Reister Market. Bo vey niu balle in't Duarp kummet, do bey diän duisteren Dännen, woll ik afboigen. „Goh met bey usem Hiuse hiär, Markus," saggt'e do. „Ik hewwe nau en Hasenpiäper stohn." – Ik harre Hunger un fröggere mi all op dät leckere Fläis. Terhius saggte Wilm: „Niu well vey us äistmol en Napp Plundermiälk kreygen, dät lösket den Duarst. Hey, fank alt aan, ik hale den Broen." De Plundermiälke schmeckere echt, un weyl Wilm met diäm Hasen lange bläif, schlabbere ik den ganzen Napp lieg. Dät ik mik trummeldicke giäten harr, spuar' ik äist, bo Wilm met diäm Hasen kam. Do äis rauk ik diän Broen: Dai schlaue Voß woll diän Piäper alläine iäten un diäshalf harr'e mey de Plundermiälke vüärsatt. Dät saggt ik 'me auk strack an de Platte. Do lachere dai Schelm: Dät is de Strofe, dät diu mik sau vake füär dumm hallen hiäst. Niu wäißte, bo diu ane bist." No, ik lachere met, wünskere gurren Awweteyt un genk.

Spasseg genk et mey leßten auk met 'me Tropp jungen Miäkens, dai des Owendes late nau an der Klinke rappelden. Ik stont op un käik düär 't Fenster. Et wören sau ne Stück sässe bit achte. Op dem Rügge harren se allmächtige Puckens met Pötten, an den Faiten harren se Poterschlappen. Sai harren lange Kierels üwertuagen un met 'me Reymen faste hollen. Ik dachte äist: Bät is dät dann füär ne nigge Sekte odder sind et Zigeunerweywer met Blagen im Pucken? – Se säggten, se wören Quickborner iutem Rheynlanne. Ik krassere mi ächter den Ohren: „Ach sau, iut Bonn, ik wäit Beschäid: Quick, dät het bey us hey queyken, lachen; alsau: lustige Bonner. Do fengen se an te pappeln: Se wören iut Bonn un auk lustig, awwer met diäm Namen dät stemmere un wör doch nit richtig. No, ik frogere nau sau düär de Blaume hen un hiär: Of se Jungens bey iärk härren, bät dät füär graute Vigeleynen wören, dai se ümmehangen härren, un biu se iärk schriewen. Do fengen se an te singen un brächten mey en Stänneken. Ik woll se partui nit niämen, weyl mey meyne philosophische Natiuer saggte: Miäkens, dai met den Iulen flaiget un dobey nau singet un krägget, dauget nit. Na, et wören richtige Tobäste. Se quiäleren un quiäleren – ik trock de Büxe an, schluat uapen un saggte, se können in der Wäiertsstuawe schlopen.

Awwer, Heer Pastauer, bät harr ik mik an den Frauluien verkieken! Et wören de besten Miäkens van der Welt. Im Nu harren se ne Brommelkenthäi kuaket, köfften iärk en saaperig Schwuatbraut un aten dät sau droige bey diän Täi. Ik was gans krawweleg woren bey diär Kiärmisse in meynem Hiuse un frogere, of se nit nau en Laieken spielen wöllen. Do genk et awwer loß! Frisk van der Liäwer un nit sau saite schmachtereg Gejängel ase ugge Grammophon. Un danzet het se – kucket nit sau op, Heer Pastauer – Volksdänße wören dät, säggten se. Terleßt stonk ik midden dertüsker un sprank met, liuter ümme diän allen grauten Uawen. Ik hewwe auk en paar met meynen Holsken op de Täiwen triän, awwer dai harren sauviel Temperamänte, dät se 't gar nit spuaren. Et genk Hoppapa ächten un Hoppapa vüären.

Bo ik am anderen Muargen de Stiuten inschuatten harr un an de Wäiertsstuawe kam, was all alles wier opruimet un blank kiärt, dai Miäkens woren wiäg, de Puckens stöngen awwer in der Ecke. Ey wietet, Heer Pastauer, bo se wören; ey het se jo in der äisten Misse saihn un iäne usen laiwen Heern räiket. Bo se widder taihn wollen, woll ik jedem ne saiten traktäiern. Doch sai wiärten af; dat wör giegen de Riegel, un trocken af. Se wenkern: „Grüß Gott, Hoppapa! In väier Wiäken kumme vey weyer!" „Bat?" raip ik, „wachtet mol en Augenblick!" un laip in Holsken ächter 'ne hiär. „Segget mol, danz ey auk met Jungens? Dann söll ey bey diäm jungen Volk doch auk ugge Dänskes beybrengen; dai sind nau schoiner ase de Kadrilge un de hauge Walzer un „Wann de Vatter met der Mutter no der Kiärmisse gäit". Do lacheren se: „Geren, Hoppapa", un tröcken met Singen düär't Duarp.

No, biu 't Kriutwigge was, bo se wier do wören un met iäne dät ganze Duarpes Volk op user Diäle, dät heww ey ug jo selwer aansaihn. Se mächten use steywen Jungens lebändeg ase Schnurrkaters. Dann mochten se lachen, dann greynen, dann genk et hott rümme, dann sau hiär, dann genk et lanksam düäräin, kruiz un twiäs, dann mochten se op de Knai kloppen, dann op den Knapp triäen, dann et sait Muilken trecken, un liuter woren passende Woorde dobey sungen. Kingers, bät was dät en Plasäier! Schade, säggten use Luie, dät vey nit all eger van dün schoinen Laiern wußt het un dät me sau schoine danßen kann. Dät is doch wuat anderes ase dai niggen Apensprünge van den Willen. Et was schoiner ase Schützenfäst.

Saiht, Heer, sau is dät kummen. Me mott met der Gnade metwirken un dät Schlechte düär dät Gurre verdreywen. Blauts düär gurre Dänze weer vey dai schlechten queyt.

Un dät no en paar Wiäken Peypers Fritz en Lautenchor gründere un de Miäkens no ug kamen, se wöllen geren ne Sodalität – saiht, Heer Pastauer, dät kam, unger us gesaggt, ment van den Frauluien iut Bonn un van mey.

Diär ümme segg ik et naumol un bleywe derbey. *„Wäiert seyn is en hilligen Beraup"*, un ik huape, dät ik mey den Hiemel dermet verdaine.

Et sall mey nit gohn ase dem Wäiert do genten iut dem Pruißisken, dai de Luie int Hius tocklere un 'ne Schlechtegkaiten tem Besten gafte un te viel te drinken, dai de Luie ophelt un 'ne den leßten Grosken iut der Taske luchsere. Diän harr de Pastauer verflauket un 'me saggt: „Wann dät nit anders weert met dey, dann saßt diu op mol op der Stelle, bo de stäist, te Daue kummen". – Un sau kam et: In ner Schliägerey wor hai daut stiäken un starf op der Steye, bo 'ne de Pastauer verflauket harre.

Jo, Heer, dät weer ey mey doch wual taugiewen: no dem Pastauer un Magister is de Wäiert de wichtigste Mann imme Duarpe. Hai driet ne graute Verantwortunge. Hai kann viel Gurres wirken, awwer läider Guares, wann hai schlecht seyn well, auk viel Iärgernis giewen. En Wäiert stäit midden in der Duarpgemeinschaft. Hai mott met den Luien lachen, awwer auk met 'ne greynen können. Bät kann en Wäiert nit beydriän tau Friäen un Aeinegkait imme Duarpe! En richtegen, gurren Wäiert is de gebuarene Schiedsrichter. En gurren Wäiert kann de Luie taur Sparsamkeit ertrecken, taur Ehrlechkait; kann de Luie anhollen, de Religiaune te ehren un de gurren Sitten hauge te hollen.

Jede Wäiertsstuawe möchte äigentlech ase ne Kiärke seyn un de Wäiert ase 'ne Pastauer, dai nit blauts geistige Gedränke vertappet, sondern auk gurre geistige Anregungen den Luien metgit, dai se all tau gurren Saken anhället un se opmuntert. Do briuket me nit te priäken; met Lachen un Gemütlechkeit kann me mannege gurre geistige Awwethäikerdruapen int Hiärte geiten un manniget gurre Schnüffken Wohrhait unger de Nase reywen, ohne bange te seyn, de Luie op de Leydüären te triäen.

Ik saih, ey wellt gohn, Heer Pastauer. Ik hewwe ug doch nit op de Leydüären triän? Niu dann, dann Gurre Nacht und Guttgohn! Un schenget nit, Heer, dät ik mik sau ase ne Art Kollegen van ug betrachte!" –

Markus brachte den Heeren iäwen ümme de Ecke, un de Pastauer druggte seynem Nower duhn un waarme de gruawen Aarbetshänge: „Ey seyd ne wackeren, däftegen Kerel, Markus. Ik wöll, vey härren im Suerlanne liuter sau Wäierde ase ey seyd. Et wör dann vieles biäter bey us – –. Gurre Nacht, Markus. Guatt help ug!"

BEIM DORFOBERHAUPT[60]

[Franz Hoffmeister[61]]

„'n Dag, Vorsteher!"

„Suih, de Wilm! Guatt helpe!"

„Na, sau fleyteg?"

„Jo, de Aarbet is druck gitzund, awwer kumm doch mol iäwen rin, ik hewwe met dey te küren. Wilm, diu bist nämlech en Isel."

„Vorsteher!!"

„Hey is Tabak, stopp dey 't Lüns un mak nit sau'n Gesichte ase ne Piustegrüggel. Sau. Briener 't? Dann hör: Gistern het se dey 't Hauszins afschlohn."

„Bät? Düse kruizmisera –."

„Duaw nit, Wilm, un flauk nit. Dai Schuld hiät nit de Landrot un nit de Kreisausschuß, dai hiäst diu selwer. Sau ne Andrag ase deyn Geschreywens an den Landrot, bo kain Kopp un kain Ees ane is, bo me nit mol riut saihn kann, borümme hai niu äi'ntlech buggen well un biu – jiä, dät mochten dai Heerens äinfach afweysen."

„Jo, Vorsteher, Heerens sind Heerens, un diu riekest dik all derbey un hällest derbey."

„Wilm, wann diu kain Isel wörst, dann sößt diu niu wuat erliäwen. Ik daue recht un schugge kaimes, dik Isel nit un dai Heerens äist recht nit. Awwer dün Owend kumm ik no uggem Hiuse, un dann make vey foorde tehaupe ne niggen Antrag, awwer ennen, biu 't sik hört, dann saßte saihn, dät diu gint Johr de äiste Mann bist, dai 't Hauszins krit."

„Mainste, Vorsteher?"

„Ik kaffäiere dey derfüär, wann diu auk in ner anderen Sake vernünftig weerst."

„Un dät is?"

„Wilm, ik hewwe op dem Amte deyne Täiknunge saihn, bo diu de baupolizeiliche Genehmigung tau hewwen west."

„Sall ik dai villichte auk nit hewwen?"

„Doch, van Polizeiwiägen is der niks ane iuttesetten, awwer en Isel biste doch."

---

[60] DE SUERLÄNNER 1928, S. 53-58.

[61] [Diese Zuschreibung unter Vorbehalt nach einer Hoffmeister-Kartei: Sauerlandmuseum Arnsberg]

„Vorsteher, met diäm Isel, dät sin ik balle läid, wann diu nit – –."

„Wilm, is dann dät villichte recht, diän schoinen Rahmen van diär Neyendüär aftereyten, diän deyn Urgroßvatter, dai Timmermann was, selwer met seynen Hängen, un met seynem Hiärten, vull Laifte tau seynem Häime timmert hiät, sau schoine, ase 't gitzunder kaimes mehr kann? Miärkest diu gar nit, dät dät det beste Timmermesterstücke is imme ganßen Duarpe? Sau ne schoinen Schwung is in diäm starken Aikenholte, do hiät dai Alle diän ganßen Spaß in laggt, diän hai am äigenen Hiuse harr; sau wat ritt würklech ment en Isel af. Un dai Inschrift derbuar – Keerel, is et dey nit mehr gutt genaug, ne fruamen Sprük am Hiuse stohn te hewwen? Un dai Sente Agatha, dai deyn Großvatter schnitzet hiät iut user allen Linge, bo de Blitz in schlohn was, un bo hai ne ganßen Winter aane arbet hiät: woßte domet den Schweynepott stuaken? Kannste 't nit mehr aansaihn, wann de Frümeden vüär deynem Hiuse stohn blit un konn 't iärk nit saat kucken an düm durabeln Stoot iut allen Teyen? Odder dött dey villichte et Hiärte te waih, welen dai niemols deyne schoine Hiusmarke verstohn konnt? Dai allen Luie, Wilm, dai möchten nau liäwen, dai härren dik Isel metsamt deyner niggen Täiknunge all tainmol iut iärem Hiuse stuffelt. Dät Hius hört deynem siälegen Großvatter un Urgroßvatter, dät het: iärem truien Aandenken, sau gutt arre dey, un deynen Kingern un Kingeskinnern äis recht, un dät vergiet nit!"

„Vorsteher, ey het gutt küren. Main ey dann, ik fröggere mik op et Afreyten? Un main ey, ik wöll de Diäle ümmebuggen füär meyn Plasäier? Awwer bät sall ik dann met diär Diäle, bo vey de Schuier niu het un Stallwiärks genaug tieger dem Hiuse? Un bo ik en paar Kamern mehr noideg hewwe füär de graute Familie? Jo, Vorsteher, ik wäit, diu bist beym Heimatbund, dät sind dai Luie van der allen Welt, hiät dai nigge Steiger iut Berleyn saggt, un met uggem Kuiern van der allen Maude is mey nit hulpen."

„Suihste, Wilm, dät diu en Isel bist! Ner Berleynsken Grautschniute hörste mehr ase deynen Landsluien, dai all twintig mol un mehr wiesen het, dät se dey ment Gurres wellt. Wann ey doch endlech mol bekohrt wörten van uggem Sprük: „Bät nit van weythiär kümmet, dät is auk nit weyt hiär!"

„Jiä, sall ik dann meyne Diäle dem Heimatbund tau Jux un Plasäier do stohn loten odder de Berrens füär meyne Blagen innen Kauhstall setten?"

„Wilm, dumme Wilm, gloif doch nit, dät äin vernünfteg Menske well, dät diu dai alle unnütze Diäle füär niks saßt leggen loten. Do moßt diu Zimmerkes van maken. Auk im Heimatbund is kain Menske, dai dogiegen is. Dai wellt blauts, dät füär wat Schoinet Allet niks Schlechtet Nigget kümet; füär dät Alle awwer, wuat nit daug, do wellt se wuat Gurret Nigget setten –."

„Un meyne alle Diäle daug tau niksen mehr, un diärümme –"

„Saßt diu Zimmers un Kamern dervan maken. Awwer dai alle Düärrahmen met diän feynen Balken, deyne Inschrift, dai Hiusmarke un deyne Sente Agatha, dai dauget nau, un diärümme saßte se stohn loten."

„Jiä, dät gäit doch nit!"

„Wilm, bo diu deynen Stall aanbuggerst un woßt an diän fuchten Bau iut blanken Naturstäinen ne droigen Anbau iut Backstäinen setten, do saggt ik dey, dät peß nit beynäin, un diu möchtest iut Bruchstäinen buggen un doch droige buggen – un bät säggtest diu do?"

„Dät genk nit."

„Suih, dät hiäste gloft, bit dät ik dey endlech klor maken konn, dät me auk Bruchstäinen droige müern kann, wann me innewenneg met me halwen Backstäin iutmürt un strack düär de Wand rop ne Isolierschicht van Pappe legget. Suih, sau hiäste billeg bugget, Backstäine spart, Verputz spart; hiäst droige bugget, hiäst schoine bugget, hiäst passend bugget bey diän allen Stall, bist gans tefriän un säggest ais doch: Et gäit nit."

„Jiä, Vorsteher, de Diäle verbuggen un dai Altertümer loten, dät gäit ok richtig nit."

„Un dät gäit doch. Paß op. Diu niemest de Neyendüär riut un schläßt de Hakens van den Pösten. Dai Pöste läßt diu stohn, diän Buagen buar der allen Düär auk, den Balken met diär Inschrift, dai Hiusmarke un de Agatha auk –."

„Jiä, un dann?"

„Un dann setteste de nigge Müer sau 'n Meter oder ok anderthalf terügge, mäkest do ne klaine Hiusdüär in un twäi Fensterkes, dann kriste ungen nau twäi schöine Stüäwekes un uawen auk twäi, un hiäst füär Gang un Trappe alts nau Platz. Bo dai Neyendüär was, do is dann ne schöine Nische, dai alle Handwiärksaarbet wirket dann nau schoiner ase vüärhiär, un diu hiäst vüär der Düär en schoin Plätzken unger Dak, bo diu an jeder Seyt ne Fierowendbank opstellest, do kannste no Fierowend sitten un dät Blaat liäsen, wann 't ok riänt, bät bit gitzund vüärm Hiuse kaimes imme Duarpe kann, un bai no ug well, dai is all unger

Daak, eger dät hai ne nigge Klinke päcket, dät git gurre Stemmunge bey jedem Besaik. Verstäiste't, Wilm?"

„Jo."

„Weste 't sau maken?"

„Lot mik äine Nacht drüver schlopen. Ik gloiwe, sau weert et macht. Et weert nit düerder, is praktisch, is schöine, un dät schöine Alle blit bestohn."

„Na suihste, et git alsau doch nau gurre Gedanken op der Welt, auk im Heimatbund."

„Jojo, saßt recht hewwen. Niu is et awwer Teyt füär mik."

„Jo, ik hewwe auk nau en Schreyvens te maken. Awwer segg, biu gäit et deynem Süster?"

„Familienangeliägenheiten, Vorsteher; do kürt me nit van."

„Na, bo alle Duarpes Luie van kuiert, un fake nit grad schoine, do kann auk unger väier Augen mol en vernünfteg Woort van kuiert weren. Gloiwest diu dann, dät et mey nit wäih deeh, dät en Miäken iut meynem Duarpe met me versuapenen Kerel sau te Mote kummen is im Aeihestande? Suih, dät was grad sau ne grautschniuteriggen Windbuil iut der Frümede ase deyn Steiger met seyme niggen Aeiwengielen."

„Vorsteher, staut mik nit do an 't Hiärte, bo 't liuter blott. Guatt sey Dank, et gäit niu biäter."

„Biusau?"

„Hai drinket seyt väier Wiäken niks mehr."

„Na, äin Glücke, dann is et gutt."

„Jo, use Hiärguatt mott en Wunder dohn hewwen. Met Knutern un Flauken is hai äines Dages no der Stadt gohn, kam nöchtern wier, un seyt diär Teyt is et met diäm Drinken alle. Meyn Süster siet, et wör ase im Himmel. Bo hai dotemole wiäst is, dät mag de Deyker wieten, ik nit. Awwer niu Vorsteher, adjüs, odder, bät diu laiwer hörst: „Guatt helpe!"

„Guatt lauhn dey!"

„Hmhm, hai drinket nit mehr. Et batt alsau doch nau, wann me bey sau me Siuper mol en Enge draan mäket un segget em Amtmann, hai möchte 'ne mol erensthaft verweysen un 'me met der Siuperleyste dröggen. Na, et briuket kaimes te wieten, loot se ment an en Wunder gloiwen."

„Hännesken!"

„Jo, Mester?"

„Hey, niem den Hamer un dai väier Niägel, dai Tünesbur hiär do an seynem Goren an der Kiärkstrote väier Tiunlatten laus, dai hanget kruiz un twäis düäräin un sallt doch düse Dage bey der Prossiaune de Luie nit in der Andacht stören. Dai Tünesbur, dai miärket dät doch äist, wann'e met dem Nower am Gerichte is wiägen diän Haundern, dai düär dai kaputten Latten kriupet un 'me de Blecker verkrasset. Klopp me dai Latten iäwen wier draan, un wann dik bai ankürt, dann gist diu 'me düt Volksvereinsheft un siest, hai söll mol liäsen, bät do inne stönte vam „Meister Hämmerlein". Sau, niu goh, un dann gäiste mol iäwen bey Muilmes Moihne verbey un siest, sai soll sau gutt seyn un kucken gleyk mol iäwen bey mey rin. Sau, niu awwer fix det Schreywens an dai Elektrischen."

An das Elektrizitätswerk
Nuhmbeck.
Durch Ihren Obermonteur ließen Sie mir auf meinen Einspruch gegen die Art der Neuanlagen unseres elektrischen Ortsleitungsnetzes Ihren Grundsatz mitteilen, daß für das Aufstellen der Masten nur die Bequemlichkeit des Bodens sowie die Kürze der Leitungen maßgebend sei. Ich kann dem durchaus nicht beipflichten, muß vielmehr noch einmal ganz entschieden fordern, daß jede Beeinträchtigung unseres schönen Dorfbildes und jede Verschandelung einer schönen Hausfront und eines schönen Winkels nach letzter Möglichkeit vermieden wird. Mein Nachbar hat schon bestimmt erklärt, daß er die Aufstellung eines Mastens vor seinem Hause, der die wunderschöne Fassade seines Hauses ganz unharmonisch durchschneiden würde, niemals zugeben wird. Den Beschluß der Gemeindevertretung, wonach Ihnen der an der Straßenkreuzung gelegene Platz für den Transformator, der leider nur eines ihrer höchst unschönen Blechgehäuse bekommen soll, nicht genehmigt, sondern Ihnen ein nicht so sehr in die Augen springender Platz überlassen wird, füge ich die Abschrift bei. Ich bin gern bereit, Ihnen die Wünsche der Gemeindevertretung über Aufstellung der Masten und den Weg der Stromzuleitung zu erläutern, wie ich das Ihrem Obermonteur Gegenüber schon getan habe.
In Hochachtung
Strackaus, Gem.-Vorst.

Sau. Dät is auk gedohn.
„Suih do, Muilmes Moihne, sin ey all do? Dann settet ug awwer äist mol. Biu is et dann, Moihne? Et Liäwen nau friß?"

„Ach, Frans, bät kann 't Karmen helpen. Me mott tefriän seyn, biu 't use Hiärguatt schicket hiät, wann 't auk suer weert."

„Dät gloiw ik geren, dät ug dät jauenthand suer weert. Twäi Jungens studäiern, twäi en Handwiärk lehren loten, un dann dai baiden Studänten im Kreyge fallen, dai andern baiden no 'm Kreyge stuarwen – ugge Vatter derhingerhiär, jo, Moihne, dät sind Schliäge wiäst. Un segget mol, borümme kreyg ey dann kaine Kriegshinterbliebenenränte?"

„Jo Frans, use Johann un use Biäz, dai studäierten jo nau, bo se giegen de Russen mochten, dät wören jo meyne Ernährer nit, un dai andern baiden, jo, dai sind füär gesund entloten, un iäre Krankhet un Stiärwen sall met dem Kreyge niks te daun hat hewwen."

„Jo, do sall wual niks mehr ane te maken seyn. Heww' ey dann all dai Wohlfahrtsrente kriegen van der Opwertunge?"

„Frans, bät sall mey dann opwertet weren?"

„Na, ey het doch ugge Hius verkoft no 'm Kreyge."

„Verkaupen mocht, moßte seggen. Vey wören jo düär dät Studäiern van den Kingern sau in de Schuld kummen, do mochte vey all. Bo meyn Menske daut was un meyne Jungens, do harr ik bey kaimes mehr Kredeyt. Wann ey mey nit füär de äiste Naut—."

„Kürt do nit van, et is all lange hiär. Jo, ne Wietfrau hiät en lang Kläid aane, do triet mannegäinen geren op."

„Dann heww ik de Schulden betahlt van diäm Gelle, bät ik füär 't Hius kräig, viel üwerg bliewen is der nit, dät heww ik int Kuffer dohn, weyl alles saggte, diän Kassen wör nit mehr te truggen, un niu liät de Scheynkes nau do un kaimes git der mey en Braut füär."

„Ik wäit, Moihne, där 't ug schlecht gäit, dät ey op uggen allen Dagen nau an Tiufeln un Braut sparen mottet. Niu hört, bät ik ug woll. Düse Dage was ik in der Staat, do sin ik üwer 't Kreiswohlfahrtsamt gohn, un dät hiät ug van Middag düt Geld schicket. Niämer 't ug foort met."

„Hernäi, hernäi, 100 Mark, gellet dai Scheyne dann auk?"

„Verlotet ug drop. Legget se awwer nit auk in 't Kuffer. Kaupet ug ment mol en Pünneken Fläis, auk en Zuckerbroieken kann 't det Sunndages seyn, un besuarget ug ne niggen Wintermantel."

„Ach, diän sin ik alle Menske doch nit mehr wert!"

„No, grade alle Luie sallt nit fraisen, – un dann latt ne niggen Brill verschreywen, dät ey biäter saihn konnt hinger den Pötten un hinger der Strickhuase un hinger uggem grauten Myrrhengarten."

142

„Frans, van biäme is awwer düt Geld? Wiägen mey sall sik awwer kaimes wuat aftaihn."

„Maket ug kaine Suarge, dät Geld stäit ug tau, un –."

„Herrnäi, Frans, de Schandarme kümmet no dey – diän heww ik meyn Liäwen nit geren saihn. Frans, loot mik düär 'n Kauhstall gohn, dät ik 'me nit in de Maite laupe."

„Nujoh, Moihne, biu ey wellt. Awwer hey, ugge Geld!"

„Frans, morr ik mik auk bo bedanken?"

„Ach wuat, düt Geld, dät stäit ug tau."

„Dann awwer dey Guattslauhn! Niu awwer fix riut!" – – –

„Guten Abend, Herr Gemeindevorsteher!"

„Guten Abend, Herr Wachtmeister!"

„Nun, was gibt's Neues im Dorfe?"

„Nit grauts wuat Nigges. Awwer do hingen diän Kaarl un diän Wilm iut der Besmecke, dai konn ey ug mol kreygen. Iäwen iut der Schaule kummen sind dai Blagen, do fröchtet se all kainen Pastauer un kainen Lehrer mehr. Niks konnt se biätter ase Vugelnester iutniämen, Zigaretten schmoiken, met Stäindern no 'n Hauhnern un Diuwen schmeyten, un dann et Sunndages no frümden Schützenfästern gejuckstert."

„Aha, na da werden wir schon sehen! Aber ich staune, Herr Vorsteher, das ist das erste Mal, dass Sie mir etwas derartiges mitteilen. Sonst ist ihr Spruch immer: Für Sie nichts Neues im Dorf! Und dabei kennen Sie Ihre Leute wie kaum ein Vorsteher in der Nachbarschaft."

„Gloiwet auk ment nit, dät ik ug geren op dai baiden Jungens hessere, awwer wann me suiht, biu dai Burßen alles vergiätet, bät ne an gurren Woorden iut der Schaule metgaft is, do blit niks anders üwerg. Süß segg ik Ug nit geren wuat iutem Duarpe, denn ey un ugge Heerens, ey het bey allem ment äinte te frogen: Gigen 't Gesetz, oder nit? Vey awwer, dät het: use Pastauer, de Lehrer un icke, vey froget: Is dät hey, bey us, in usem Duarpe, füär iäne do, gutt un recht nit? Un dono weert handelt – no süß niks."

SCHMIES BUER VAN DER ELPE[62]

Vam Pastauer te Miäseber
[Anton Moenig]

Schmies Buer is däut. Iek hewwe't uch schriewen. Hai is nit alt woren; nit viel op 53 Johr. Wai 'ne füör en par Johren soh, mainte nit anders, ase hai wör an de nigenzig kummen, säu stur gewassen was hai. Schmies Buer was ne echten richtigen Duitsken. Saineg un saite kuiern konn hai nit. Strackfutt was hai; mannegmol 'ne Twiäsbraken, ase me siet, twiäs ase ne knuwweligen Häister in seynem Biärge. Hai saggte „haar", wann andere „hott" wollen. Awer me wußte, wat me an iähme harr, un säu Luie hiät me laiwer ase all dai Schmantbuils un Miullächers un Schmiärpötte. In't Gesichte sind se ehrdaineg un hingerhiär ritt se't Miul ov.

Awer en güllen Hiärte harr Schmies Buer. Gefälleg, bo Hülpe naideg was. Iämme kam es nit drop an, ner Wietfrugge oder 'me klainen Manne et Heu te halen, wann äuk et äigene roie was un et velichte moren drin riänte. Hai briuket äuk nit te spauken füör de Groskens und Dahlers, dai hai imme Kreyge füör Aegger un Buetter un Schinken te viel nuomen härr. Lesten Hiärwest kam säu'n Menske ungen iut der Welt op Schmies tau. Schmies Buer stond op der Düör. „Heww'e[y] nit bo en Pund Buetter oder en par Aegger üewereg?" „Näi", saggte hai stumpaff. „Iek giewe uch äuk en par Grosken mehr ase't seyn sall." „Dann kreyg'e[y] äis recht nix", saggte Schmies Buer, un et Menske konn saihn, bo et Buetter un Aegger kräig.

Fruem was Schmies Buer; awer nit, Kopp schaif hallen, usen Hiärguott beyn Bäinen packen, dät was seyne Mäude nit; van Hiärten fruem was hai. Hai hält op dai alle schoine Mäude:

Wann in der Kiärke Misse oder Andacht is, dann gatt alle drin, dai terhäime affkummen konnt, äindaun of Sunndag oder Alldag. Hai selwes was jeden Sunn- un Fierdag, dien use Hiärrguot weren lait, in der Froihmisse un äuk in der Häumisse; un iek gloiwe äuk nit, dät hai mannegmol unger der Christenlehre dien Kaffe kuoket hiät, ase andere Mannsluie wuohl daut. Alldages was hai, wann hai Teyt harr, op seynem Platze in der Kiärke, in der drüdden Bank van ungen.

---

[62] DE SUERLÄNNER 1928, S. 72-73. [Zuerst im Feldpostperiodikum „Heimatgrüße aus dem oberen Sauerland", 18.02.1917.]

Op Luzigge soh iek van der Ueörgel in der Häumisse, Schmies Buer genk sitten. Hai prowäierte mol wier, un woll knaien. Awer et mochte wuol nit gohn, hai genk wier sitten. In der Kiärke sitten, dät was süs seyne Mäude nit, un iek dachte mey, dann sall't wuol nit lange mehr met 'me duern.

Et was säu, ase iek dachte. Dai Sunndage dernoh konn hai nit mehr in de Kiärke gohn. Awer Chrisdag mochte hai in de Kiärke, hai woll bichten un kummessäiern. Geren härr iek 'me usen Hiärguott int Hius bracht. Awer näi, hai woll in de Kiärke. In de Christnacht konn hai nit kummen, dät härr me te lange duert. Awer in de Misse dernoh kam hai, un noh der Misse hiät hai bichtet un kummessäiert. Wat is et 'me suer woren! Ne anderen Mann mochte iämme seynen Brill opsetten, säu schwak was hai all. „Ey gloiwet nit, Heer", saggte hai mey nohiär, „wat iek in diäer Nacht füör 'ne Duorst harr!" „Dann härren se doch drinken sollt", saggte iek, „ey sind doch krank." „Näi, det doit me doch äuk nit geren, wann't iäwen gäit", gafffte hai mey terügge.

Op Stephensdag noh der Vesper besochte iek 'ne. Hai laggte imme Berre. „Was freut mich das, daß sie gekommen sind", saggte hai, ase iek op de Kamer kam. Et kuiern worte iämme all suer, awer me konn hören, dät kam 'me säu recht van Hiärten un et deh mey örndlek guet. „No, Schmiesbuer, wann't Froijohr kümmet, dann weer't wuol wier biäter weren", saggte iek. „Näi, Heer, et is verbey met mey", ampfede hai mey, „iek hewwe taihn Johr 'en Ohmessack noh'm Klingelbuorn[63] draugt."

Hai worte kuimer, un ase iek Sylväster noh der Andacht noh iäme kam, soh iek wat der te daune was. „Schmiesbuer", saggte iek füör iänne, „iek brenge uch usen laiwen Heeren näumol un giewe uch äuk de leste Oelunge." Hai was et gerne tefriäen. Iek hewwe 'ne berichtet, un dobey was hai so fruem ase'n Kind.

Hai hiät nit mehr lange te lien briuken. In der Nacht op Niggejohr ümme halwer twäi is hai ganz rüggelek inschlopen. Schmiesbuer is däut. Hai was mey laiw. Giew 'me use Hiärguot 'en Hiemmel!

---

[63] *Klingelbuorn*: Dät is äine van usen ungesunden Griuwen. [Vom unbeschreiblichem Bergleute-Elend mitten im ländlichen, kurkölnischen Sauerland ist nur wenig im allgemeinen Geschichtsgedächtnis gegenwärtig; p.b.]

BACKES MUTTER[64]

Von A[nna]. Kayser

Et was et Muarns ümme Froihstückesteyd. Backes Mutter kam grade iutem Molkenkeller un harre smenget. Do kam Multern Frans diär de Diälendüär rin, ne ganßen Packen Schreywens ungern Armen. De Frans was allt väier Johr in Attendoren op der häugen Schaule un dai räue Kappe lait 'me wunderschoin.

De Vorsteher harre 'ne derlängest schicket. Hai soll me dai Buagen van der Persaunenzählunge wier binäinhualen. Aeinte fehlere me näu, dät Schmitten-Backes.

Dät alle Märieketrine täug fix et Bänneken van der Nachtsmüske loß un smäit se op en Kaupott, snuitere siek in en Uewerbinger, wiskere siek den Smand van en Släwwen un gaffte em Frans de Hand.

„Gurren Muarn, Backes Mutter. Iek woll dät Schreywens geren hewwen. Här ey 't ferreg?"

„Jösses näi, Frans, dät hewwe 'k jäu nit. Niu is unse Hännes mey düen Muarn doch wier iutkniepen un hiät dät Dingen nit ferreg maket. Dai Sliepsteert, vergiettet ock näu te öhmen."

„Is nit sliemm. Iek well't ug wuall iäwen schreywen. Siät mey men iäwen, wanheer där ey gebuaren seyd."

Frans genk dohiene sitten un stippere de Fiär int Inket.

„Frans, wat biste ne störigen Jungen woren. Suihs doch niu iut grad ase ugge sälle Päiteroihme. Wiu alt biste äigelek?"

„Feyftaine sey iek te Lechtmässe woren. Un ey, Backes Mutter, wiu alt sey ey?"

„O Junge, iek sey all en alt Menske. Iek hewwe deyne sälle Gräutemömme näu guet kannt. Et was ne truie Säile. Iek hewwe manneg Schraiwenbuetter bey iär giätten un manneg Pünneken Buetter van iär kofft, as iek näu Marketänderske was. Guatt hewwe se imme Hiemmel!"

De Frans lachere un pruackelere met em Fiäernhalter imme Inketpotte.

„Jo, säu'n Schraiwenbuetter smecket echt. Awwer niu mai' ik doch gohn. Alsäu, gebuaren am ..."

---

[64] DE SUERLÄNNER 1928, S. 73-74. [Zuerst im Feldpostperiodikum „Heimatgrüße aus dem oberen Sauerland", 18.02.1917.]

„Jo Frans, et sall dey gnaug te daune giewen met diär unweysen Schreywerie. Un is doch all fiär de Katte. Iek deh 't nit an deyner Stie. – O Här, niu kuacket mey de Mielke üewer!"

Et Märieketrine schäuf in de Küecke un täug en Pott met Water vam Herde. De Frans sockelere ächter iär hiär.

„Backes Mutter, well ey 't mey dann iäwen sien, wanheer där ey gebuaren seyd? Un ugge Mann?"

„Jo Frans, – näi Frans, – jo, weißte, et ies all ziemlech lange hiär. Iek was all en alt Menske, do dachte an diek näu kaine Krägge. Jo, me failt, dät me et mäiste Liäwen dohn hiät. – Frans, niu maßte awwer äismol unse klaine Kälweken saihn. Use „Maiblaume" ies düen Nacht melk woren. Ne räuen Ossen hiät se, en wunderschoin Dierken. Et suipet all gans alläine, wann ek 'me en Finger int Snuitken halle. Kumm Frans!"

De Frans mochte met, of hai woll, odder nit. Hai harre seynen häimleken Spaß, wat dät guerre Märieketrine wuall ant leßte anfänge.

„Vey härren biätter doch äis schriewen", saggte hai, ass'e ächterm Märieketrine hiär diärr'en Kauhdieckel kräup.

„Jo, Frans, – dät sießte guet. Ach, iek well dey mol wuatt sien, smeyt dät dumme Dingen ungern Kauhpott. Wat gäit dät dai Härens te Meskere an, wanheer dät vey hey gebuaren seyd. Iek well 't van iäne jo äuk nit wietten. Is all de rainste Früewermaut un dät se et Inket verklickstert. – Is dät nit en schoin Oeßken? Dai Maiblaume hiät äuk säu ne witte Blässe viär em Koppe. Vey wellt et diäm Brachtes Biuern gieger 'n Faselkalf vertiusken."

De Frans striepere diäm Kälweken üewer en Rüggestrank. „En feyn Dierken!" gaffte hai tau.

„Jo, deyne sälle Moihne, et Aeudielle[65] hiät äuk et Vaih säu laif hat. – Niemm diek in achte, trieg nit in en Kauhschiett. Dai allen Sweyniegels, pleestert ok liuter stracks in en Wiäg."

„Dai Sweyniegels! – Säu, Backes Mutter, niu marr'ek awwer doch gohn, süß krit miek de Vorsteher beyn Ohren. Niu siärret mey doch. Iek sie 't ok kaimes wier."

„Jo, Frans. Weßte mol iäwen tausaihn, dät dai Huawes Wilm näu nit küemmet. Hai soll uns de Stuawe witteln. Dai alle Luigbuil, settet uns gewiß wier drop. Iek well iäwen diäm Kälweken en wenneg ströggen."

De Frans käik üwwer de Strote raff, awwer kain Luigbuil lait siek saihn. Hai genk wier nom Märieketrine in de Küeke.

---

[65] (Ottilie)

„Iek saih niks. Vlichte küemmet dai Wittler moren. Un niu, Backes Mutter, niu merr'ek et awwer doch wietten."

„Jo Frans, – näi Frans, – jo, wäißte, – jösses näi, wann doch niu unse Hännes terhäime wör. Dai is säu klauk. Dai harre frögger et ganse Kiärckenbauk imme Koppe. Se seyd amme Häit hacken. Dai Dömmecken Vatter kam düen Muarn, un do iss'e metgohn. Iek well 'ne gleyk Froihstücke brengen."

„Gans weyt van achtzeg sey ey nit mehr, Backes Mutter, ock nit? Men diän Dag un dät Johr können ey mey iäwen seggen."

Et Märieketrine täug et Müskelken trechte, snuitere sieck näumol düfteg un saggte:

„Wann se et dann niu absliut wietten maitet, Frans, – wäißte, terhäime, in ussem Duarpe, oppem Sluwwerhiärmen – do was in user Nowerskop ne Mann, – *dai was grad säu alt, ase iek.*"

Backes Mutter wiskere sey üewwer de Släwwen un genk diär de Uewerdüär riut.

Frans lachere, peck seyne Prüetteln beynäin un genk.

Niu wußt'e et.

VERTELLEKES VAM DUARPE
De Nowerwuast. En lustig Vertelleken[66]

[Ohne Autorenangabe]

Do was mol te Diusterkiärken en ollen Köster, diäm smeckere niksen biätter ase bat hei selwer at. Hei harre en Sweynken slachtet un woll niu nit mol de olle Sitte anhollen un diän Nowers ne Wuast metgiewen. Owwer seyne Frugge saggte: Dat giet nicks, Hinnerk. Wäißt diu nit mähr, biu gutt us vüärges Johr de Wuast vam Pastäuer smecket hiät? Se was tworens en wennig klein un härre gut en paar liehtlang grötter seyn konnt. Doch äin Daun! Dai olle Jänner-Moihne un de Pastäuer hollet de Nowerskopp häuge. Alles bot rächt is! Un dann denk mol an dei gräute Mettwuast van der Magistersken, dei vey vüärgen Sunndag brohen het, un an all den andern Wüaste, dei de Nowers brenget, Hülters, Brinkmes, Väierkanten, Ollefelds un Swater-Sättken. Näi, Hinnerk, vey mütet der Nowerskopp anstandshalwer ne Wuast metgiewen, süß saßte saihn, bat my de Weywer dürhiekelt. Säu acht bit täihn Wüaste müte vey missen." „Na, dann in Guarres Namen," knuttere de Köster, „owwer mak se nit te gräut, Kattereyne."

Dat Wüasteafgiewen laggte diäm ollen Lecketahne wahne im Magen. Hei simeläiere den ganzen Dag derüawer no, biu hei ohne seynen Hillgenscheyn te verlaisen, de Wüaste füär seynen Snabel reddigen könn.

Det Owends genk hei no'm Magister. Do kam fuatens de Sproke op de Slächterigge. De Magister sträik sik üawer't Buiksken: Ik frögge my all op ugge Mettwuast, dei soll us Sunndag beym Käuhlmaus mol gut smecken. Wiet Ey, ne frümere Wuast is mey liuter laiwer ase ne äigene. Wann me liuter de äigenen Wüaste kuacket, hiät me ümmeteyd liege Snaisen." „Joh," saggte de Köster, „do hew Ey rächt. Owwer Ey söllt Sunndag ugge Wuast hewwen un wenn Ey my gurren Root gieft, sollt my äuk op en Napp vull Kroise nit ankummen."

Niu stäken dei beiden de Köppe beynäin un de Köster klagere, Kattereyne härre iutriäket, sai möggten wual ne tain Nowerwüaste missen, un dei gengen äinem doch läid af. „Dat het et kümmet op de Wüaste nit an, owwer use Nowers slachtet temole jede twäi drei Fiärken un het use Wüaste gar nit noidig, se het sau genäug. Vey het niu gerade män det

[66] DE SUERLÄNNER 1928, S. 76-77.

äine Kiwweken un do mott de Frugge det ganze Johr hiushollen – un dat Johr is lang." „Un de Faste is knapp," fell de Magister in, „un niksen is lichter ase de Nower-Wüäste te reddigen. – Saiht mol! De Welt is slecht vandage. Me kann jo bolle diäm Frönne nit mähr truggen. Biu fake lieset me van Stiählen. Hey het se Geld klemmet, do en Himed oder en Blaikstücke Laken snappet, en Schinken vam Weymen, oder ne Seyhe Speck iut dem Solte. Ik gief Ugg den Root: van Owend säu gigen achte, dann trek Ey säu stillwiäg det Sweyn samt der Ledder op den Balken un maket dann en gräut Buhai: Liegstrippers het us det Sweyn samt der Ledder stuahlen. Dann laup Ey in de Nowerskopp, halt den Polzeideiner – un Ey briuket keinen Liehtlank Wuast te missen.

Dem Köster gluhern de Augen vüär Plasäier bey der Iutsicht, de Wüäste te behollen. Hei gaffte dem Magister de Hand: Loter't Ugg gut gohn, Här Nower! Joh, säu mak ik et. Ey wietet doch liuter guren Root. – Uemme acht Iuher raup ik Mord un Morjäuh. – Weert bläus nit bange. – Ik well niu noch iawen no'm Schauster un loten mi de Leydören sneyhen. – Gurre Nacht, Här Magister!

De Köster genk un de Magister raip seyne Frugge: „Hör mol, Bättken, de Köster hiät slachtet un gönnet der Nowerskopp nit mol ne Wuast, dei den Luien doch van allers- un rächtswiägen taukümmet. Vey beiden wellt me iäwen den Geyz iutdreiwen un en ordentlichen mildgiewigen Mensken iut me maken. Dat geschlachtete Sweyn stäiht vüär der Neyhendür. Kum, pack iäwen an."

Se sprüngen beide in de Holsken un im Handümmedräggen was Sweyn un Ledder metsamt der gräuten Katte, dei unnerm Handdauk in der Mette am friätten was, in Kösters Pütte verschwunden un de Diekel weyer tauschlagen.

Bo niu de Köster häimekümet, vertallte hai seyner Frugge, bat iähme de Magister rohen harre. Kattereyne schannte: „Olle Geyzstengel! B'rümme west diu denn den Nowers keine Wuast giewen? Is dat ne Art un Weyse van nem christ-kattolesken Köster män liuter te biehen: Zu us nehmen werden, Amen?" De Köster hor men met halwem Ohr, genk riut un woll det Sweyn oppen Balken brengen. Owwer bat kräig hei en Schrecken üäwert Leif! Sweyn un Ledder wören fut – stuahlen.

Bat gaffte dat en Geläupe un Geraipe: O hör, Kattereyne! Nowers! Hülpe! Spitzbäuben! Et Sweyn is fut – stuahlen! De Nowers räihten de Finsters uapen. Alle kamen angesprungen un de Köster sank sein Miserere: Vey armen Luie! Niu heww vey us det ganze Johr met diäm Sweyn rümmekriegen, het us de Kaffeimiälke aftrocken un dat Deyer gräut pöppelt. Nieteln un Keyhenstieke socht, Kliggen kofft un Siuepötte kuaket! Un bofüär? Füär de Spitzbauben! He Polizei! Bofüär biste do? Stuierzierels brengen un Ahlkümpe nosaihn? Taum Drankseläiren! Owwer wenn de em armen Manne helpen saß, dann slöpeste oder spielst in Korten! De Spektakel vam Köster wor liuter grötter. De Luie troppern iärk all, un etliche de wollen ächterm Köttenvolk hier, dat vüär ner Stunne dürtrocken was. Do kam auk de Magister angestuppelt. Hei bekäik sik de Kumerige ais, dann kloppere diem Köster op de Schulter, sau ganz häimlek: „Säu mak Ey et gut, Här Köster, säu is et richtig. Et gloiwet Ugg jeder, joh me söll wirklich meinen, et wör ug wuat passäiert, wann me't nit biäter wüßte." Doch de Köster wieher'n af, ganz hastig: „Oewwer Här Magister, bat denk Ey dann? Saiht, hey hiät de Ledder stohn, do legget et Laken in der Dreyte, de Stoppen seyd deroppe afmolt." Doch de Magister lait sik do op nit in un kam weyer sau ganz van ächten, un doch säu, det et de Nowers olle miärken sollen: „Düt mak Ey gut, Här Köster. O bat könn Ey schoin Theaterspielen! Bai härre säuwuat sin liäwen nit van Ugg glofft. Näi, nai! Gradsau ase wenn't würklich passäiert wör. Wirklich Köster, de taihn Metwüaste hew Ey ährlich verdeint met diäm Streiche!"

Bat harre de Köster Last, den Magister van de Spitzbauberige te üawertuigen. Un bat spitzern de Nowers de Ohren, bo se den Magister und den Köster sau schaluinske kuiern horen. Dat was jo vüär den Köster grad det slimeste an der Sake; hei droffte sik nit iutkuiern, domet seyne awegünstigen Afsichten nit riuterkämen.

De Köster wor liuter raskiger un rappelköppiger un seyn ganze Hillgenscheyne wör taum Deywel gohn, wenn do nit de olle Vaierkante räupen härre: „Mol stille, Keerls, bat is dann hei in der Pütte am rementern, löchtet mol!" Hilters Oihme bühr den Dickel op; do sprank iähme en dickgefriättenen Bolzen in de Maite un jauhlere von Balgwäih, un o Wunner, do was jo äuk det Sweyn metsamt der Ledder.

Bat was det en Plesäier füär den Köster! „Guatt sey Luaf un Dank!" söchter'e, dat ik düt üawerstohn hewwe, ik wör süß noch krank woren, dat het, nit wiägen diäm Sweyne un den Wüästen un Schinken, sondern van Opregunge, doch niu Nowers, helpet mol düchtig trecken, dat det Deier weyer ant Lechte kümmet. Ey kreyget äuk alltemole ne gräute Mettwuast."

Am andern Dage brachte de Köster de Nower-Wüäste fut un deh sik bedanken füär de Hülpe. De Magister kräig tau seyner Wuast noch en

Napp vull Kroise, dei horr'e awwer äis sau solterigg maket un sau ver-piäppert det se keine Hitte friätten konn. „Dät is füär den guren Root," lachere hei. Ik hewwe ugg jo gistern Owend all saggt, gnäisere de Magister: „Me dröffte säugar seynem besten Frönne nit mähr gloiwen."

Beym Owendiätten kam de Kroise op den Disk. Do hiät de Magister spüttert!

LANMECKER STRAICHE
Strofe mott seyn[67]

Vam Pastauer te Miäseber
[Anton Moenig]

Schmied Antuen van Lanmecke was in der Staadt (in der Smallmereg) wiäst. In seynem Schnuiteplett bracht'e Kaffe, Zucker, Reys un andere Saken füör siek un Nowersluie met. Awer näu ganz wat Apartes harr hai kofft: en half Dutz Fiske füör en Kaßmänneken. Awer känne gemoinen Fiske, känne Frellen un Aesken, ase se imme Lanmecker Water äuk sind, woren dät; näi düese Fiske kämen weyt hiär; „Heringe", saggte Schmied Antuen, „säggten se in der Staadt derfüör." Bat schmeckeren de Heringe 'em Antuen, der Frugge un en Blagen! Hai lait äuk de Nowersluie mol prowäiern. Bat leckeren dai de Finger dernoh! Jedesmol, wann niu äiner noh der Staadt genk, mochte hai ne ganzen Dracht van diän niggemoidegen Fisken metbrengen.

De Heringe schmeckeren echt, awer se kosteren äuk schoin Gelleken. „Söll me se nit billiger hewwen können?" Doüewer harr Schimmels Buer all ne Teyt lank nodacht. Do kam 'me ne klauken Infall: Heringe wasset imme Water. Water hew vey äuk. Berümme söllen se in Lanmecker Water nit grad säu guet wassen ase in andern Wäters. Heringesägger sind jo saat in diän Heringen.

Dät löchtere diän andern Lanmeckern äuk in. Dät wör ne kummäude un billege Sake, wann se alle Dage bey de Bieke gohn können un kreygen siek ne Dracht Heringe, mainten se alltehäupe. De Sake kam an 'en Gemainderot, un do worte besluaten, se wöllen in Lanmecke selwes Heringe wassen loten. Alle Weywesluie söllen de Heringsägger beym Vorsteher affliewwern. Säu geschoh et äuk, un de Vorsteher schutte de ganzen Heringsägger innen gräut Düppen, un ase dät Gemainde-Heringesdüppen vull was, so satte de Heer Vorsteher met 'em ganzen Gemainderot de Heringesägger ganz piane in de Lanmecker Bieke ...

No anderthalf Johren, – et was in der Wiäke vüär Aeustern, – sollen de äisten Lanmecker Heringe fangen un verdailt weren. De Vorsteher

[67] DE SUERLÄNNER 1928, S. 78-79. [Zuerst in: Heimatgrüße aus dem oberen Sauerlande. Nachrichten aus der Heimat für unsere Sauerländer Soldaten. Hrsg. Pfarrgeistlichkeit des Dekanates Medebach Nr. 37 vom 07.10.1916.]

met 'em Gemainderot gengen an't Water un et ganze Lanmecker Volk, gräut un klein, se wollen alle helpen fangen und taukicken. Jeder harr 'ne Fiskebuil ümme hangen. De Weywesluie brachten Tällers un Näppe un Kümpe met; äinege Begiers, dai en Hals iähr Liäwe nit vull kreygen konnt, harren Oemmers metbracht füör de vielen Heringe.

Ganz Lanmecke stond amme Water. Awer, wäit de Deyker, känn Heringeskopp un Steert was der te saihn, nix ase en par Kuilinge un Dickköppe. „Se sittet gewiß unger'em Auwer faste", mainte äiner, un niu fengen se met Braken un Staken an te pruokeln un te purren. Awer als känne Heringe te saihn. Do krempeleren en par de Moggen inter Hoih, laggten siek ant Water un failten unger de Aeuwers. Awer als känne Heringe nit. Do op ainmol raip de Schmied Antuen: „Iek hewwe en Dier packet, en unweys Dier!" Un hai schmäit en lank, schwuart Dier op de Wiese, un dät Dier spattelere un hupfere op der Wiese, op un diäl. De Weywesluie kräisken un queykeren un reyten iut. „Wat is dät füör en Dier?" raipen se alltehäupe. (Et was ne fetten Ool.) „Dät is ne Schlange", raipen de äinen. „Dät is dät Dier, wat us de Heringe friäten hiät", raip de Schauster-Kaspar. „Jau, jau, dät is et", raipen de anderen; „op dät miserabele Dier!" Se harren all de Brakens packet ... „Näi, näi, nit däutschlohn", raip Schauster-Kaspar, „dät wör doch viel te wenneg füör säu'n avschaileg Dier, dät us de ganzen Heringe friäten hiät. Äis mott vey dät Dier gehöreg peynegen, un dann sall't verrecken. Strofe mott seyn und tworens ne ördentleke Strofe füör säu'n verfriätten Dier."

„Dann well vey me 'n Hals affschnieen, mainte Schneyders Hann-pheylipp. „Näi, näi dät is äis recht niks, dann is et jo fotens däut un hiät gar känne Peyne", saggte Schauster-Kaspar. „Wiet'e[y] nix Schliemme-res?"

„Ophangen well vey diän äisken Hund, wellt 'me de Struote dem-men, bo hai de Heringe met schluocken hiät", raip Hanses Fränz. „Jau, jau, ophangen sall't Dier weren", raipen ne ganze Masse.

„Längeste nit schliemm genaug", raip Jaustes Melcher. „Vey wellt diän miserabelen Heringesfriätter int Fuier schmeyten, labändeg verbriännen; schröggeln sall dät Dier un broen, dät me dät Heringesfett iut em Balge seypet." „Jau, jau verbriännen", raipen se alltehäupe, „verbriännen is et äinzeg richtege", un se wollen all gohn un Sträuh un Holt halen un en Fuier anboiten ...

„Latt gewiähren", saggte Schimmels Buer, „verbriännen is schliemm, awer iek wäit näu viel wat Schliemmeres, versiupen well vey

154

dät Undier; et sall imme Water jappen un schnappen noh Luft; Water sall't siupen, dät et diän Hals gehöreg vull kitt, dann sall me dät Heringesfriätten wuol vergohn. „Jau, versiupen, versiupen, int Water met diäm Oos", raipen de Lanmecker alle. Se haalten en Strick, bangen diän Ool an 'en Stäin, ase wann me ne Ruien oder ne Katte versuipet, un schmäiten diän Stäin met samt 'em Ool int Water. De Ool was iäwen imme Water, do was häi äuk all iut diäm Stricke un schwamm imme Water op un diäl, rop un raf, haar un hott. De Lanmecker awer mainten nit anders ase hai wör amme versiupen. „Bat dät Dier siek schrempet", saggten se, „suih, wat et Peyne hiät. Dät is me recht, diäm miserabelen Heringesfriätter! Strofe mott seyn!" Se harren wahn Plasäier, dät se mol wier säu ne klauken Infall hat härren. Se gengen häime un kofften de Heringe wier in der Smallmereg.

Strafe muß sein[68]

Schmied Anton war in der Stadt, in Schmallenberg gewesen. In seinem Schnupftuch brachte er Kaffee, Zucker, Reis und andere Sachen für sich und Nachbarsleute mit. Aber noch etwas ganz Apartes hatte er gekauft: ein halbes Dutzend Fische für ein Kaßmännchen. Aber keine gewöhnlichen Fische, keine Forellen und Eschen, wie sie im Landenbecker Wasser auch sind, waren das! Nein diese Fische kamen weit her. „Heringe", sagte Schmied Anton, „sagten sie in der Stadt dafür." Was schmeckten die Heringe dem Anton, der Frau und den Kindern. Er ließ auch die Nachbarsleute mal probieren. Was leckten die die Finger danach! Jedes mal, wenn nun einer nach der Stadt ging, musste er eine ganze Tracht von den neumodischen Fischen mitbringen.

Die Heringe schmeckten echt, aber sie kosteten auch schönes Geld. „Sollte man sie nicht billiger haben können?" Darüber hatte Schimmels Bauer schon eine Zeit lang nachgedacht. Da kam ihm ein kluger Einfall: Heringe wachsen im Wasser. Wasser haben wir auch. Warum sollten sie im Landenbecker Wasser nicht gerade so gut wachsen wie in anderen Wassern. Heringseier sind ja satt genug in den Heringen.

Das leuchtete den anderen Landenbeckern auch ein. Das wäre eine bequeme und billige Sache, wenn sie alle Tage bei den Bach gehen und sich eine Tracht fette Heringe kriegen könnten, meinten sie allzuhauf.

---

[68] Hochdeutsche Übersetzungshilfe (p.b.)

Die Sache kam an den Gemeinderat, und da wurde beschlossen, sie wollten in Landenbeck selber Heringe wachsen lassen. Alle Weibsleute sollten die Heringseier beim Vorsteher abliefern. So geschah es auch, und der Vorsteher schüttete die ganzen Heringseier in einen großen Topf. Und als der Gemeinde-Heringstopf voll war, setzte der Herr Vorsteher mit dem ganzen Gemeinderat die Heringseier ganz leise in den Landenbecker Bach ...

Nach anderthalb Jahren – es war in der Woche vor Ostern – sollten die ersten Landenbecker Heringe gefangen und verteilt werden. Der Vorsteher ging mit dem Gemeinderat ans Wasser, und das ganze Landenbecker Volk, groß und klein, sie wollten alle helfen fangen und zugucken. Jeder hatte einen Fischbeutel umhängen. Die Weibsleute brachten Teller und Näpfe und Schalen mit. Einige Habgierige, die den Hals nicht voll kriegen konnten, hatten Eimer mitgebracht für die vielen Heringe.

Ganz Landenbeck stand am Wasser. Aber, weiß der Teufel, kein Heringskopf und Schwanz war da zu sehen, nichts als ein paar Kaulquappen und Dickköpfe. „Sie sitzen gewiss unterm Ufer fest", meinte einer, und nun fingen sie mit Ästen und Zaunpfählen an zu prockeln und zu stoßen. Aber wieder keine Heringe zu sehen. Da krempelten ein paar die Ärmel in die Höhe, legten sich ans Wasser und fühlten unter den Ufern. Aber wieder keine Heringe nicht. Da auf einmal rief der Schmied Anton: „Ich habe ein Tier gepackt, ein unweises Tier!" Und er schmiss ein langes, schweres Tier auf die Wiese, und das Tier zappelte und hüpfte auf der Wiese auf und nieder. Die Weibsleute kreischten und quiekten und nahmen Reißaus. „Was ist das für ein Tier?" riefen sie alle zuhauf. (Es war ein fetter Aal). „Das ist eine Schlange", riefen die einen. „Das ist das Tier, das uns die Heringe weg gefressen hat", rief der Schuster-Kaspar. „Ja, ja, das ist es!", riefen die anderen: „Auf das miserable Tier!" Sie hatten schon die Äste gepackt ... „Nein, nein, nicht totschlagen", rief der Schuster-Kaspar, „das wäre doch viel zu wenig für so ein abscheuliches Tier, das uns die ganzen Heringe gefressen hat. Erst müssen wir das Tier gehörig peinigen, und dann soll es verrecken. Strafe muss sein und zwar eine ordentliche Strafe für so ein verfressenes Tier."

„Dann wollen wir ihm den Hals abschneiden", meinte Schneiders Hans-Philipp. „Nein, nein, das ist erst recht nichts, dann ist es ja sofort tot und hat keine Pein", sagte Schuster-Kaspar „Wisst ihr nichts Schlimmeres?"

„Aufhängen wollen wir den fiesen Hund, wollen ihm den Hals abschnüren, wo er die Heringe mit geschluckt hat", rief Hanses Franz. „Ja, ja, aufgehängt soll das Tier werden", riefen eine ganze Masse.

„Längst nicht schlimm genug", rief Jost Melcher. „Wir wollen den miserablen Heringsfresser ins Feuer schmeißen, lebendig verbrennen; sengen soll das Tier und braten, dass ihm das Heringsfett aus dem Balg fließt." „Ja, ja verbrennen", riefen sie alle zuhauf, „verbrennen ist das einzig Richtige." Und sie wollten alle gehen und Stroh und Holz holen und ein Feuer anzünden ...

„Lasst gewähren", sagte der Schimmels Bauer, „verbrennen ist schlimm, aber ich weiß noch was Schlimmeres. Ersaufen wollen wir das Untier; es soll im Wasser japsen und nach Luft schnappen. Wasser soll es saufen, dass es den Hals gehörig voll kriegt, dann soll ihm das Heringsfressen wohl vergehen." „Ja, versaufen, versaufen, ins Wasser mit dem Aas", riefen all die Landenbecker. Sie holten ein Strick, banden den Aal an einen Stein, wie wenn man einen Hund oder eine Katze ersäuft, und schmissen den Stein mitsamt dem Aal ins Wasser. Der Aal war eben im Wasser, da war er auch schon aus dem Strick und schwamm im Wasser auf und nieder, rauf und runter, links und rechts. Die Landenbecker aber meinten nichts anderes als: er wäre am versaufen. „Was das Tier sich windet", sagten sie. „Sieh, was es Pein hat. Das ist ihm recht, dem miserablen Heringsfresser! Strafe muss sein!" Sie hatten ein großes Pläsier, dass sie mal wieder so einen klugen Einfall gehabt hatten. Sie gingen nach Hause und kauften die Heringe wieder in Schmallenberg.

DE HÄXE VAN BALVE[69]
Ne historische Sage

[*Ohne Autorenangabe*]

De Hilgendracht op Mitsumer was in ollen Teyden te Balve de höchteste Feyerdag ime Johre. Do kämen de Luie iut der ganzen Rüntere beyain, de Aeffelsken, de Eysebrinker un de Gabker, alltemole. Dei Ollentröper un dai Stockmesken kämen op Ledderwagens un te Piärre un iut dem Pruißken, van der Liäne un van der Haar soh me ganze Tröppe. Det Muargens trock ne gräute Proßiäune iut met dem hilligen Blasius, un det Numedogs was Kiärmisse un Danz. –

Am froihen Muargen all was en gräut Geläupe in den engen Stroten un Piäen van all diän Frümden. Säu gigen niegen Juhr trock de Proßiäune iut.

Alle Luie, äuk dei Frümden, gengen met, de Biuersluie te Piärre vüren op.

Jeder gaffte usem Hiärrguatt de Ehre. Diän Landdrosten, dai meistens an düsem Dage ase Vertreter vam Kurfürsten in Balve was, den Amtsdrosten un den Bürgermester soh me andächtig ächter'm Himel, diän de Stadtröhe drüegen. De Schützengilde un de Zünfte met Helleborden un Fuierbüssen marschäiern reygas gigenan.

Alle böchten se iähre Kneie vüär usem Hiärrguatt, de Ollen un de Jungen, wenn auk de Miäckens af un tau en Aeuge op de blänkenden Härens un stolten Ruiter smieten, un dei jungen Bursken sau siet af no den Miäckens kieken un sik im Stillen all ne Dänzerske füär den Numedag iutsöchten.

No der Proßiäune drängere sik alles in de Stadt, sau dat de Stiutenstuawen un Wäiertshuiser bolle büsten. Op dem Market genk et kriemeldiwiemel.

Bat gaffte et do nit alle te keyken! Düse Kärl verkoffte Plässe un Krängels, dei andere Pimpernüte un Gierkauken met Billekes. Hey konn me Apen un Slangen saihn, do konn me dür en Glas no Amerika keyken, do vüren stond en Zauberkärl, un gigenan wören Appel- un Biären-Küärwe.

De Frauluie helten iäk maist vüär den Kaukenbuden un bey den Lappenkärls op, kofften seydene Daikskes, Huasen, Goren un bunte

[69] DE SUERLÄNNER 1928, S. 79-84; vgl. ANTHOLOGIE V, S. 372-378 (Gedicht).

Bännekes, bit se de Mannsluie taum Danz tockeleren. Dann wor ge-
sprungen un gejiuchet, bit de Stadtwake met Horn un Spieht kam un
Feyerowend bäut.

Säu ümme't Johr 1600 do gaffte et ne Aenderunge in der Feyerey.
De Näut kam int Land. Slechte Arent brachte de Hungersnäut. Bat was-
sen was, snappere dem armen Volke no det Saldotenvolk futt. De Hun-
ger brachte Krankheiten in de Ställe un unner de Luie. Telest brak auk
no de Pest iut, un ganze Düarper starwen lieg. De armen Luie glöfften,
iähre Unglück un all dei Naut käme van Häxen. Ne furchtbare Angest
was im Volke. Un de Angest reip ümmertau: Slodd de Häxen daut un
verbrännt se, dann gäiht et us biätter. De Angest verurdäilere de Häxen
taum Daue, de Angest släip dem Scharprichter det Richtschwert, de
Angest stak allerwiägen de Holtstoihte an, ümme de Häxen te verbren-
nen.

In düser schworen Teyd kamen de Luie op Mitsumer nit mähr no
Balve, ümme Kiärmisse te feyern. Owwer de Hillgendracht wor hollen
ase frögger. Krank un meihe sliepern iäk de Armen dür de Stroten un
üäwer't Feld. Meihe hengen de Biuern op den schrohen Guilen. Et was
en triurigen Tropp.

De Bürgermester genk niu alläine ächterm Himel hier. Sein Schriet
was schwor und stiuer. Duister un vull Suarge käik he vüär sik diäll. De
Hänne harr'e mehr geknufft ase gefollet.

De Pastäuer un de Luie biähren in äinem fut: Van Krankheiten, Er-
loise us, o Här! Van der Pest un vam Hunger! Erloise, o erloise us doch,
o Här! Van Kreyg un Näut, o Här, o Här, erloise us!"

Blaus de Bürgermester biärre nit met. Hei dachte: b'rümme biät de
Pastäuer dann nit: Van den Häxen un allem Deywelstuig, erloise us!
Biu kann de Naut weyken, wenn vey diäm Elenne nit an de Wuattel
gatt. De Äuhersake van usem Unglück seyd de Häxen, un säulange de
Deywel de Häxen op der Welt hiät, bleywe vey arme Luie.

Hei hor nit, biu de Pastauer terlest unner der ollen Linne priäkere:
„Un niu, ey laiwen Luie, gatt met frisken Maue häime. Ik giewe Ugg
Guarres Siägen met. – Driäget alle Näut, dai üäwer us kumen is, met
Geduld. Guatt is et, dei us slätt. Vey hett düse Tuchtrauhe ganz siker
verdeint! Vey müet Biuße daun un us biättern; äger wärd et nit biätter
in der Welt, un äger niehmet use Hiärrguatt de Rauhe nit iut der Hand.
Un dann noch äint: Gloiwet doch nit an Häxen un Häxerigge. Use Hi-
ärrguatt regäiert äuk van Dage noch de Welt un nit de Deywel. Wuahl
git et slechte Luie, dei äinem Schoden dauhn könnt: owwer alles in der

Welt gaiht natürlich tau. Et gieht keine Häxen un auk keine Zauberigge!"

De Bürgermester stond tiger dem Geistlichen un hor niks. Hei dachte bläus an de Näut im Volke un biu hei de Häxen bannen könn.

Det Volk harre sik nom lesten Siägen all lange verläupen, do stond de Bürgermester no liuter unner der Linne am Hillgenhuisken.

Hei soh äuk dat Gewitter nit, dat optrock, schwor un diuster, sondern biärre iut döppestem Hiärten: „Här, o leiwe Här im Himel! erloise us van den Häxen. – Gif mi Kraft, Här, nu mak mi stark in düser schworen Teyd! Mak mi tau deynem Wiärktuig, dät de Häxen bannet; ne Saiße dei all det Deywelstuig afmägget un int Fuier smitt." Un dann deh hei en Schwur: „Saulange ik Kraft und Macht hewwe, Härguatt, söllt de Häxen biwern un greinen! Ik well se quiälen un fultern, stiäken, kneypen un schröggeln loten, dat se iähre Laster bekennet, dann awwer auk buißen söllt dür en Däut im Fuier."

Grade woll hei de Hand opbühren, do slaig de Blitz in de Linne un de starke Mann slaig bedüssel tedaal.

Säu fand ne seyne Frugge, Agethe, dei sik terhiuse all Suarge ümme iähren Mann maket harre. Se reip Luie ter Hülpe un leip nom Pastauer. Lanksam kam de Bürgermester weyer bey un lerre sik, op den Pastauer und seyne Frugge gestützet, no Hiuse.

Hei was ganz verbiestert vam dem Blitzschlag. Owwer seyn harte Sinn gigen de Häxen was bliewen. De Häxen het diän Blitz schicket, ümme mi te verdiärwen, denn se het siker hort, bat ik schwuren hewwe, doch use Hiärrguatt un meyn Engel het de Hand buawer mi hollen.

Am selben Owend noch schräiw hei en Breif an den Kurfürstlichen Kommissarius te Wiärrel: „Et is de höchste Teyd, dat Ey kumet un de Häxen schröggelt. Brenget den Scharprichter met. Kumet bolle; süß passäiert no allerhand Unglücke."

De Blitzschlag harre ne graute Opregunge int Kiärspel bracht. Dat de Häxen dobey im Spiele wören, was jedem klor. Se wören jo auk an allem Unglücke in der Welt schuld. Bat harren se nit alles op dem Gewieten: de Riupen in den Görens un op den Boimen; Muise un Sniägele im Felle, dat Riagenwiähr, dat schlechte Korn, det muffige, schimmelige Bräut, de Kränke in den Ställen, det gräute Stiärwen im Lanne.

Et mochte bolle anders wären in der Welt, süß kämen de Luie taur Vertweywelunge un keiner bläif am Liäwen ase de Häxen. –

Säu dachte det Volk un säu dachte äuk de Bürgermester. Diärümme mocht'e ais mol alle Häxen – se wören jo temole bekannt asen bunten

Ruien – handfaste maken un in den dicken Tauern schliuten loten. Und noch am selwen Dage leihten de Bürgermester un de Amtsdroste sau'ne Stücke twintig, Mannsluie un Frauluie iut Affeln, Ollenaffeln, Blintrop, Balve, Bieckmen un dem Hüvel, van diän kein gut Geröchte genk, in den Häxenkeller smeyten.

„Biätter ainen teviel, ase äinen te wännig," saggte det Volk. „Bei unschüllig is, kann't jo beweysen; bei sik nit reine wasken kann, is schüllig un mat dran gloiwen. Säu stäiht et in dem Häxenbauke."

De Bürgermester genk selwer mit diän Stadtsaldoten un heel de Verdächtigen iut den Huisern, unner'm Hai wäg, iut den Kellers un Höhlenlüäckern.

Bat gaffte et en Opsaihn, bo de Bürgermester auk en paar Vüärniäme iut der Stadt festemaken leiht, dai iähme drüggern, se wollen sik riäcken. De Stadthär frogere nicksen derno: „Hey kann men de Strenge helpen." saggte.

Hei gaffte auk nicks dofüär, wenn seyne Frugge, diär hei süß alles te Gefalle doh, sik vüär me op de Diehlen smäit un füär de Luie anhält. Sochte, owwer bestimmt schäuf hai se fut: Düt seyd Gewietens- und Amtssaken; ik mat dobey no meyner Üäwertuigunge handeln. Et halp auk nicks, wenn se iähme vüärhelt, de Pastauer glöffte nit an diän Häxenspauk, de Luie wören unschüllig, use Hiärrguatt härre det viele Läid schicket füär Sünne un Undugend.

Wenn se säu met iährem Manne strieten harre, dann släik se sik owends in de Kiärke un sochte do Traust. Se biärre dann all in äin: „O laiwe Hiärrguatt, ändere doch den harten Sinn van meynem Manne, dat hei ophört, de armen Luie te quiälen, hei brenget süß no halw Balve in den Daut. O Hiärguatt, wenn diu en Opfer hewwen west füär use Sünne un Verkährtheit, dann lot mik stiärwen. Ik well gären alles leyhen un metmaken un gären in den Daut gohen. Män lot nit dai vielen Luie unschüllig stiärwen un leyen dür meynen Mann, dät us Arme nit noch use Kinner verflauket."

Unnerdiässen wor auk de Braif iut Balve beym Kommissarius te Wiärlle ankummen. Paiter, de Stadtbuarre, harre ne futbracht. De hauge Här harre dat Schreywens fotens uapenbruaken, un en boise, boise Gesichte maket. Dann harr'e met ner gruawen Gäusefiär op en graut Blatt trüge schriewen: „Här Bürgermester! Maket de Täuerns un de Lüacker ferrig. Ik kume fortens un brenge den Scharprichter met."

Dags do op riehten de Kommissar in wäggenden schwatten Sammetmantel un de Scharprichter in rauem Rock un rauer Büxe der Haar hentau. De Kräggen trocken ächter ne hiär un reipen: „Kraak, kraak, ant Raad! Hals aaf! Kraak kraak!" De Luie an den Düren gengen int Hius, nahmen Wiggewater un siägneren iärk: Guatt bewahre us vüär Häxen un Deywelsspauk.

De Kommissarius helt niu te Balve fortens Gericht af, un ruimere gräut op. All am äisten Dage leiht hei elf Häxen op tweimol henrichten. Den twedden Dag woren taihn verurdäilt, en paar ophangen un dei anderen köppet. De Wiäke donoh kamen säß deran.

Sau genk dat monatelang. Liuter weyer woren Verdächtige funnen un dann auk taum Däue verurdäilt.

Dem Bürgermester seyne Frugge mochte in düser Teyd viel metmaken. Nit bläus, dat se unner iährem Mann viel läihd, auk de Naut van diän armen Gefangenen machte iähr det Hiärte blaurig. Se holp allen imme dicken Tauern, brachte diäm Iätten, Traust füär jeden, det Nachts biarre se met diän taum Daue Verurdäilten, un am Muargen richtere se de lesten Wünske iut un suargere füär de verwaiseten Kinnerkes.

Dät alles droffte iähr Mann un äuk dat Bürgervolk nit wieten. Owwer op de Diuer hor me hey un do doch munkeln: „De Bürgermesterske gäiht des Nachts, wenn iähr Mann nit ter Hius is, in den dicken Tauern no den Häxen. Of se nit selwer ne Häxe is? Bat hiät se süß do blaus te dauhn?" Me nahm sik awwer in achte, harre dovan te kuiern. Wör de Bürgermester et gewohr woren, dann härre et nit gut gohn. Nit dat hai dat Gekuier gloft härre. Hei wußte, dat seyne Frugge gut was, viell de gut gigen de Luie un besonders gigen de Häxen. Owwer de Sladdermiulen, dei härr'e stoppet met der geknufften Fiust.

Sau genk dat Fultern un Henrichten fut. Ainer beklaffere den Andern. Nümmes wos mähr siker. Dat ganze Kiärspel was in Opregunge un Vertweywelunge un huapere van ainer Wiäke in de andere op biättere Teyden, weyl doch de Häxen niu bolle iut der Welt schaffet wören.

Dat de Teyden sik nit biätteren, was den Luien en Täiken dofüär, dat en paar Häxen, villichte de slimesten, no liäwern. Un weyer fenk me an te puspeln: „Söll doch nit dem Bürgermester seyne Frugge ne Häxe seyn? Se daiht wual sau fruam un rutsket viel in der Kiärke, awwer dat seyd vake de slimesten."

Dütmol kam et auk dem Bürgermester te Ohren. Et was in äiner Stadtrootssitzunge. Do wor van Amtswiägen vürbracht, Putze-Greite härre op der Fulter sau grade bekannt: Agethe, de Bürgermesterske wör de Häxenmesterske. Se härre de andern alle verfoiert, un wör niu de äinzege Häxe, dai no liäwere. Se söllen Agethe nu auk köppen, dann genk et biätter im Lanne.

Bo de Bürgermester det hor, wor he witt ase Kalk an de Wand. Dann sprank hei op und knallere met de Fiust op den Disk: Dat is nit wohr! Bei noch ain Wort van meyner Frugge segget, diän sloh ik däut. Do duckern iäk alle ase junge Ruiens, dei de Swiepe hewwen söllt.

Kuatt af genk de Bürgermester iut der Sitzung un sattlere seynen Giul, ümme no Arnsbiärg te reyhen, un sik beym Kurfürsten, dei grade do residaiere, üawer den Kommissarius te beschweren. Dat dei Kärl achter seyner Frugge hiär was, det wußte hei all lange, un do meinere dei schlechte Menske niu, hei könn sik do dür riäcken, dat hai seyne Agethe ase Häxe verdächtigen leiht.

Doch de Sake stond slim füar iähne, dat wußte hei iut den andern Häxenprozässen, un diäshalf was kaine Teyd te verlaisen, un hei räiht fortens, ümme noch am Owend weyer te Hius te seyn.

No der Sitzung gengen de Rootshärens verschüchtert no Hiuse und vertellten, bat vüärfallen was.

Bo de Komissar horte, de Bürgermester wör no Arnsbiärg reiset, kräig hei äis en Schrecken. Doch niu mochte sik weysen, bei de stärkeste was, hei oder de Stadthär. Hei mochte niu fortens taugreypen, süß was seyne Rolle iutspielt.

De Fulterknechte kriegen diän Befiähl, saufortens de Bürgermesterske te halen.

Agethe wor faste maket un op de Fulter spannt: Of se ne Häxe wör, frogere de Richter. „Näi" saggte se faste un harre un grein still vüär sik hen. – Se härre doch den Luien sau viel Schaden dohn, in Stall un Görens – de Putze-Greite härre dat beschwuren, helt iähr de Richter vüär. „Dat is geluagen! Ik hewwe allen Luien män Gures dohn," saggte de arme Frugge ruhig.

Bo niu gor nicks met iähr antefangen was, wor se ant Water bracht.

Richtige Häxen swämmet op dem Water un got nit unner, do suarget de Boise füär, sau stont et im Häxenbauk. Niu mochte sik de Wohrheit riutstellen.

Un Agethe swämmere op dem Hünendeyke ase ne Gäus, un genk nit unner trotz allem Stäuten. Dat awwer de Fulterknechte de arme Frugge met allerhand Kniepen hauge hellen, soh nümmes.

Dat tesammen getroppere Volk awwer reip niu: „Sau ne Scheynhillige, säu'n Leigbuil, do suiht me de Slechtigkeit! Op den Galgenbiärg met der Häxe."

De Richter kam taum Urdäihl: „Et is dür de Waterprobe erwiesen, dat de Angeklagete ne Häxe is. Se weert köppet un int Fiuer smieten."

No ner knappen Stunne do rumpelere all de Schinnerkar met dem armen Weywe dür de deipe Strote rop un dat Wimmerklöcksken op dem Täuern grein un reip, dat et sik in Schmiärten üewerslaig.

Twai Wünske harre Agethe no: de Kinner nochmol saihn, un dann woll se iähr witte Briutkleid antrecken.

Dat Kleid harren de Luie bracht; de Kinner dröffte se nit saihn, harre de Richter befuahlen, dei wören genaug behäxet.

De Pastauer sat met op der Kar un troistere dei Gure. Doch stark ase im Liäwen sau genk se auk in den Daut: „Ik hewwe tau usem Hiärrguat biät, hei soll mi stiärwen loten un mi dat grötteste Läid opleggen, men soll hei meynen Mann op andere Wiäge brengen. Dat all de armen Luie ase Häxen unschüllig hinrichtet weert, daiht mi in der Saile wäih, un wenn ik nu doan denke, dat meyn Mann doran metschüllig is, dat snitt mi et Hiärte af. Hei meint et sau gut! Owwer hei suiht seyn verkährt Handeln nit in, süß deh hei et nit. Niu heww ik tau usem Hiärrguat biätt, ik wöll mi füär meynen Mann opfern, un use Hiärrguat hiät dat Opfer annuahmen. Ik stiärwe gären, denn ik sey dovan üawertuiget, dat ik de leste sey, dei henrichtet weert, dat meyn Daut viellichte hundert Luien dat Liäwen reddiget. No meynem Däue weert auk meyn leiwe Mann ganz siker seyne falsken Ansichten inseihn un dann den Häxenprozessen en Enne maken."

Sau kuiere de Häxe, dei viellichte ne Hillige woren is. Op dem Biärge gaffte se dem Pastauer de Hand: „Niu gruißet mi meynen laiwen Mann diusendmol, segget iähme alles, bat ik Ugg vertellt hewwe. Dat weert 'me den aisten Stäut taum Guren giewen. Gruißet auk meyne laiwen Kinner un siägnet se in meynem Namen. Un niu vielen Dank äuk füär Ugg, laiwe Här. Im Himel saih vey us weyer!"

De Richter mek niu kuatten Prozäß, brak den Stock üäwer der Verurdailten un üäwergaffte se dem Scharprichter. Dei was met seyner blaurigen Arbet bolle ferrig.

Ne unhäimliche Stemmunge laggte op all diän Luien, dai met tau der Henrichtunge gohen wören. De Scharprichter harre de Leyke op en grauten Holthaupen laggt, ümme se te verbrännen. Doch dat Holt woll kein Fuier fangen. Bat harre dat te beduien. Bo niu am Hiäwen schwatte Wolken opstiegen, vertrocken sik alle flink int Dahl. Wören se bange vüär usem Hiärguatt oder dem Bürgermester?

164

De Luie wußten jo alle, dat de ölleste taihnjöhrige Suhn vam Bür-germester, bo se seyne Mutter iut dem Hiuse halt harren, sik op et Piärd smieten harre, ümme den Vatter te halen. Un dei beiden konnen niu je-den Augenblick ankummen.

Bey Melskede was de Vatter diäm Jungen in de Maite kumen. De Junge vertellte, kuattöhmig, stäutweise un opgereget. Niu flaugen de Twai üawer de Feller un Wiesen, biärgaf, biärgop, bit bey de Kiärke; do brak de Vatter tesammen op diär Steyhe, bo 'ne de Blitz an de Aere smieten harre.

De Junge raip un grein. Nowerluie kamen un richtern den Ohnmäch-tigen op. Auk de Pastauer was derbey, hei harre in der Kiärke biätt. Niu häuk hei tiger dem Armen un kuier me Traust tau un vertellte me alles, auk dat seyne Frugge sik füär iäne opfert harre. Hei soll den harten Schlag gedüllig un ase Strofe anniähmen, vernünftig wären, un Insicht kreygen, dat et keine Häxen gäffte, dat hei den armen Luien Unrecht dohen härre.

Doch da briusere de Bürgermester weyer op: „Rächen wöll hei sik, nit an den Häxen, dai wören unschüllig, dat härr'e niu insaihn, awwer de Kommissarius soll deran gloiwen.

Hei nahm den Jungen an de Hand un genk still no Hius. Hey ladere seyne Fuierbükse met schworem Bley un släik sik dür de Stroten, üm-me den Kommissarius te driäpen.

Doch hei konn den Rauklausen nirgends finnen. Am Owend wocht hei dann Stunne op Stunne an dem Quarteier un steig dann op den di-cken Kastanienbaum vüär der Slopkammer.

Et was all late, do kam Lucht int Kammerfinster. De Stadthär laggte de Bükse an, un bo de Kommissarius in den Lechtscheyn kam, druchte hei los. Op den schorpen Knall folgere en jömerlick Hülperaupen. De Bürgermester was tefriehen, sprank vam Baume un genk no Hiuse.

Niu wor de wille Mann rüggelicker. All det Laid, batt'e dür maket harre, kam iähme sau lanksam rächt te Sinnen. Biu viel Luie harre hei nit op dem Gewieten? Dofüär harr ne use Hiärrguatt strofet un iähme seyne Frugge nuahmen ase Opfer van seynem schworen Irrtum. Van Owend was hey niu noch taum Verbriäker woren. Ne graute Schuld laggte op seyner Buast. Seyn Ohm genk schwor un hastig, hei grein ase 'n klein Kind.

Hei nahm dann seyne beiden Jungens bey der Hand, dai iärk schui un vergrienen ächtern Uawen drucht harren, un genk met ne no'm Holsbiärg.

De Mohn schäin säu lecht, dat hei de Leyke op dem Holtstäuht fortens soh. En hellen Scheyn genk van dem witten Hochteydskleie iut. Se läggten de Leyke in witte Lakens, dei de Jungens metbracht harren. De Vatter nahm den afgeschlagenen Kopp in seyne Hänne un liuter weyer druchte hei ne an seyne Lippen un seyn Hiärte, sträik sachte üawer de kallen Backen un dei waiken Hoore un soh in de trüien gliäsernen Augen. Ne wille Näut harr ne packet. Seyn ohnmächtig krampfige Raupen laip dür de Nacht un brak sik in den Biärgen, un de Jungens grienen met.

De Hiäwen fenk all an, sik räut te farwen, do trocken Vatter un Sühne in den nogen Wachtlauh un arberren en Graw in den Stäingrund. Hey im Biärge soll dai Däue sik rasten. De Jungens söchten derweylen op den Biärgwiesen no Blaumen un braken wille Rausen van den Hüchten, ümme iärer Mutter det Graw te bekroinen.

Det Graw was bolle ferrig. De Bürgermester laggte de Daue sachte drin, un de Jungens ströggern de Blaumen un Rausen der Mutter in den Schaut.

Do laggte dei Gure niu still un ruhig, un ümme iähren Mund spielere dat Muargenraut. Et was ärre wann se härre lachen wollt: ‚Greynt nit, ik hewwe alles üawerstohen. Niu sin ik im Himel.‘

Noch äinmol sträik de Mann sacht üawer iähre Backen un soggte iähre waike, laiwe Hand unner’m Laken, ümme iähr te danken für iähre gräute Opferleiwe. Dann biäre hei met den Jungens: „De laiwe Här giewe dey den Himel un us herno, Amen.“

De Muargensunne löchtere dür de Büske, bo se dat Graw taumeken, un nahm den siäligen Scheyn un dat truie Lachen van der Martyrerin in sik op un dräug et in den Himel.

In den äisten Muargenstunnen schrieten Vatter un Sühne te Dahl. Ter Hius trachte de Vatter de Jungens ter Rugge. Dann schräiw hei en Afdankebräif, hei könn nit länger Bürgermester seyn, weyl ne schwore Schuld op seyner Säile läggte.

Met dem Braife genk hei no’m Pastauer, bichtere do, mek met diäm Häxen süß alles in de Reyge, satte ’ne taum Vormund üawer seyne Jungens in un genk int Klauster. Bohenne, dat wäit blaus use Hiärrguatt.

No langen Johren is mol en Poter met me langen struwweligen Bort in de Gigend kumen un hiät dat Graw im Biärge opsocht. Do was dey Steyhe üawerhier met willen Räusen tauranket, dei iut dem Grawe wassen wören.

De Räusen löchtern inwännig schnaiwitt ase Liljen. Van biuten harren se en Scheyn van Blaut, un se rüken, ase wann se iut dem Paradeyse kämen.

Un düse Schoinheit un düsen Rüek het de willen Räusen imme Wachtläuh behollen bit van Dage.

WENSCHE UN OELPER[70]

Von Lehrer [Heinrich] Stahl, Gerlingen[71]

Wemme[72] so den Suerländer Kaländer besüht, unn besonders datt „Plattdüttsche" lieset, so mutt me siänne[73], datt ett ock[74] noch anger[75] Platt im Suerland gütt[76], datt eß datt Wensche unn datt Oelper. Bitt jetz waß wiännich[77] utt dem Wenschen gesägt. Enn Härr, de allem Ahn-schien noh nitt ütt[78] dem Wenschen eß unn vamm Wenschen priecket[79], kennt ett abber[80] nitt genau.

De „Wensche Sprohke" eß enn ganz egene Sprohke, die me nitt öberall verscheät[81].

Uett dem Wenschen wärrt so männches „Wensche Stöckelchen" vertahlt[82]. Alles, watt an Witzen im Olper vertahlt wärrt, sall im Wen-schen passiert siann[83]. Abber de Oelper siann froh, wenn de Wenschen in Oelpe datt „Chrischinchen" beschtiälln odder angere Saken köpen.

Ett sall ock äis[84] enn Wenscher enn Oeelper mett emm „Oelper Ver-tällicken" oppgetogen[85] hann. Datt kohm so: Innem Oelper Dahrp truh-pen[86] seck enn Wenscher unn enn Oeelper, se wollen bede in emme

---

[70] DE SUERLÄNNER 1928, S. 86-87. [Zum „Wendschen Platt" jetzt: WOLF 2021]

[71] Es hält sehr schwer, der Wendischen Sprache die richtige Form zu geben, da in jedem Dorfe, sogar im Dorfe selbst manchmal andere Wortbilder vorhanden sind. Das *g* wird im Anfange und in der Mitte eines Wortes wie *ch*, am Ende meistens wie *k* gesprochen, z.B. *chunk* = ging, *sägte* = sächte usw.

[72] Wenn man

[73] sagen.

[74] auch

[75] anderes

[76] gibt

[77] wenig

[78] aus

[79] [sic; *sprieket* ?]

[80] aber

[81] versteht

[82] erzählt

[83] sein

[84] einmal

[85] aufgezogen

[86] trafen

Hus fräien. Ais sägte de Oeelper: „Fie wellt[87] unns enns Stückelcher vertellen". De Wensche waß domit innverstangen.

Abber eger datt me anfinck, woorte me seck klohr dorüber, ett söll seck abber cheär[88] beleidigt fülln. De Oeelper funk ahn te vertiälln. Watt ett waß: enn Stöckelchen utt dem Wenschen.

„Ett wurrte enns imme Wenschen enn Mann krank. Trotzdiamme hai allt viell Tee gedrunken ha, wull ett nitt biatter weeren. Sai muchten doch endlich den Dokter guallen[89]. Aß hai ahnkam, ungersogte hai den Kranken unn sachte fürr dai Frauwe: „Meine liebe Frau, Ihr Mann hat Fieber, er muß Kühlungen haben; ich sehe morgen nochmal nach."

Aß hai furrt waß, gunng dai Frauwe fohrtenns[90] noh Olpe. Sai laip fann einem Metzeler noh'm andern unn frohte überall noh ner „Kühlunge". Nirgenns kunn sai eihne kriegen. Ett waß balle de höigischte[91] Tiet nohm Zuge. Aß 'e noh 'm letzten kahm unn hie frogete, sachte derr Metzeler: „Nee, mihn leiwe Frauwe, ieck hewe bloß noch 'ne Ossenlunge doh." Dai wensche Frauwe dachte hienn unn hiar, ett waß awwer nix te maken. Sai waß noch froh, datt sai enn Ossenlunge gekriehn ha, betahlte unn laip fix noh der Bahne. Sai waß iawend[92] imme Zuge, doh foerte aff. Ett duhrte iar viell te lange, bitt datt se noh heime kahm. Sai waß diar[93] nahtgeschwett[94], so waß se gelopen. Aß se nuh datt Blaut fann derr Lunge affgewaschen ha, makete se alles fürr den Hannespeter feerig. Hannespeter ha allt lange geschnüffelt unn raip aff unn tauw: „Mriekketriehn, bischte balle feerig?" Endlich waß ett Mriekketriehn feerig unn brachte alles opp'er grohten Schöttel inn de Stuawe. Hannespeter dregete sieck fix rümme unn reikete mett baien Aremen dernoh. Hai aht dai ganze „Kühlunge" opp enns unn soh sieck noh meh ümme. Dann sagte hai fürr de Frauwe: „Datt hett abber gutt geschmacket!" Denn andern Dag kahm derr Dokter, soh noh unn frogete dann ok de Frauwe wiagen[95] dem Kranken, aff 'e ok Appetiet häh. Mriekketriehn sagte: „Joh, Härr Dokter, ett gett emm ganz gutt, he hätt 'ne ganze Ossenlunge gegiatten, ick kunn in ganz Oelpe chäine Kühlungen

---

[87] wollen
[88] keiner
[89] holen
[90] sofort
[91] höchste Zeit
[92] eben
[93] durchnaß
[94] geschwitzt
[95] wegen

krieen." Derr Dokter waß ganz erstaunt, aß'e datt hoorte. Hai sachte nix unn dachte bieh sieck: „Es soll mich doch mal wundern, ob diese Kur nicht ihre Wirkung tut." Dann gunnk hai. Hannespeter hah noh derr Ossenlungen enn winnich Liewweh gekriehen, awwer hai wurrte wierr biatter."

De Wensche horrte gutt tuh unn dächte bie sieck: „Demm well eck abber ock enn stricken." Aß de Oelper feerig waß, funk de Wensche ahn unn sägte: „So, nuh well eck die ock enn Oeelper Stöckelchen vertialln. Du dahrwescht abber nitt böes wärrn. Ett waß em Frühjohr, aß derr Vollmond kohm. Genn ellef odder twiallef Uehr worrte inn Oelpe opp äis de Feuerwehr tesamhen[96] gebloßen. Ett goffte enn groete Oppregunge inn derr Staat. Oeberall kohmen se herrbiegelopen. Eer frohte den angern: „Watt iß loß? Wo brüht ett?" Cheär woschte, watt loß waß. Do kohm ock allt die Füersprötze im Chalopp ahngeranntert[97]. Die Feuerwehrlüh liepen unn puschteten dobie, datt ett ne wahre Luscht waß. Unn watt minnscht de, wojänner alles liep unn gonng? Ett gonnk opp 'n Bratschkopp tuh, noh Brachte. Männcker Schwättroppen sloht den Füerwehrlüden dörch ett Gesechte, abber me kunn ett enn ohnsiehn, se dächten: „In Brachtpe kuff sie joh löschen."

So gunnk ett im flotten Tempo immer bärgopp. Aß me obben ahnkohm, gofft 'ett opp äis Stocken inn de Kolonne unn datt Ganze mahte „Halt". Jetz frohte de Wensche denn Oelper: „Wäischte ock werrümme?" De Oelper schotte am Kopp. Do sägte de Wensche unn lachete dobie: „Derr Mond gunng opp."

Eer sog den angern ahn unn alle tohgen wiädder mett langen Gesechtern hem. Bahle dröhmetten de pflichttreuen Füerwehrlüh fann dem schöenen Spaziergang nohm Bratschkopp."

De Oeelper abber, de föhrhäi en wiännig luschtig waß, worrte böes. Herrnoh sägte he abber nitt wiädder: „Fie wellt unns enns Stöckelcher vertellen."

---

[96] zusammen
[97] im schnellen Tempo

DE SUERLÄNNER
1929

De Suerlänner

Heimatkalender für das kurkölnische Sauerland

1929

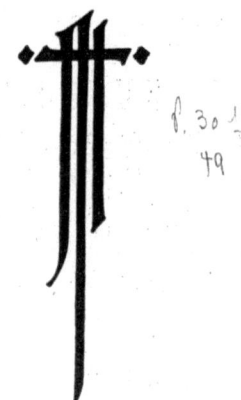

Sauerländer Heimatverlag der Josefs-Druckerei, Bigge an der Ruhr

Op guerre alle Art[98]

Von Anna Kayser

Holthuawes Lieschen harre ne Frigger. Ne Lehre iuter Mark was et. Ne Biuern harre 't nit hewwen wollt. Diäshalf was 'me de Fritz, seyn älleste Brauer, nit mehr guet tau. Un dai Euken Bernard sliepere de Släwwen, seyt diäme där'et Lieschen ne hingenrümme harre wieten loten, dät hai ümme seynethalwen nit mehr no Holthüäwers Hiuse te kummen brüchte. Uementsüß harre hai et Lieschen jo garnitmol hewwen wollt. Holthüäwers Fritz soll Euken Anna derfüär hewwen. Dann wör alles sau schoin op em leyken Paae wiäst, un se härren alles giegernäindautstreyken konnt. Awwer seytdiäme där 't Lieschen in diäm feynen Penkßionate amme Rheyne wiäst was, harr 't andere Floih imme Koppe. Seytdiäme herre 't ok „Elsa". Un de Wore satte 't op de Nauten, un in en Kauhstall treckere et Hansken aan. Platt kuiern harre 't auk all en wenneg verlahrt. Dät wör sau ungebildet, mainere et. Op em Schützenfäste was et in ter Mark no ner Penkßiaunsfröndin fauert; et härre jo süß met Euken Bernard danßen mocht. Un dai Fröndin Annie Helt, in Dortmund, harre ne Brauer, dai was Lehre un harre nau kaine Frau …

Donoh was et nau twäimol do ungen wiäst un dai Sake was fix un ferreg. Aeustern woll'e niu tem äistenmol kummen un Pinkesten soll de Verluawunge seyn. Et Lieschen harre gans wahne drop stallt. Awwer et harre doch ne häimleke Suare. Wat de Gerhard wual tau diäm gruawen Biuernwesen säggte. Et saggte 't füär seyne Mutter, eger dät se en Lehre op Aeustermandag vamme Middageszuge hualeren: „Mutter, ey wietet garnit, wiu viärnehm dät se in der Stadt sind. Un sau ne gebildete Iutsproke hett se. Besonders et „ärr" spriäcket se sau wunderschoin. Wann de Gerhard hey dät gruawe Plattkuiern hört, un wann de Vatter dorümme wiärleuiket, un de Fritz äis nau, wäit Guatt weert et 'me dann nit nau wier läid."

„Jo, Miäken, iek hewwe auk all drüewer nograwwelt. Iek well 't em Vatter mol sien, hai soll en wenneg Faitken bey Mole hallen. Un em Fritz sieg diu et. Diu kuiers einfach hauduits, saulange as de Lehre hey ies. Bis doch auk nit füär dauwe Nüette in diäm duiern Penkßionate wiäst."

---

[98] De Suerlänner 1929, S. 75-80.

Et Lieschen taug siek an un genk. „Bis awwer wahrhafzeg vüärniähme gnaug, Miäken." saggte de Holthüäweske mainereg, as et diär de Trappe raff kam. „Suihs iut ase iutem Maudenschanal snien."

Lieschen nuckere. Et wußte 't selwer. Et genk äis no 'm Albert, dai Aeustern op de Rektoratschaule soll. Hai ströggere grad en Stirken. Twai graute Stücker Giäkauken verherre 't 'me, wann hai düese Dage liuter hauduits kuiern wöll, wennegstens met iäme un seynem Bruidigam. Albert dachte, sau billeg wör hai nit fake an ne Kiärmisse kummen un saggte jo. Do kam de Fritz grad üewer de Diäle rop. „Fritz, maß Diu auk ternoh hauduitz kuiern?" raip hai 'me tau. „Junge, hall doch et Miul!" saggte't Lieschen. „Dai kuiert doch nohiär extra merrem wiärkeldages Miule, men mey te Profote."

„Iek kuiere, as mey et Miul wassen ies. Ieck well en Duner daun un Fissematänten maken. Wann diu mol do ungen imme Kualenpotte sittes, dann kannste diek jo en ganßen Dag beniämen." Domet genk'e ter Uewerdiär riut no Euken Huawe. Un et Lieschen fäuer met seynem Vatter no'm Zuge.

De Lehre kam. Et Lieschen strohlere. Et genk alles guet. De Mutter mochte en Vatter wual en wenneg instruwäiert hewwen. Hai kuiere häuduits merrem Lehre. Un hai mochte 'me ok nit slecht gefallen. Hai wor gans gespröklek. Euken Bernard wör me jo hundertmol laiwer wiäst, awwer wat was gieger dai Frauluie te macken? Dät harre hai spuart, as et Lieschen in dät feyne Dingen am Rheyne woll. Awwer nu, hai soh fotens, ne Flaigenfänger was düese Menske nit.

Lehre Helt soh allmol an seyner Briut rop un raf. „Hai suiht, dät vey imme Siuerlanne auk de niggesten Mauden hett," dachte iät un harre häimlek Spaß. Un doch saggte hai sau wenneg. Hai frogere ments liuter en Vatter no düem un diäm: Of sai all Hawer sägget un Tuffeln satt härren. Of et Lauhspleyten all genge. Of de Kläi guet stönge un of de Rogge un de Waiten nit ungerm blecken Fuaste lien härren. Un do was et beym Holthüäwer op emmol wier met em Hauduitskuiern verbey. Met Glaßeehansken konn hai niu emmol kaine Plaug anpacken. „Et gäit dermet," saggte hai. „De Rogge imme Hulwerge stäit säu tiämlek. Awwer op em Waiten amme Halbiärge is us de Dächse wiäst, dai Oese het us ne halwen Muarn rüwer un düewer wailt. De Kläi op em Lienacker könn biäter stohn. Wann de Fuast sau late küemmet! Müggenswiärmen ümme Lechtmisse hiät näu minnerliäwege nit docht."

De Lehre smiuslachere un frogere liuter widder. Et Lieschen bäit siek op de Släwwen. Wat soll de Gerhard denken? Sieker makere hai siek häimlek üewern Vatter lusteg.

„Und wie ist's mit dem Flachs? Wird der auch um diese Zeit gesät?" frogere hai et Lieschen. Et vertaug de Släwwen en wenneg schrotzeg: „Flachs? Das ist wirklich ein überwundener Standpunkt. Das Flachs tut die Arbeit, die es macht, längst nicht mehr aus. Man kauft alles viel schöner und billiger in den großen Warenhäusern."

„Jo, jo, dät is ok derno. Awwer dät matt girtzunt all Flick-flack seyn. Hey en Spitzken un do en Käntken un do en Lüstken! Use sälle Mutter harre kain Sundag imme Summer, wann se nit op em Flaßfelle wiäst was. Et Briäcken un't Hieckeln un't Spinnen un't Swingen un't Bläiken deh se all alläine. Et was wat Schoines, wann imme Froijohr sau ne diäteg Bläikedtücker op em Wieseken läggten un vey Blagen et Water metter Guite drüewer swuppskeren. Hä, sau'n Kuffer voll Rollen, do häwwe iek liuter Spaß ane hat! Awwer dai jungen Tünten maint, wann se sau'n paar papieren Läkelkes imme Schape lien härren! Wann se et mol snacket, dann pluistert de Scheyte deriut."

„Vater!" saggte Lieschen un käik ne andern Wiäg.

„Haben sie noch Selbstgesponnenes im Hause?" frogere de Lehre.

De Holthüäwer lachere hellop. „En gans Kuffer vull. Awwer wo ies et füär? En Miäken iuter Nowerskopp hiät sey taihn Bläikestücker gieger Ladenware vertiusket. Awwer dät giewe iek nit tau, saulange as iek in Holthüäwers Hiuse nau wat te sien hewwe. Wat meyne sälle Mutter selwer spunnen hiät, dät blitt imme Kuffer."

„Vater! Hä – nee!" saggte Lieschen wier. Et was frauh, dät se do wören, wäit Guatt, wat hai süß näu all rümmefoilere. Et konn iutem Gerhard nit recht riut kummen. Hai soh iät allmol sau spasseg an.

De Holthüäwerske harre en wahn Fäi, as se üewer de Diäle rop kemen. Sai kannte en Lehre all. Tem leßtenmol wass'e met rinter Mark wiäst. Et was, ase sai iärk äins woren wören.

Se gengen inter Herenstuawe. Sai wiskere naumol met em Vüärdauke üewer en Staul. „So, nun geht sitzen. Gerhard int Sofa, geh doch. Da sitzt man so echt inne. Sollst wohl müde sein von der Bahn. Wir wollen auch sofortens essen. „Liesch …, Elsa, mußt nur noch eben de Klöskes zurechtmachen!"

Et Lieschen kräig ne rauen Kopp un genk in de Küeke. „Iss'e allt do?" frogere Albert. „Iek woll mey nau fix en wenneg de Släwwen wetten. Hiätt'e auk Ossenäugen op der Nase?"

Lieschen saggte niks un makere de Klöskes.

„Hat doch gar keine Eile mit dem Essen," saggte de Lehre doinne füär de Holthüäwerske. „Ich möchte mich gerne einmal draußen umsehen. Vater, du zeigst mir wohl Garten und Hof!"

„Auf dem Hofe isses es aber ganz dreckerig, Gerhard," räit de Mutter af. „Dann mußte dich aber in achte nehmen, daßte nicht in de Jauche trittst. Der Jauchenkump is übergeflossen."

„Kein' Not, Mutter. Wir Märker sind ja auch nicht von Porzellan."

„Wo ist denn der Fritz und der Albert?" frogere hai do biuten en Vatter. „Ich habe mich gefreut auf die beiden."

„Dann frögge diek nau'n bietken länger," knurrere de Fritz imme Piärrestalle un smäit em Fanny nau ne Schuite vull Hawer in de Kröwwe. Op emmol schaut'e inäin un dräggere siek ümme. In der Düär stonk de Lehre.

„Ah, das ist ja wohl der Fritz!" Hai genk rintem Piärestalle, as wann hai drinne terhäime wör, genk op en Fritz tau un gafte 'me de Hand. „Tag, Fritz! So ist's uns doch beiden recht, nicht wahr?"

„Meynetwiägen! Dag auk! Awwer niämet Ug inachte, use Guile sind nit op ter haugen Schaule wiäst. Dai daut, as se daun maitet!"

De Lehre kräig sey ne Handvull Hai un wiskere sey de Schauh af. Do lachere de Fritz. „Nu, Ug häller't jo nit ümme ne Spargitze. Konn Ey dann äigelek ne Siue un ne Stiute vanäin ungerschäien?"

De Lehre lachere. Dai Junge gefell 'me. „Wenn ich's nicht kann, kannst Du mich ja mal ein bißchen in die Lehre nehmen. Wenn Du dann mal nach Dortmund kommst, zeige ich Dir mal den Unterschied zwischen einem Kohlenpott und einem Gasofen."

Se gengen riutem Stalle. Fritz genk saugar met, ohne dät'e et selwer recht miärkere. Hai woll 'me doch twiäs tau seyn un bleywen, weylen dätt'e diäm Euken Bernard in seynen Kläi hott harre. Hai saggte ock nit viell mehr, as se diär en Garen un üwer de Hiäwe gengen, aber däutverwündert wass'e, dät sau ne städtesken Mensken an alles sau ne wahnen Spaß harre, as wann'e ne gebuarenen Biuernjungen wör. Dogiegen was et Lieschen doch ne Tünte! Awwer egal, wann hai et nit wör, dann wört de Bernard un dät konn'e 'me nit vergiewen. As se wier trügge kemen, laip grad de Albert ter Uewerdiär riut.

„Holla, Freund Albert!" raip 'me de Lehre tau. „Komm, laß Dir auch mal das Händchen drücken!"

„Herr Lehre …" stuattere dai Junge un wor verliägen as en I-männeken. „Guten Tag, Herr Lehre!"

De Holthüäwer genk all int Hius un de Fritz in de Remise. De Lehre peck en Albert ümme de Schuller un genk met me op de Biärkenbank vüär der Uewerdüär sitten. „Sag mal, Albert, bist du bange vor mir? Ich … Still, o was ist das für ein Sänger?" Hai käik in de Hoih, in dai alle Aeike, dai beniäwen der Garenhauert stonk. „Kennst Du das Vögelchen?"

„Ijha! Das is – das is en – Gelbgöschen glaub' ich! Hier sind so ne Masse Vögelkes! Da hinten in der Mahrwiese da singen des Morgens de Läiwerke un des Abends rufen de Uehlen da oben im Sprinksiepen. Auch Gniels sind da oben. Und Illebutten auch. Hä Junge, *die* haben en fein Fell!"

„Das mußt Du mir mal alle zeigen, Albert, die Schlucht meine ich und das Siepen. Du mußt mir überhaupt viel erzählen!"

„Was soll ich Ihnen denn erzählen?" saggte Albert, op emmol wier gans bloi. Et fell 'me in, dät et doch ne Lehre was un hai harre „Diu" füär 'ne saggt. Hai ruchte en wänneg van 'me af.

– Et Lieschen harre all merr'em Iäten wachtet. Et smäit en Uewerbinger af un laip no der Uewerdüär. Do hoor't seynen Gerhard kuiern. Et bläif stohen un liuere …

„Siecker kann iek platt kuiern," hoor et en Albert sien. – Dai verflixte Bengel! Jetz konn'e sey en Giäkauken droimen. –

„Warum tust du's denn nicht?" saggte Gerhard.

„Jo, wäißte, dät ies sau ne Sake domet. Dät lutt doch nit gebildet. Awwer dai Keuhnen Profässer dair'et liuter, wann'e in en Ferien hey ies. Dai hiät doch op der haugen Schaule studäiert. Un ok dai Schröders Lehrintante dair'et. Dät seyd doch auk feyne Luie."

„Aber sicher. Sag, Albert, willst Du jetzt immer Du zu mir sagen und „Gerhard", aber auf Platt?"

Do saggte de Albert: „Pst, pst!! Wäißte wat, dann draf et awwer use Lieschen, nee, Elsa herr'et jetz, nit wieten! Süß kreygek kainen Giäkauken vanneme. Wann iät derbey ies, kuier iek awwer Hauduits met Ug!"

De Lehre kräig gans lustege Augen. Niu wußte hai doch mol, wat de Iuher slaen harre. „Also, abgemacht, Albert! Und morgen erzählst du mir mal, wie das alles geht mit euren Flitzebogen und Weidenpfeifen und Sonnenvogel kloppen."

„Dann maß'te mol op Senten Päiter kummen, dann kloppe vey en Sunnenviuel. Iek sin all balle bey diän gröttesten. Dann kanns'te ock ne Eggerkauken metkreygen. Et Holla-Bätken bäcket se us. Dai Gauten

Karl hiät te Johr draiunnehalwen giäten. – O, use Sweyne! – Lieschen! Li – ieschen, unsere Nachmeisters sind aus em Pirk!"

De Lehre käik siek ümme un sprank in der Uewerdiär met em Lieschen binäin. „Bleib' nur da, ich helfe Albert schon!"

Hai hinger diän Iutreyters hiär düär en Kalwerhuaf. Et Lieschen wachtere op 'ne, as se se wier inne harren. Hai soh, därr' et gans verniemes iutsoh. „Was hast Du, Lieschen?" frogere hai un soh et gans laifmaireg aan.

„Ach, was sollst du wohl denken von allem hier?" saggte iät, un deh, ase wann't joilen wöll. Wärest besser in der guten Stube geblieben!"

„Kind, in der Stube? Und hier draußen ist die ganze Welt voll Sonne und voll Wunder! Mit deinem prächtigen kleinen Bruder, da möchte ich am liebsten dreimal um Garten und Hof tollen! Ich komme mir vor, wie ein Vogel, der den Käfig gesprengt hat."

„Ach, das meinst du so! Solltest mal immer hier sein! In allem Dreck aufs Feld, und bei der Hitze ins Heu und Winters 's Dreschen! Aber jetzt wollen wir essen!"

Un doch was em Lieschen en Stäin vam Hiäten fallen, as et hoort harre, wiu de Gerhard üewer alles dachte. Dät kam wuall, dät seyne Mutter auk ne Biuerndochter wiäst was. Mens, därr' et dai dumme Bengel, de Albert, blamäiert harre, dät hassere' t doch.

De Fritz lait siek nit te viell bey seynem niggen Swoger saihn. Awwer füär Euken Bernard saggt' e no der Aandacht: „Iek harr dacht, et wör sau ne Windbuil wiäst un dann härr use Vatter fix de Nase vull kriegen. Awwer niu – et Lieschen sall doch wuall met 'me intem Pütt gohn!"

„Sau, hiäste dey auk all Wippkes vüärmaken loten vanneme? Do ungen weert Flitzen genaug seyn, wann hai friggen woll. Un hai sall 't mey buißen!"

„Awwer nit te wahne, sie iek dey, süß, o wäih, use Mömme! Un iek well der niks van wußt hewwen!"

Nummerdages gengen dai jungen Luie met Vatter un Mutter düär dai Holthüäwers Feller un Wiesen un Biärge. „Is' doch schae, dät diu kän Biuern bis, Junge," mainere de Vatter, as se wier häime kemen. „Iek gloiwe, diu dehes us alle in en Sack."

„In den Ferien könnte ich's ja mal versuchen," lachere de Lehre. „Iek gloiwe, iek brächte et ferrig!"

„Niu slo doch enner lank hien! Dai Kerel kann wahrhafzeg all Platt!" raip de Vatter. „Lieschen, balle biäter as diu!"

Et Lieschen wor raut un genk no der Hiärwe un hualere ne Siwelonswuarst. Do oppe joilere et äis mol en Stücksken. Et was doch alles sau gans anders kummen, as et sey dacht harre. „Wann mey de Gerhard men nit boise is!"

No'm Iätten steken iärk dai Mannsluie ne Peype an. Ok de Fritz. Hai sat niäwen em Lehre un was op emmol gans gespräklek. Awwer hey un do wor hai unruieg un liuere düär't Finster riut. Opmol sprank hai op un stak sey hößt ne Zigarre aan. De Hand biewwere 'me un hai mochte säß Swiäwelspönekes briuken.

„Was ist denn das?" saggte de Lehre un makere et Finster uap. „Das ist ja ein Mordsspektakel! – Was ist los?" raip hai em Albert tau, dai op der Hiusdiär stonk.

„Se dieckelt Ug!"

„*Was* ist das!" frogere hai wier dai andern. Et Lieschen saat op em Staule un was sau witt as en Bläikedauk. Em Fritz seyne Zigarre woll nau liuter nit briännen.

„O, nit et Siens wert," saggte de Holthüäwer. Hai trock seyne Peype nit drümme iutem Miule. „Wai diän Duarpesjungen diär de Hecke graset, dai matt sey sau'n Spektäkelken gefallen loten!"

„A – ah!" Em Lehre genk en Lecht op. Hai genk en wenneg opseyt stohn un hoor sey diän Rummel aan.

„Duiker nochemol, dütmol hätt se awwer Fuck derächter! Kain Dieckel mehr op em Potte, kaine Swiepe mehr amme Haken! Hä, Mömme, hall dey de Ohren tau, süß wärs'te mey ballhöreg!"

Lieschen ömere op, as et soh, dät de Gerhard seyn Plasäier drane harre. Fritz hauk ächter seynem Zigarrendümmel un deh, as wör'e van gistern. „Lot men," saggte de Holthüäwer füär'n Lehre, „iek well dai Sake wuall int Lieke brengen. Lumpen drof'fe us nit loten."

Awwer de Lehre was gans früewermaireg woren un makere selwers met diän Jungens af. Un hai lait siek nit lumpen.

„Jo, jo, met diän Ruiens, wo me met loipet, mat me met huilen," saggte de Holthüäwerske un smiäre iärk näu'n Siwelonswuarstbuetter. Un et Lieschen söchtere, dät dät üewerstohen was. Dät hoor de Lehre, kräig et sey bey der Hand un genk met 'me int Finster stohn, un se kiecken ächter diäm Troppe hiär, bit dät de leßte Dieckel bey Stolten ümme de Ecke was. Hai saggte niks, awwer Lieschen soh, dätt'e Spaß harre as ne Nieggenmödder.

Un Spaß hett se hat bit ümme halfelwene. Do biärre Holthüäwers Mutter en glorreichen Rausenkrans. Un se gengen te Berre.

En andern Dag genk et Lieschen met em Gerhard op en Wiäg no der Bahn. „Wie hat 's dir denn nun bei uns gefallen, Gerhard?" frogere et, as se beym Hiellenhuisken stöngen un üwer't Duarp kiecken. Et Hiäte puckere 'me, weylen dät hai sau stille was. Do soh hai't aan, ne ganze Weyle un do miärkere 't awwer doch, dätt'e iät laif harre.

„Lieschen," saggte hai, „oder meinetwegen auch Elsa, wenn's dir Spaß macht, weißt du, wie ich Dich einmal – will Gott, recht bald! – in mein Heim in der Mark holen möchte?"

Iät käik 'ne aan un wußte nit, warr'et niu gafte.

„Als Kind deiner Eltern – und als Schwester deiner prächtigen Brüder! Du verstehst mich gewiß. Sieh, – ich habe eigens diesen Umweg hier durch euer ‚Sprinksiepen' gewählt, – von solcher Art sind *die*!" Hai wäis op dät Sprink, wat hulterdipulter iut der Ere kam un doch sau wunderschoin klor un piur was. Un wäis op dai Aeiken, dai drümme stöngen, äine nau stuider as de andere. Un hai striepere lengest ne junge Aeikenluae. „Sieh, so eine wollte ich mir herholen, Lieschen! Wird sie mir auch Art bleiben, wenn ich sie umpflanze? Und nicht abarten, wie so viele da unten?"

Et Lieschen verstonk fast, wat hai sien woll. Un et schiämere siek. Jetzt begraip et ok äis, wat dai Halmers Lehre van em Gerhard saggt harre: „Wann de diän kries, Miäken, dann kannste wual lachen! Is ne feynen Kerel. Van inneweneg nau mehr ase van biuteweneg."

„Ich dachte, daß – – daß ich dir nicht fein genug wär'!" saggte 't verliägen. „Und da dachte ich, weil Annie so vornehm is und fein …"

„Ja, Annie! Ich dachte es wohl, daß sie dahinter steckte! Sie könnte für ihre Kleidchen *auch* allemal einen halben Meter mehr kaufen. Und – ach, unsere Mutter müßte wieder aufstehen und sie Strümpfe stricken lehren! Weißt du auch, wo mein Vater meine Mutter zum erstenmal gesehen hat? Am Spinnrade! Ich bin meiner Mutter Sohn, Lieschen! Aber das Spinnrad brauchst du deshalb nicht vom Speicher zu holen. Aber, weißt du, womit du mir und besonders meinem Vater eine große Freude machen könntest?"

Et Lieschen soh 'ne men sau aan. De Aeugen wören me flaime woren.

„Laß meinen Vater und mich in diesem Sommer einmal ein klein Stückchen blühenden Flachs sehen! Der alte Mann spricht immer davon, weil Mutter diese schönste aller Bauernfreuden nie hat vergessen können. Willst du uns diesen Spaß machen?"

„Gerhard, aber gern! Und auch den Koffer mit den Rollen von der seligen Oma nehme ich nun mit, wenn ..." Et käik 'ne aan un strohlere, sau glücksälleg was et 'me op emmol te Maue. Un hai miärkere, dät seyn Miäken, op et niu Lieschen odder Elsa härre, en echt Holthüäwers Kind was.

„Hat deine Mutter auch wohlmal noch Platt gesprochen, Gerhard, als sie schon in der Stadt war?" frogere et un wor raut.

„Vater konnte es leider nicht. Er war Großstadtkind. Aber wenn sie mit Vater und uns besonders lieb und gemütlich tat, oder wenn sie uns in den Schlaf sang, dann tat sie, wie ihre Mutter getan hat. Mir ist jeder Laut teuer geblieben. Noch ehe ich einmal in ihrer Heimat gewesen war, kannte ich dort jeden Baum und Strauch, jedes Vögelchen, jedes Liedchen, ihre liebsten Plätzchen und alle Nachbarn. Wenn sie uns davon erzählte, dann hörte ich die alten Buchen neben ihrem Elternhause rauschen und das Roggenfeld. Und den Flachs. Wie seine blauen Blümchen, so waren Mutters Augen. Hätte sie sie nur nicht zu früh zugetan! Und auch ihre Heimat war schon früh für sie und uns verloren. Aber ich, ich bin kein Sohn der großen Stadt. Ich bin nur eine Faser von einem festen Stamm weggeleitet, und dieser Stamm gehört der Muttererde, auf der wir stehen. Und wenn mein Herd auch im Lande des Eisens und der Schlote sein muß, mein Glück, das ich hatte ich geschworen, hole ich mir nur von der Erde meiner Väter."

Lieschen waß gans wäihmaireg woren. Et druggte em Gerhard de Hand un soh 'ne aan, as wannt 'ne äis düen Dag sau recht härre kennen lahrt. „Gerhard, wenn ich das alles doch eher gewußt hätte! Ich hab' immer gedacht, ich müßte auch so tun, wie die Mädchen da unten bei Euch, sonst hättste mich nit gern und müßtest dich mit mir schämen."

Hai lachere. „Und wenn dann dein Flachs blüht, dann bringe ich meinen Vater mit, nicht wahr? Und wenn wir dann alle gemütlich beisammen sind, dann wollen wir sprechen, wie unsere Mütter und Väter! Albert will mich ja in die Lehre nehmen."

„Niks do! Dät dau iek!" Iät soh 'ne glücksälleg an un lachere as en Vigoilken.

„Hedo-hido-he!" raip ächten vam Biärkenfelle wai: Fritz un Albert wören't. Se seten op em Ledderwagen un wollen Hawer säggen. Fritz knallere met der Swieppe, warret Tuig hell un Albert wenkere, un baie raipen se: „Bit Pinkesten!"

Lieschen wenkere auk, de Lehre smäit seynen Haut in de Hoih – un dann mochten se vanäin.

„Guatt helpe!" saggte Lieschen. „Niu maß diu sien: „Guatt lauhne!"

„Jo, Guatt helpe, därr iek Pinkesten ‚Guatt lauhne' iutwenneg kann!"

As et Lieschen häime kam, genk et lengest diäm Bäcker-Hännes un koffte em Albert drai graute Stücker Giäekauken ...

SNIEDER-HIÄRMES LINGE[99]

Von Anna Kayser

Sniederhiärmes Aennecken kam inter Stuawe te fiägen, smäit de
Schaultaske op de Bank un laip beyn Suarestaul.
„Franz-Oihme, wäißte wat? Use Linge is liewert! Moren küemmet
se dran! – Oihme, slöpeste? Sieg, Oihme?"
Dai Oihme schaut inäin. Dunnerkättken, do was hai doch wahrhaf-
teg innucket! Jo, wamme van halfsässe an im Biärge wiäst is! Et
Lauhspleyten is kain Flaitepeypenkloppen.
„Hö! Wat woßte, Aennecken?" jäiwere hai un sochte seyn Peypken,
wat 'me op de Knai hockelt was.
„Moren küemmet use Linge dran! Suih do, dai Kerel van Plettemet
ies nau do biuten beym Vatter! Ase iek iuter Schaule kam, do gafte 'me
grad ennen in de Hand, sau ennen, as em Jiuden Max[100], ase 'me use
Blässe verkofte. Dännenholt kri'ffe derfüär. Un wo de Linge stäit, do
bugge vey en nigge Stüäweken hien, hiät de Vatter saggt!"
„Wat foilste dorümme, dumme Dingen? Wat füär ne Linge?"
„Vüär em Hiuse dai. Wat dann süß füär enne? Wäißte war iek wöll?
Där iek moren Leyfwäih härre! Dann brüchte iek nit in de Schaule.
Antönneken hiät et auk allt saggt, dät hai moren vlichte Tiännewäih
härre. Hai wöll de Linge stüätten saihn."
Franzoihme käik dät Miäken met uapenem Miule an. Entweder laug
dät Dingen oder se harren 'me ennen opbungen. Odder hai was selwer
nit bey Trauste.
Hai genk stante bäines doriut. Richteg, da stonk ne früemeren Kerel
beym Päiter. Un se schienen wat te verhandeln. De Päiter käik siek af
un tau verniemes no en Stuawenfinsters ümme. De Oihme kröchere en
paarmol „ähm – ähm!" Awwer de Päiter was ballhöreg.
Dai Früemere gafte 'me de Hand: „Also, Herr Schneider, Lieferung
binnen acht Tagen! Und das Fällen erledigen Sie am besten gleich mor-
gen, daß der Saft etwas verzieht!"
Päiter nuckere, nueselere nau 'n bietken in en Bart un dai Plettmes-
ke genk af.

---

[99] DE SUERLÄNNER 1929, S. 85-88.
[100] [jüdischer Viehhändler]

Päiter doh, ase wann hai Fransoihmen nit söh un woll beniäwer 'me hiär int Hius. Awwer de Oihme makere siek bräit.

„Päiter," saggte hai.

„Wat is der? Loot miek dohiär! Vey mott int Backsiepen ant Lauhspleyten! De Schultenbiuer well moren verlaen!"

„Päiter, wat woll dai Kerel?"

„Dat sind meyne Saken!"

„Was dey dät Erenst, wat Diu 'me verhett hiäs?"

„Et ies mey nit no Flitzebuagen maken! Loot miek dohiär."

„Diu wes use Linge afhoggen? Päiter, use Linge?"

„Nu – nu! Stelles diek, ase wann ek wiän ümme de Ecke brengen wöll!"

„Weßte dät vlichte nit?"

„Bis geck!"

„Päiter, wann de dät daist! Biste dann niu gans iuter Art slaen? Use Linge?!"

„Niu fank doch fotens an te joilen! Uemme sau ne allen knuwwelgen Knurk! Mens, dät se us de Stuawen duister mäket!"

Em Fransoihmen was et te Maue, as wanne hai nit mehr wisse op en Bäinen wör. Gans spasseg was et 'me. Hai mochte sey op emmol met der Hand üewer de Augen wisken. Et was 'me, as wann 'e wat in der Struatte sitten här.

„Päiter," saggte hai, un hai kuiere gans anders as süß, „Päiter, et Hius is dey. Wat drinne is, is dey. Awwer de Linge, iek maine, dai härr us liuter all tehaupe hoort! Näi, Här hientau, wann dät wohr weert, dann – kann iek nit mehr imme Hiuse bleywen."

Ase de Päiter soh, wiu 't em Oihmen te Hiätten genk, wor hai doch en wenneg verstüärt. „Vey mott doch en Stüäweken anbuggen, dät wäiste doch auk. Wo soll vey süß balle bleywen? Dai van Plettmet liewert us Dännenpößte derfüär. Kain Menske koipet dey doch süß Lingenholt af."

„Dät Angebügge konn vey ock in en Garen maken, op et Bläikepläßken."

„Un de Pößte? Soll vey us dai iuten Riwwen sneyen?"

„Küemmet Teyt, küemmet Root! Loot de Linge stohn! Ieck hewwe kainen frauen Dag mehr op der Welt, wann se futt matt. Un use Mutter auk nit!"

„Stelles diek as en Weywesmenske! Iek hewwe met diän baien do inne all gnaug te daune hat. Dey harr iek äxtra niks dervan saggt!"

De Mutter kam met diäm klainen Fränsken iut em Hiuse. Se genk an diän baiden hiär un käik kainen aan. Fransoihme soh, dät se grienen harr. De Päiter liännere siek an en Garentiun. Et was 'me doch en bietken unsachte woren.

De Mutter genk met em Fränsken op de Bank unger de Linge sitten un füllere 'me en Giättesöppken int Muilken. Dai baien soen iär tau. Kaimes saggte en Woort. Kain Menske kuiert jo geren, wann de Doktor saggt hiät, et genge wai daut.

Do fenk dai Mutter sachte an te kuiern, awwer se kahr iärk an kainen.

„Niu iet diek saat, Jüngelken! Un dann saßte ok naumol hey dukkeln! – All het se hey biuten dukkelt, de Hännes – un de Frans – un de Päiter – un et Stina – un et Threschen. – Imme Hiuse wören't all de rainsten Rehrhälse, awwer wann use sälle Vatter mey de Waige imme Froijohr doriut unger de Linge draggte, dann slaipen se ase Vuielkes in der Hannepsoot. – De Linge dai wäggere un waigere – un de Drooßeln un de Giälgoiskes süngen se in en Sloop. – En Plasäier harren se liuter, wann wier ente derbey kummen was. – Hör, Fränsken, do ies dät Wiepsteertken wier! Hör, warr'et schoin singet: „Siusai, Kinnecken slöpken, do biuten gäit en klain Schöpken, dät hiät säu witte Faite, dät giet dey Mielk sau saite …"

Do konn dai Snieders Mutter op emmol nit mehr widder. Se haustere, as wann se siek versluaken härr.

De Päiter knäip de Släwwen oppenäin un genk.

Fransoihme genk niäwen seyne Mutter sitten. Et was 'me, as wann en andern Dag wai begrawen weren söll. Et Mina, em Päiter seyne Frau, kam un brachte de Waige. Et soh auk gans flaume iuten Aeugen. Et saggte kain Diuwoort un genk wier.

Päiter hoor de Mutter en paarmol slucken. Et Fränsken was inslopen. Et smiuslachere. Et mainere siecker, dai Vuielkes, dai in der Linge süngen, dät wören all Engelkes met Flaitepeypkes. Frans hoor de Mutter mol söchten, un dann käik se siek no iäme ümme. „Ieck dachte, Frans, diu härres auk met derhinger stiäken," saggte se triuereg. „Wäißte, dann härr iek awwer …"

„Mutter, ies dann niks mehr dergiegen te maken?"

„Niks! Hai slätt seynem Paaen no. Dai hoor auk siliäwe laiwer ne Wannemüell as ne Läiwerek."

„Jo!"

De Oihme harr Backsiepen un Läuhspleyten vergiäten. Hai saat un saat. Un de Mutter fenk wier an te kuiern, awwer sau seltsen, sau, as wann wai imme Slope remelt: „Ase trotzege Blagen hef vey all hey unger der Linge rümmespauket, vey iuter Nowerskop. Un terno, – kain Summerowend un kain Sunndag Nummerdag, dät et unger Sniederhiärmes Linge nit lusteg taugenk. Kain schoin Laieken, bat hey nit ies sungen woren. De Vuielkes fängen liuter et äiste an. – Un as vey Einskopp makeren, deyn sälle Vatter un iek, hey unger der Linge is et wiäst. Vatter un Mutter wören derbey … Un use Hochteyd hef'fe hey fiert. Imme Mai was et. De Lingers Hännes saat met seynem Diudelsacke haugen op em Aste un spielere … un schürrelere an diän Töppen de Lingenbläumkes doraf. Meyn Krans un de Slaier hengen rosaraut vull dervan … Iek woll se derriut schürrelen, awwer de Pastauer saggte: „Loot, Miäken, loot se drinne!" …

Un hai is opstohn un hiät ne Rede dohn un hiät sagt, in Snieders Hiuse dröfte liuter mens Hochteyt seyn imme Mai, wann de Linge blaumere … un et söll nau ne mannege Briut hey opper Biärkenbank sitten … Jo, de Päiter hiät met seyner Mina wier drunger siäten … Awwer, diu, Fränsken, arme Jüngelken, diu saß wuall naumol Hochteyt in Wilmers Wäiertsstuawe fieren maiten …"

Mutter nahm en Schüättentipp un wiskere sik diär de Aeugen.

De Frans kröchere en paarmol, as wann hai wat imme Halse härr. Un dann stonk'e op un genk.

„Oihme, weßte intem Backsiepen?" raip et Aenneken. „Kumm, iek well dey de Akes driäen!"

„Iek well en Lauhspleyter hewwen, Oihme!" raip et Marrichen.

„Oihme, weßte dey auk dün Owend de Akes sleypen? Süß ies se moren Muaren nit scharp, wann't an de Linge gäit! Iek well dey awwer en Sleypestäin dräggen!" saggte Aenneken. Hai saggte niks.

„Fransoihme, dai Hänneken Moihne hiät saggt, met en Stöcken van der Linge können vey en ganßen Winter en Kauhpott stuacken. Et wör en wahn Dier. Awwer et wör en wohr Spektakel, dät vey se afhoggen wöllen. Use sälle Opa dräggere siek imme Grawe rümme, wann'e et wüßte. Kann hai dät dann, Oihme? Hai is doch daut!" Fransoihme saggte niks.

„Wat weert de Drooßeln kreysken, Oihme, wann de Linge rüewwerstüätet," saggte Aenneken wier. „Wo sollt dai armen Dierkes dann äigelek bleywen? Ok dai allen Swalftern gengen sau mannechmol drin sitten, wann se diän klainen Swälfterkes wat no der Diäle bracht har-

186

ren!" De Fransoihme saggte nau liuter kain Diuwort. Do saggte et Aenneken: „Kumm, Marrichen, vey wellt wier häime gohn!"

Se gäften 'me de Brocken un gengen. „Diu, Aenneken, de Oihme hiät gewiß wier de Gicht imme Kruize, dätt'e garnit gespreeklech was," saggte et Marrichen un käik siek naumol ümme. „Hai joihlere jo balle van Peyne!"

„Kann sin. Wäißte wat, iek hewwe en Fransoihmen viell laiwer as en Vatter. Maßte awwer kaimes wiersien."

„Iek hewwe ok use Omma laiwer as en Vatter. Maßte awwer auk nit wiersien!"

De Päiter räit diän Nummerdag naumol sauviel Bünne van en Aiken as de Fransoihme. Awwer kuiern deh kainer en Woort. Et Owends no'm Nachmese genk de Päiter no Wilmers. Hai gaut äinen Kloren no 'm andern dorin. Beym säßten saggte Wilmers Vatter: „Päiter, diu perwäiers biätter äismol, op de auk en Wiäg düär de Düär riut finges." De Päiter woor fuchteg, perwäiere, un as hai bey der Düär was, schauf ne Wilmers Vatter sachte doriut un makere de Düär tau.

Kain Menske saat düen Owend unger der Linge, un et was doch sau ne schoinen Owend. De Giälgoiskes un de Wiepstärtkes harren et Präi alläine. Mens de Fransoihme stonk haugen in seynem Finster, bit darr'et balle twiälf Juer was. Summerdags lait hai't liuter uapen, un de Lingentöppe hengen dorin, balle bit op de Diellen. Düen Owend wören de Vuielkes gans unweys van Plasäier, se wipperen un swänseleren un oigeleren, un ne jungen Gaitlink wippere 'me saugar op de Hand. De Oihme dachte: „Wann ey't wüßten …! Hai kuiere viel met sey selwer düen Owend, hien un hiär. En paarmol smiuslachere hai saugar. As et twiälwene slaug, do genk hai bey seyn Kuffer, kräig en Baikelken iut der Bielae, käik drinne rümme, puspelere … un laggte et ungert Küssen. Un dann genk'e te Bärre. Awwer hai droimere gans unweys. Liuter soh hai en Päiter un diän Kerel van Plettemet in der Linge hiuken un met der Strauhßiäne un merr'em Lauhspleyter de schöndesten Aeste afsaweln.

Uemme säß Juer stonk hai op, taug siek sunndages an un genk doraf. De Päiter kräig grad de Siäne iuter Linge un woll Kläi mäggen. De Fransoihme genk op 'ne tau un räikere 'me en Baikelken.

„Tell et binäin! Et sind niegenhundertfifteg Mark. Do weerste wual met dokummen!"

„Wat sall dät? Wa-wat hett dät?" stuattere de Päiter.

187

„Do kannste diek jo mol üewer bedenken. Ungerdiässen läßte miek no Pletmet foiern. Awwer äis – hey, Handslag!"

Slaen hiät de Päiter em Oihmen nit in de Hand, awwer – druggt – dät de Oihme et Gesichte vertaug – – –

Dai Sniederhiärmes hätt en nigge Stüäweken bugget, – awwer de Linge stäit nau. Un wann de Fransoihme ok kain Baikelken mehr in der Bielae hiät, hai smoiket awwer ginzunt nau liuter seyn Peypken op der Biärkenbank unger der Linge. – Un wann se wier blaumet, well Snieders Fränzken un Hänneken Lowiesken Hochteyt fieren. – –

ET SCHENGET KÄNNER MEHR MET MEY[101]
En ernsthaft Stücke

Vertallt vam Pastauer te Miäseber
[Anton Moenig]

Trippen Franz un Franken Anton woren Nowerskinner, Iäwenällers. Se wossen tehäupe op un woren nit vanäin te schlohn. Ase Franz de äiste Büxe kräig, mochte Anton äuk äine hewwen. Ase Anton de äisten richtigen Stieweln op Chrisdag kriegen harr un dermet düör Schloite und Poite palsken konn, lait Franz nit noh te piltern, bit hai siek äuk en paar anmiäten loten droffte. In der Schaule saaten dai baiden in äiner Bank, Franz et äiste un Anton et twedde. Ase se iut der Schaule kamen, genk Franz noh'm Vikarges, hai woll op gäisleck studäiern. Anton was de älleste opem Huowe, hai kräig de Schwiepe in de Hand.

Ase Franz beym Heerenvedder iutlohrt harr, kam hai op de lateynske Schaule. Wann hai in de Ferien kam un terhäime Gurren Dag saggt un seyne Hölsterken diäl schmieten harr, dann was hai äuk all bey seynem Frönne, un in diär ganzen Teyt was hai mehr bey Franken ase terhäime.

Franz un Anton woren Frönne all dai Joahre un bliewen't äuk, ase Franz Vikarges un Pastäuer, un Anton Buer op Franken Huowe wor ...

Niu woren se baide alt, all ne ainege Johre op de siewenzeg. De Pastäuer kam mol wier häime.

„Anton, biu gäiht et dey?"

„Schlecht, schlecht", söchtere Franken Buer.

„Wat siest'e? Schlecht? Berümme dann?", frogere de Pastäuer.

„Dat well iek dey siegen: ‚berümme'? Et schenget känner mehr met mey."

„Iek verstoh diek nit. Biu mainst'e dät? Wann känner mehr mit dey schenget, dann sey doch fräu. Diärümme kannt dey doch nit schlecht gohn."

„Jo, jo, et schenget känner mehr met mey un diärümme gäiht et mey schlecht. Iek well't dey iutenäinsetten. Diu wäiß jo, Sunndages Nummedages säu ümme feywe goh iek no'hm Päiter; do make vey ne Solo. Wann't op achte gäiht, därr et Teyt werd taum Iätten, hör vey op. Awer

---
[101] DE SUERLÄNNER 1929, S. 92. [Zuerst erschienen in: Heimatgrüße aus dem oberen Sauerland, 31.03.1918.]

dann giet äin Wort et andere, et sittet siek säu nette un dann is et taihne un mannegmol äuk nau mehr, wann me häime kümmet. Dät is all dai Johre säu wiäst. Un wann iek dann häime kam, dann was Sette, Guott troiste't in der Aäiwegkait, näu oppe, iät sat, bit iek kam, beym Uowen, lauste imme Myrrhengaoren oder in der Handpostille un biäte Räusenkränze. Wann iek dann kam, fenk iät jedes mol an te regemäntern, iät schannte gehöreg un lait känn guet Hoor an mey. Dobey kräig iät mey et Iätten iut'em Uowen op'en Diß. Meyne Schluffen stonten ungerm Uowen un woren nette warme; de Stiewelknecht derbeniärwer. Et bläiw amme Schengen, bit vey baide inschlopen wören. Mondages Muorgens dann muilte't wuol näu, awer richtig boise was iät mey nit; dofüör harren vy us viel te laiw. Un wann't Froihstückesteyt wor, wor alles wier richtig".

„Niu is Sette däut. Guott hewwe't in äiwegen Freuden!" Dobey hotteleren iämme en par dicke Trönen in seynen greysen Bort. „Et is alles ganz anders woren. Suih, wann iek miek niu mol met'em Häimekummen verlette, dann is alles däut un kalt. Dann sittet känn Sette mehr beym Uowen. De jungen Luie sind te Berre. De Uowen is kalt, et Iätten is kalt, un de Schluffen mat iek mey selves herbey soiken. Jä, jä", un doby deh hai ne daipen Söcht, „Sette is däut un et schenget känner mehr met mey. Suih, niu verstäiste miek."

„Jau, Anton, iek verstoh diek. Awer sey tefriäen, diu kiß deyn Sette näumol wier. Iät wachtet do uowen all op diek."

IUT HANNWILMES OIHMEN SIENER SCHEPERHOLSTER[102]
VAMME LAIWEN VAIH

Von Johannes Hatzfeld

I.
B'rümme dät de Hitten sau'n kuärten Steert het

„Jä," saggte Hannwilm, „dät giät mi min Grautvaar sälleg vertallt, un diärümme sall't auk wall wohr sin, wann't auk kurjaus genaug lutt. Me fröget jo ase Blage allemol vamme hundertsten int diusenste, un b'rümme sall me dann nit auk mol frogen können, b'rümme dät de Hitten alle sau kuärt merr'm Swanze drane sind. Düt is doch grade sau klauk, ase bo jiene Junge wieten woll, of siek de Mond auk snuiten könn. „Dumme Junge," saggte sien Var, „wai kann dät wieten, hai giät doch de Nase op der anderen Siet!" Jä jä, sau matt sie äiner te helpen wieten. Awwer dai Antwoort, dai iek kräig, dai was doch wat länger un geschäider. „Junge," saggte min Grautvaar, „alles op der Welt giät siene Auersake, un diu magges wall frogen, b'rümme dät siek ne Hitte viär me Ruien schiämen matt, wann se iären Steert ansuiht. De Hitte is der awwer kain Schuld ane, un dai Sake is sau.

Do was mol ne armen Biuern, dai harr en rieken Veddern. Dai seten äinmol ennes Sunndags nummerdags imme Wäiertshiuse, un dai Rieke spielde Karte. Et genk der hauge hiär, un hai harre areg Glücke un harr balle en ganzen Haupen blanke Dalers viär sie opp'em Diske liegen. Dät arme Biuerken soh dai Dalers an un et Water laip 'me imme Miule tehaupe. Wann 'me niu de Vedder blaus dät Geld giäwen wöll, watt'e viär sie opp'em Diske liegen harr, dann – ach, et verslaig iäme alt en Ohm, ase dät blaus dachte un siene Augen sohen hungereg op diän Disk. Dai rieke Vedder soh dät, un wiu sau Luie, wann se grad gewinnet, guat in der Liune sind, do saggt'e: „Watt Vedder, dät gefällt die wall, un dät könnste wall briuken, hä?"

„Ach, Herr joh," saggte dät Biuerken, „dät wäiß diu jo wall, wofiär iek dät guat briuken könn." Na watt mainste wall, dai rieke Biuer saggte: „Schick moren Muaren dien Mätken noh mi, dann saßte alles hewwen, watt hie oppem Diske liet." „Watt, is dät dien Erenst?" „Jo, dät is min Erenst." „Heww ih't hoort?" saggte dät Biuerken tau diän

---
[102] DE SUERLÄNDER 1929, S. 114-117.

andern. „Jo, vie herr'et hoort,“ saggten dai andern. Dät Spiel genk widder, un et fäll der widder kain Wort mehr van.

As awwer 't Owends dai Rieke häime genk, do woren siene Gedanken anders: „Diu bis en Dämelack wiäst. Diu, watt sall diene Frau wall dotau siehen?“ Un hai bedachte siek, wiu he do wall viär hiär kummen könn. Et laggte awwer tüsker sieme Huawe un diäm andern ne bräie Bieke un iewer dai genk blaus eine Brügge. As hai op dai Brügge kam, do wußte hai auk alt, watt der te daune wor. Hai weckere sienen Mattiges un schicker 'ne riut, hai söll dai Brügge afbriäken.

Dät arme Biuerken konn van Plaseier nit slopen. Mirren in der Nacht stonk he op un genk viär 't Hius un soh do riewer no diäm andern Huawe un do, do was jo – Heerenenge is et wohr? – Do was jo kaine Brügge mehr! Et barr un halep 'me niks, de Brügge was wiäg. Un wiu soll niu moren Muaren sien Mätken op dai andere Siet kummen? Wann't siene gesatte Tiet versuimere, konn'e dät ganze schoine Geld in en Schuatstäin schriewen. Kainen Stuiwer kräig he te saihn. Dät slaig 'me dann doch sau op't Gemaite, där 'me de blaidigen Trönen iewwer de Backen hockelden. Do stonk op äinmol de Swuarte viär 'me un saggte: „ Biuer, dai Sake is äinfach. Iek bugge die dai Brügge wier gien. Diu maß mie blaus diän verschriewen, dai et eiste iewer de Brügge gäit.“ „Wann der mehr nit is,“ saggte dat Biuerken, dät kannste hewwen. De Sake gilt.“ – Dät harr'e awwer grade saggt, do fell me op mol opp'et Hiärte, dätt'e jo Liew un Säile van sienem Mätken verkungelt harre, un hai verkraup siek van Angest int Berre un raip alle Hailegen an, dät sai 'me doch ne vernünftegen Gedanken ingäfften. Op äinmol wor he ruhig un slaip in, as en Mann met em kauskeren Gewieten.

Amme andern Muaren frauh stonk'e op, lait dät Mätken siek antaihn un saggte: „Niu gäiste nette noh'm Vedder Kostes, Thräisken, un sieß, diu wöß dät Geld guällen. Diu niemes die awwer unse Ziehe met un driewes dai viär die hiär iewer de Brügge.“ „Jo Vatter,“ saggte dät Mätken, „watt sall dann dai Ziehe dobie?“ „Swieg stille, dät sind diene Saken nit. Dau diu, watt die saggt weert.“

Op diär niggen Brügge wachtere alt de Duiwel, un ase dai Hitte op siek tau kummen soh, do wor he gewahr, dät he bedruagen was, un et slaig emme sau'n wahn Vernieen innen Balleg, dätt'e dai Hitte biem Swanze peck un sau wahne drane räit, dät he en Stücke dervan in der Hand behäll. Dann stauf he af un lait en Perfü hinger sie, dät iärk saugar de Luilinge krempern; un dai sind doch van iären Piäreküetelsmohltien allerhand gewuännt.

De Biuer kräig sien Geld. Siet diär Tiet awwer, suihste, het de Hitten alle sau kuärte Steerter.

II.
Et Spittakel imme Kauhstalle

Heww ih diän allen Loränz kannt? Nit? Dät daiht mi awwer läie. Ih hänn dann nau viel meh Spaß an diär Geschichte, dai iek au niu vertellen well.

Alsau. Dai alle Loränz was en Junggesellen un liäwere van siener Aarwet un van sienen Zinsen. Un dai harr en gurren Frönd, dät was Kaßmännekes Adölfken, en klainen kneddergen Barbutz. Dai halep me Beschäid daun, wann mol grade ne Auersake dotau was. Un dät was sau taum Namenstag, tauer Kiärmisse un wann de Loränz jedes Väierljohr siene Zinsen affhaffte. Wallmol ok nau mol dotüsker, awwer nit mannegmol.

Wann se bi diäm Beschäiddaun iätwas dueseleg woren, dann kam dät et mäiste nau van diär haugen Polletik, dai se dobie dräiwen. Et konn 'ne kaimes van diän haugen Heerens wat trechte maken. De Landrot nit, dai de Separäierkrankhait harr, wiu sai et iutdruchten, de Oberpräsidente nit un Bülow un de Ballestrem auk nit. Jo, wat wören dät dumme Kerels! Adölfken staak se alle in de Taske, dohien, wo he siene Bortsäipe verwahrde. Un dät was ene recht. Do konnen se op riuken. Mäistlek bläiwen se awwer allderbie nau halwerlai opp'en Faiten un fungen iär Nest, ohne dät siek en gurren Nower härr drümme kümmern mocht. Awwer ennes gurren Dages – et was op der Kiärmisse un et was sau häit, dät saugar de Ruiens swerren – do kamen se op en wahne tohen Aust, dai woll un woll nit diärgohn. Un düt was – de „Flottenvorlage".[103] Adölfken sien Wahlspruch lurre: „Mein Vaterland muß größer sein," und Loränz saggte: „Guatts, diu Foilebutze, terhäime is et beste Quattäier." Un dät was et äistemol, dät se garnit iewer ennen Tacken kummen konnen. Et bläif en jeder op sienem Thäimen stohn as en Bock. De Musekanten blaisen, där ne de Beck schuimere, de Luie dan-

---

[103] Ab 1898 waren – maßgeblich initiiert durch Admiral Alfred von Tirpitz – mehrere Flottenvorlagen zur Aufrüstung des Kaiserreiches (maritimer Imperialismus) eingebracht worden. – Der Widerstand der katholischen Zentrumspartei gegen eine militaristische Politik war seit Ende des Kulturkampfes nach und nach nur noch ‚Geschichte'.

zern, dät de Stuaff fluaf. De Karussels düddelürden, de Blagen spittake-leren un quäkern met Gummiblosen, de billige Jakob bölkere, dät he swuart un briun anlaip, de „Haut ihn den Lukas" marre liuter „Bumm – zäck, bumm – zäck." Dai baien horen un sohen nix. Sai kuierden, bumskern op en Disk un drinkern. In äinem Strange genk dät: „Niu gieff mol paß," „Niu, niu hör mol hie," „Draff iek niu auk mol wat si-en?" un „Niu lot diu miek mol kuiern," un sau widder. Et wor acht Iuer, et wor niegene, taihne, ellewene. De Kiärmisseszug genk met Blosen un Trummeln int Duarp terrügge. Sai stoierden iärk an niks. Bit dät de Wäiert kam, de Lichter iutdäh un saggte, se söllen iärk niu auk mol endlek häimeraihen.

Do söh'n se op äinmol, därr'et ganze Gedäh ratz iut was, wunderden iärk nit slecht un hafften iärk langsam in de Hoih. Et was blaut guet, dät do allerhand Diske rümme stöngen. Sau kamen sai iewer de äiste Verli-ägenhait riewer. As se awwer viär't Zelt kamen, Jiä, do was 't staken-duister. „Dunnerjoh," saggte Loränz, „dät heff ve niu van diäm dum-men Kerel, diäm Tirpitz. Jetzt konn ve unsen Bäinen gurre Woore gie-wen, dät se uns häime brenget." „Loot – loot diu diän T – Tirpetz eckes in Rugge, d – dai kann m – mehr ase Luise sichten," saggte Adölfken. Un do gengen se gien.

Nu wann auk Kiärmisse is, et laiwe Vaih woll doch siene Verwahr-runge hewwen.

Op Schulten Huawe was de Vaihmahd alt viär Dag un Daue op-stohn, noch wat imme Duesel, wiel dät se ungewuännt wenneg Slop metkrieen harre. Se gräip sau halef imme Slope nom Miellekömmer un genk op de Stalldiär tau. Dät dai hingenviär opstonk, dät marre iär bie diär Verfassunge widders kaine Gedanken. Se tastere sik unger de Bles-se, dai viäran stonk un woll grade te striepen anfangen, do, – jo, – wat was dät dann? Kuierde do nit wai? Marjauh, was do nit – en Kerel im-me Stalle? Et Miäken wor sau wackereg, ase wann me äiner en Emmer kalt Water iewer en Puckel schutt härr. Et Hiärte slaig 'me ase ne Wan-nemiel. Awwer et häll siek pucksstille. Un do, ih laiwen Luie, wat mochte't do hören?! Et wören Raibers un Mörders imme Stalle. Jo, dät woren't! „Adolf," Adolf, saggte do ennen, „diu maß dät Messer wat schärper maken!" Un dann genk et „Sst, sst, sst, sst, sst, sst, sst," ne ganze Wiele. Et harr awwer nau nit taum fiesten Mole „sst" maket, do was't alt iut. Et Menske dait en Bellek, stoitet en Emmer ümme, biestet iutem Stalle un kriesket: „Mordio, mordio, Raibers, – Mörders! Luie helepet! Jessemarjausäip, Schulte, Schültske, Katherine, Lisebeth, Josef, Hiärmann, Hilepe!" un bumskere an alle Diären, dät et Hius biewere un alle Katten un Ruiens iärk verschreckern un met an te spittakeln fengen. Nu, un dovan kann emme doch wall de döppeste Kiärmissenslop vergohn. Et wor labändeg imme Hiuse. Alles stiättere herbie, un me konn wall saihn, dät se iärk all mernäin de Tiet nit gunnt harren, iärk äis iäwen diär't Gesichte te wisken. De dicke Schültske harre iut Versaihn un iut Biesterie statt ner Jacke ne Jungenbutze antuän. Sau stöngen se alle ümme de Mahd un wollen wieten, wat loß was. – En Duiwel joh, dät was ne aiske Geschichte. Sau ne Kiärmisse brenget allerhand Zigainers un Karusselkerels int Duarp, un dät konn jo wall sin, dät do … Gewitter noch mol. De Schulte laip in siene Kamer un kam met me sworen Puister terrügge. Ase diän de Schültske soh, do fäll se placks op de Eere van Schrecken un de Miäre krien wat te daune. De Schulte marre awwer en Gesichte ase Napoleon bi Austerlitz, genk viärop un saggte: „Josef, Hiärmann, ih gott met. De Dunnerkiel sall doch diän Kerels in de Knuaken slohn, dät se der nau lange van te kuiern het."

De Diär stonk nau hingenviär op. Sai gengen rin. De Schulte haffte den Puister un belkere: „Ergebt euch, oder ich schieße!" – Pause! – Alles bläif ruhig. Wat niu? De Schulte woll grade nau äinmol raupen, do hoor me't op äinmol ganz duitlek, ase wann't hingerm Sacke hiär käme: „Adolf, Adolf, diu maß dät Meß nau wat schärper maken."

Un dann genk dät „sst, sst, sst, sst, sst." Dai drai dai söhn iärk an. Stille. Wat, harr do nit äiner snuarket, sau ganz guattstefriän, ase men äiner snuarken kann? Un dann hor dät Snuarken op, un „Adolf, Adolf" genk dät wier un „sst, sst." Un dann snuarkere't wier. Näi, geföhrleke Luie konnen dät nit sin. De Schulte gnuichelde, stallte diän Puister an de Wand un genk op diän mirrelsten Verslag tau, wo dai Swuartbunte stonk. De Knechte schauwen iärk derhingerhiär. Un wat main ih, do laggte min Loränz imme Kauhtruage un slaip, slaip, ase wann'e imme äigenen Berre wör. Un dai Swuartbunte, dai lecker 'me liuter met iärer scharpen Tunge et Gesichte af, ase wann se en Källefken viär sik hat härr, un Loränz saggte dann giemmeshand tüsker em Snuarken: „Adolf, Adolf, diu maß dät Meß nau schärper maken," wiel dät hai diär Kauh iäre Tunge imme Draume fiär Adölfken sien Bortputzemesser verästmäierde.

Do gafte't imme Stalle en Gelächter, dät de Haunder trooskern un de Hahne schannte, dät de Ruiens wier alle te blieken anfännten un dät de Frauluie met grautem Juchhäi angelaupen kamen un, as se Loränzen söhen, viär Plasäier harre te kriesken anfännten. Un dovan wor dann antleßte saugar de Loränz wackereg. –

No ner Väierlstunde kam Loränz van Schulten Huawe un harr en Wiesenbielen in der Hand, dät de Luie gloiwen söllen, dät härr hai do op en frauhen Muaren alt läint. Awwer hai harr dobie nit bedacht, dät hai jo nau sienen Sunndagsanzug anne harre. Un do was 't en Glücke, dät nau kaine Luie op der Strote wören. Awwer gewahr woren sind se 't doch alle.

ARNSBERGER HINKENDE BOTE – DE SUERLÄNNER 1930

Arnsberger
Hinkende Bote
De Suerlänner

Heimatkalender
für das Jahr

1930

Druck und Verlag: Central-Volksblatt G. m. b. H., Arnsberg-W.

IUT HANNWILMES OIHMEN SIENER SCHÄPERHOLSTER DE SCHOPESKRANKHAIT[104]

Von Johannes Hatzfeld

„Weit einer, wat de Schopeskrankhait is?" frogere Hannwilmes Oihme. „Nit? Nu jo, iek härr't mie denken konnt. Et is äok ne ganz apatte Sake un se kiemmet nit alle Dage viär. Iek kenne bläos ennen ennzegen Mensken, dai se hat giät. Dai vertellet der jetz näo van, lachet der awwer jedesmol bie. Dät is en Pastauer do genten imme Hawwerlanne. Iek siehe nit geren, wo. Siene laiwen Christen kennen siß et Sunndas bie der Priärgel mol et Lachen kriegen un do mächt' iek doch nit geren Schuld ane sin.

Nu dai Pastauer, diän iek maine, do genten imme Hawwerlanne, dai giät de Schopeskrankhait in sienen Kaplonsjohren hat. Un hai harr siene Aeuersake, dätt'e dertau kam.

Hai was op siene äiste Stiehe tuän un harr sien Quatteier biem Pastäoer. Tau glieker Tied merr' me was äok ne jungen Dokter antuän un harr siek in diäm Duarpe diälgafft. Dai baien fällen iärk serrno immen Hals, asse iärk te saihne kriehen. Se kännten iärk gued un wören ne Wiele tegliecke op ei[n]er häugen Schaule wiäst un wären do ächte Kumpiers woren."

„Sweerenäot, Keerel, dät sall die awwer nette weren," saggte de Kaplon, „vie hällt doch bienein, hä?" „Versteiht siek," saggte de Dokter, „ase Piäkedroht un ase näo wat änders, wann't näo wat biätteres gäffte." „Nu alsäu, wannehr kiemmeste dann, iek matt jetz grad in de Schaule." „Dien Owend, wann et die recht is." „Draimol viär einmol. Vergiett der mi bläus nit op!" „Giät kaine Näut!"

Säo säten dai baien dann in iärren jungen Johren un in iärrem niggen Amte, ase de Vuiele in der Hannepsoot, un wo't siek bläus maken lait, do häuken se bienein un vertallten iärk van dien Dag, gistern un vehrgistern un harren iärren Spaß derbie, därr't iewer siewen Diäker schällerde.

Ennen guerren Owend was de Kaplon awwer nit säo recht kuiers. Et diuerde nit lange, do fäll dem Dokter dät op. „Wat giäste eigentleck, diu sittes jo do, ase'n Hauhn, warr'en Pips giät. Dät is ne doch garnit gewuänd an die. Smäcket de Tiuwak nit, giäste diek iärgert odder biste

---

[104] ARNSBERGER HINKENDE BOTE / DE SUERLÄNNER 1930, S. 74-76.

krank? Riut dermet. Ne Karte odder en Backentan, saggte Huennes Vatter, wann'e Sessensechseg spielde." Do däh de Kaplon ne Söcht un saggte: „Hör mol diu, et is mie nit grade as et mechte, awwer de Aeuersake liet wo anders. Et is ne eklege Geschichte, wann se äok fix vertällt is. Et eklegeste is et awwer, därr iek der gar kain Enge van saih." „Och Keerel, drohl doch nit säu lange un schuit der met los. Twei Mann wiet liuter meh, ase ennen. Kanns miek äok riggelek fiär änderthalewen riäken, dann sin ve näo etwas meh."

„Jä, jä, saggte de Kaplon, „eigentleck säll iek der niks van siehen, wiel därr'et Hiuses Sake is un dät sall einer nit op de Strote driän. Awwer diu giäß jo äok et „Berufsgeheimnis" un et dait mie gued, wann'ek et wennegstens *ennem* vertellen kann. – Suih, diu weiß, et gefället mie hie gänz gued. De Pastäuer is en Mann, do ka'mme Stoot met maken, et is alles prick un orntleck imme Hiuse un miene veier Wänge hie, jä no, dät weiste jo selwer, bis der jo geeren genaug in. Awwer jä, suih. Diän eisten Dag, as iek hie an en Middagesdiß gänk, do gafft' et Schopesbrohn.

Iek dachte no, dät giet jo mol fort ne Afwesselunk, dät kritt me nit alle Dage un häll der miek an. Un därr et es Owends Opgewiärmedes gaffte vam Middag hiär, dät fäll mie widders nit op. En twedden Dag gaffte't Schopesfleiß gekuäket met giälen Raiwen. No, dacht iek, dai hett iärk gewiß en Schop schlachtet; is gar nit säo dumm, un diu briukes nit bloi te sin. Dät genk die dann säo de ganze Wiäke lank. Awwer as iek dann dachte, niu käme wat änders, jä Prostemohltiet, do fänk et met Schopsbrohn op et Nigge wier an. Un säo geit dät alt bit in de veierte Wiäke. Gloif, iek kann't nit me riuken dät Tuig un't is mie grad ase wann mie ält Wolle opp'em Koppe wässe. Iek häll't nit me iut un iek weit äok nit, warr' eck anfangen sall. Dai morr't iärk wall luäwet hen, dätt se iär lebtesdages bläus Schopesfleiß iäten wellt. Awwer iek siehe die, Harkenpinne met Siuermaus wären mie laiwer ase de schoinsten Schopeskotletten met Viekesbäuhnen. Et giet en Unglicke, wann dät nit änders wert. Niu weißt'et un niu kuier diu fiär änderthalewen Mann, wann de kanns!"

En andern Owend, säo imme Diemmestern, soh me den Pastäuer iut der Pastrote kummen. En paar Miniuten dernoh klopper't bi'm Dokter an de Diär. „Herein – ! Ach, guten Abend Herr Pastor! Was verschafft mir denn die späte Ehre? Herzlichst willkommen! Nehmen Sie doch bitte Platz. Nein, bitte auf dem Sopha." „Ach, Herr Doktor, zum langen Sitzen haben wir glaube ich, doch nicht recht die Zeit, denn die Sache scheint mir dringend zu sein. Es handelt sich um Ihren Freund, den Kaplan." „Was," smeit de Dokter do dertisker, „er ist doch wohl nicht krank? Ich verließ ihn doch gestern abend bei bestem Wohlsein." „Wie man es nehmen will," meinde de Pastäuer, „jedenfalls stimmt da irgend etwas nicht und ich habe eine rechte Sorge. Sehen Sie, heute morgen hat es angefangen und ist dann den ganzen Tag damit beigeblieben. Als ihn meine Haushälterin heute morgen zum Kaffee rief, da hat er ihr bloß mit ‚Bäh' Antwort gegeben. Und seit der Zeit, man kann sagen oder fragen was man will, man kriegt im Guten wie im Bösen nichts anderes aus ihm heraus, als ‚Bäh' und ‚Bähbäh'. Und er ißt nichts und trinkt nichts. Wir dachten erst, er mache sich einen Jux, aber als es sich gegen Mittag dann steigerte, da wurden wir doch bedenklich. Und jetzt – Herr Doktor, Sie täten mir einen großen Gefallen, wenn Sie mit mir herübergingen." „Aber gern, „saggte de Dokter un satte äök alt sienen Haut op. „Ach Gott, ach Gott," ankere de Pastäuer, „wenn das nur nichts Schlimmes ist! Dieser junge, prächtige Kerl, es wäre ja fürchterlich!" „Nun, nun, wir werden ja sehen. 'Vor wir nicht gesehen haben, schmeißen wir die Flinte noch nicht ins Korn."

De Kaplon sat in sienem Sopha un smoikere siene längeste Piepe, keik in en Bauk un soh no gar niks Besonderem iut. „Man sollte doch nicht meinen," wogere de Pastäuer … „Bäh," saggte do de Kaplon un soh nit mol in de Hoih. De Pastäuer verschrock siek un lait jetz dem Dokter de Viärhänd. „N' Owend Jung," saggte de Dokter. „Bähä," saggte de Kaplon. „Wiu geiht die dät?" „Bäh," saggte de Kaplon. „Wat sall dät haiten?" „Bääh." „Na hör mol, diu hörs doch, därr iek diek wat froge." „Bähähä!" „Verflixst noch mol." „Bähähähäää!" De Pastäuer häll sie alt baie Ohren tau un söchtere: „So, so geht das nun schon den ganzen Tag." „Bääh," saggte wier de Kaplon, as wann dät haiten säll, de Pastäuer härre recht.

Do dräggere siek de Dokter rimme un saggte: „Herr Pastor, der Fall scheint mir klar zu sein und nur zur größeren Sicherheit muß ich Sie noch etwas fragen. Was haben Sie gestern zu Mittag gehabt?" „Ja, aber Herr Doktor, doch ganz gewiß nichts Schädliches." „Aber gewiß nicht, und doch muß ich es wissen. Ich meine, was hatten Sie für ein Hauptgericht?" „Ja, hm, das war wohl Hammelbraten." „Und davor?" „Auch so was ähnliches." „Und davor?" „Ja, hm, die letzten Wochen haben wir ziemlich viel Schafsfleisch gegessen." „Hab ichs nicht gedacht," raip de Dokter, „glänzende Diagnose! Unser Patient hat die Schafskrankheit, weiter nichts. Herr Pastor, hai lait ne gar nit de Wore kummen, der Patient muß für die nächsten zwei Wochen einen ganz sorgfältigen Küchenzettel haben, der viel Abwechslung bringt und Schafsfleisch unbedingt meidet, auch später damit sehr vorsichtig sein, dann wird die Sache sich geben. Für heute abend verordiniere ich noch einen Runk grünen Speck mit einem Stück Brot, wahrscheinlich wird dann morgen früh schon eine Besserung eingetreten sein." „Bähä," saggte de Kalpon. „Jawoll, bähä," saggte de Dokter un genk iut der Diär.

De Hiushällerske, dai liustert harr, stonk alt met der Merrezin op em Gange. Kinners, wat slaig au dai an! En andern Dag was et Hauptsymtom ält futt. Bläoß hie un do, do storre de Kaplon ält mol näo an, awwer dät gaffte siek dai andern Dage dann äok näo. Un et bleif der niks van terigge. Bläos, ase kuärt dernoh de Kaplon Namenstag harr, do schenker' me de Dokter en Schop iut Posselin, – dät bleib dervan.

WURST WIER WURST[105]

Von Anna Kayser

An allen Oewenden viär Sunn- un Fierdagen, wann in Kiälers Hiuse de Moihne no'me Nachmese et „Danket em Hären" biät harre, dann wor beroen, wiu't en andern Muarn mer'em Kiärkengohen sinn soll. Weu bichten woll, deu mochte siek beym eisten Hahnenkräggen op de Stöcker maken; et was ne guerren Pat no Hiärmbecke, un de Pastäoer konn echt iut em Bärre.

De alle Moihne Lowise genk alle Sunn- un Fierdage in aller Hiärguttsfröichte vam Heime, dät se sersnoh en allen Kösterpeiter härre wecken mocht. Guares Kiärke was eimaol iär Op un iär Hien, wielen dät se in jungen Johren harre int Kläoster wollt.

No der Frohmisse drank se biem allen Bäckerhännes en Köppken Kaffei oder drai, aat einege „Snalhuiskes" derbie un genk dann en Kruizbiärg. Dann sprak se viär der Häomisse nau iäwen bie iäeren Aellern un Gräosellern un laiwen Bekannten op em Kiärkhuawe an, un ungerdiässen kam de Köster un lurre bienein.

Inheuen un Omes kuacken mochte meistlek et Mina daun. Mens wann deu beuen Jungens, de Theddor un de Anton, bichteren, dann kuackeren se et Sunnowendes un deu beuen mochten dann ümme halvtwiälwene iäwent de Tuffeln inwasken. Dät dän se nit geren, awwer se dän't.

„Wiu ies et dann niu moren Muarn?" frogere de Moihne et Owendes viär Mariä Gebiuert. Se keik stiuer no diän Jungens hien, deu iärk gerade de Piepkes wier anstäken.

„Dät alle Roier tuit nit," saggte Anton. „Mina, wo hiäste mie en Piepenpruackel wier hinstoppet biem Schruppen?"

De Schäper-August gaffte 'me ne Puff: „Biste ballhöreg?"

„Ne, Diu äok nit?" Hai schurre em Piepensäuwer in en Askenkasten un täog, dät de Piepe söchtere.

„Moren sind de Sodalen an der Riege," saggte de Moihne wier, un do kreig de Theddor op eimol en Kröch. Un et fell me in, dät en Stierken näo nit strögget was.

---

[105] ARNSBERGER HINKENDE BOTE / DE SUERLÄNNER 1930, S. 77-81.

De wor de Schäper boise. „De Sandalen bichtet moren, siet de Moihne," genk hai diän beuen te Liewe. Do stonk de Anton stiuer, un en Theddor juckeren de Luise.

„Hä, jo, Anton, do soll ve wuall meuten metmaken. Eigentlek sinner't jo eis seß Wiäcken. Un keunem Gniel hiät me wat te leie don. Wat sall de Pastäoer mett säo artegen Jungens anfangen? Vie brenget 'ne mens in Verliägenheut."

„Säo, ie Niegenmödders, där ie keun Hitten un keunen Hahnen rüggelek konnt üewer de Strote konnt gohen loten, dät is alle nicks, hö? Iek möchte moren Muaren nit geren Pastäoer van Hiärmbecke sin," saggte de Schäper.

De Anton smeit me mens ne grüggelgen Blick tau un genk. De Theddor gnöggelere ne an un saggte nicks.

Ok de Schäper genk. Heu mochte siene Stieweln näo smiären, un dann was et Tied in de Kar no'm Schopeslanne.

„Sall miek wünern, op deu beuen moren Muarn deriut konnt!" mainere et Mina biem Opwasken tau der Moihne. „Se het jo wahne draan mocht de leßte Tied, liuter ümme half fiewe op; do wör 'ne nit te verdenken, wann se iärk moren Muarn mol geren iutslaipen. Awwer et ies niu einmol Mariä Gebiuert."

„Ja, dät is et. Un iek meune, wann me säß Dage an der eigenen Diessel trocken hiät, kann me ok mol en paar Stunne in unsem Hiärguarre sienem Sielle gohen. Nu, bie ussen Jungens briuket hai meistlek keune Swiepe te briuken. Et giet der viell, deu löer sind. – Mina, könns diän Kälvkes näo en kitzcken Mielke in de Triägelkes schürren. Ieck well wual te Enge afdraigen."

Et Mina genk. De Moihne smiuslachere verniemes hinger 'me hiär. As et diär de Diälendiär riut was, kliestere se sik bie et Schap un täog met diäm gräuten Wieser en halv mol ümme de Weckiuer. As et Mina wier kam, saat se gans stillekes op der Waterbank un stoppere an Anton sienen Sunndas Söcken.

„Meunee!" wündere sieck et Mina, „allt säo späh! Iek woll mie mien helle Kleid näo strieken. Moren weer et warme. Kummet, Moihne, giät mie dai Söcke. Gat ie te Berre!"

As se futt was, foll Mina in, dät dai alle Wecker nit besonders regeleiere. „Sieker is sieker," dacht'e et un dräggere ne ne Vaierelstunne viäran. „Neulech, as vie no Wiärl wollen, hiät hai miek äok ansmiärt."

Et Mina laip nom Appelhuawe un kreig sien Kleid van der Hecke. Deu Jungens hualleren de Piäre van der Strulle amme Dieke.

As et in der Küecke stille was, kam op emmol wat diär de Diällendiär te kliestern. De Weckiuer wör sehrsnoh ine inschuatten, as se em Schäper sien breie Gesichte gnöggeln soh. Awwer seu mochte doch stille hallen, as heu met sienen langen Hespen diän aarmen gräoten Wieser biem Wickel päck un ne van halvniegene op fief Miniuten viär niegene spazeieren leut.

Futt wass'e. Hai hor men näo, dät de Moihne diän baien Jungens tauraip: „Vergiättet awwer 'n Wecker nit!"

„Karniut! Allt balle halvteune!" saggte Anton un dräggere dai Iuer op. „Wat sind de Dage allt wier kuat! I jo, et ies Meriä Gebiuert."

„Diu, wann vie dät Ramäntern moren Muarn nit hörden! Op alle Fälle we'vve'n nit te late kummen. Domet gaffte hai diäm gräoten Wieser ne Schupps, dätt'e ne guerre Vaierelstunne viäran släog. Heu woll eis nit recht, makere en paarmol heimlek „Täktäk", aß wann'e siek wiären wöll. Awwer hai mochte.

„n' Nacht, Theddor!" – „n' Nacht, Anton!"

No'n paar Miniuten schnüewwen deu Beuden un schnuarkeren, as wann se ne Hoggekloß diärsiänen wöllen. Un de Iuer genk iähren Gank, un et was, as wann se heimlek gieckstere, je nöger de Muarn kam. –

„Rat-ta-ta-ta-ta-ta-tat ..."

Anton schäot inein imme Bärre, reif sie de Aeugen, söchtere un dräggere siek no der Wand. Theddor was half wackereg woren, sochte de Swiäwelspöhne un löchtere. Hai knippelere merr'en Aeugen int Flämmecken un soh, därr'et halvsesse was. „Alle Rappelkasten!" brummere heu un was wier futt.

Awwer em Theddor swamelere et doch diär't Heiern: „Meriä Gebiuert ... Bichten ... Frohmisse ..." „Anton!" reup heu, „Anton, riut iut derr Kiste! Et is de höggeste Tied!"

„Hö!"

Theddor schüllere 'ne. Do wor heu boise: „Iek hewwe keun Tied! Lot mieck gewehren!" Awwer as hai en Theddor imme Water plästern hor, kräup heu doch deriut. „Sünne un Schanne is et, emme säo tau nachtslopender Tied iut em Külter te smieten."

Widders säggten se kain Wot mehr.

As se iutem Hiuse gengen, kräggere de Hahne. De Kalmes Cäsar slaug an. Imme Stalle häften de Kaih de Köppe iut derr Siet un rappeleren merr'en Kien. Anton genk eis in tem Piärestalle un gaffte en Guilen ne Schuite voll Haver in de Kröwwen.

As se biem Hiellenhuisken stöngen, riere un wiere siek im Duarpe näo niks. Ok de Scheperkar stonk näo muiskenstille beniäwer'm Schopespierke. „Düen Muarn smiärt heu siek selwers an," saggte de Anton un se gengen widder, balle ne Stunne üewer Biärg un Dal. As se biem allen Kruize buawer'm Kiärkduarp ankämen, da was et näo liuter siemstereg.

„Dunner, et is doch gwiß halvsiewene. Et möchte doch hell sin," saggte Theddor, un täog siene Iuer; awwer heu harre se en viärgen Sunndag et leßte opdrägget.

„Jo, halvsiewene," saggte Anton. „De miene geit niepe no der Weckiuer."

„Dunnerkätken, do härre 't doch Spaß, wann siek düen Muarn de Köster-Peiter met santem[106] Pastäoer verslaipen!"

Et was, as wann gans Hiärmbecke siek verslaipe. Op der Strote was kaine mauderge Seile te saihn. Men en paar Ruiens fengen an te bliecken un en halv Dutz Katten flüchtere üewwer de Diäcker.

Un de Kiärke was nau tau. In diän allen Lingen woren en paar Vuielkes wackereg un perweiern en Laiken. Diär't Kiärkhuawesgras hupseren en paar Hucken un in diän allen Muiern lurren en paar Klinksteiner. Süß was alles muiskenstille.

„Hörre Welt, do stemmet wat nit!" koppschüllere de Anton, genk no der Kösterie un keik no'm Peiter sienem Finster. Theddor kreig sie ne Schälleuke van der Holtstiehe un wippere se an't Finster. „Hedo, alle Slopmüske! Weste wual iut em Külter!"

Hinger diän klainen Ruitkes kam en kniedereg Gesichte taum Viärschien, un et Finster genk uap: „Wat – wat – wat! Allen Nachtswächters, wat sall dät haiten, ne allen Mann säo iut'em Berre te schichtern?" schannte hai.

„Et is doch Tied taum Engel des Hären luien," raip Anton.

„Wat – wat – wat? Ie allen Ganöppe! Gat heime un slopet! Kummet no ner Stunne mol wier." Heu nueselere nau en wänneg in en Bart un slaig et Finster tau. Ok de Schaumiäker Wilkert kam int Finster, schüllere am Koppe un was wier futt.

Deu Baien do ungen söhen iärk an, säo guet as et imme Fiemstergen genk, un de eine wußte, wat de andere dachte. Tau glieker Tied genk'ne en Lecht op. Anton knuffelere de Fiust: „Lot miek eis diän Schäper in de Finger kriegen!"

„Odder de Moihne, – odder 't Mina."

---

[106] [samt'em ?]

Se gengen stillekes op de Kiärkhuawesmuier sitten, liänern iärk an de Linge un säggten kain Diuwort mehr.

Met emol schüetten se gans wahne inäin. Herrje, wören se doch wahrhafzeg induesselt. Do stöngen twei – un lacheren, lacheren – un horen es op, as de Pastäoer ümme de Ecke kam. De Scheper un de Kösterpeiter. De Pastäoer smuslachere un wußte Bescheid. Heu kannte siene Luie. Anton un Theddor riewen iärk de Aechtersiet af un kliestern iärk stillekes inter Kiärke. –

„Viärsicht!" knurere no der Misse de Anton en Scheper aan, as se iärk in der Kiärkentrappe in de Maite kämen.

„Biste slopereg?" grettere de Schäper en Theddor, as se biem Bäckerhännes beniäwennein hiär snüewwen.

Middages hiät se kaimes froget, op se fräuh genaug kummen wören. Et was wahne stille biem Omesiäten. Se het alles met Ankieken afmaket. Viär em Anton sienem Kuck grüggelere de Scheper, un heu makere siek no sienen Schopen. – –

Et was veierten Dage später un wier Sunnowend Owend. De Schäper genk fräuh no'm Pierke un kräop in siene Kar. Heu was meue, wielen dätt'e de leßte Nacht mer'em Anton un Theddor bit twei Iuer „Mellen un Decken" spielt harre. Un heu woll en andern Muarn in de Frohmisse. De Anton harre 'me, eger dät hai genk, en paar Sluck „Opgesatten" gafft. Et ies allt kaule in derr Kar, un domet däs'te düen Nacht wennegstens guet slöpes," harre heu saggt.

„As ne Dacks slope'k. Awwer wackereg were'k tau miener Tied, un wann ik en gansen Schoppen süepe."

„Sind echte Jungens, dai Baien," dachte hai näo un slaip in.

Awwer – op et deu Snaps deh, odder dät heu te maie was, – hai slaip säo unrüggelek. Heu droimere, dätt'e in em Schulten siener niggen Kutzke no Berlin foiere. Wunnerschoin genk dät. Men hie un do ruettelere't säo wahne. Emmol meuner'e, heu hörde Ruiens bliecken un Schope blärren. Wat deu Diers wual in Berlin wollen? Awwer grad, asse säggten, de Hindenburg käme, do – do wor heu wackereg.

Heu smeit et Uewerberre opsiet un storre de Karendiär uapen. „Hiäwendunnerwiär!" Wat was dann dät? Wo – wo sind dann siene Schope? Wo is et Schäperland? Un – wo ies heu selwer?

Heu stäig iuter Kar un käik siek ümme. Dät is – dät is jo – Kiärkhuawes te Brachten! Un düt is de – Swienehuaf! Hie hiärt hai un de Anton te Gehannesdage en Karo hualt. Do hingen steit et Ruienhius. Un de

Karo sittet derniäwen un wieppelt met em Stärte un weit nit, wat hai van diär Sake hallen sall.

De August kneip de Tiänne un de Släwwen openein, süß härre hai flauken mocht amme heullegen Sunndag. Heu krassere siek einegemol opp'em Koppe, lockere em Karo – un täog met siener Kar loß. Ass'e no ner halwen Stunne bie'm Pierke was, hänk sien Sunndages Tuig amme Weuenpole. Un de Scheper ies ok düen Sunndag nit te late in de Frohmisse kummen.

Et Middages hiät kaimes op Kiälers Huawe en Wot saggt. Se hät alles met Kieken iutmaket.

Von Fritz Hillebrand

De Heer was im Nowerduarpe wiäst un stawelere niu trügge 'n Biärg ropper no Isperlauh. Do kam iäme Schausters Anton in de Maite.

„'N Dag, Heer Vikarges!"

„Gu'n Dag, Anton. Na, biu geiht et ter Hius? Bat mäket de Mutter?"

„Och, Heer Vikarges, et geiht sau, ey wietet jo. Se steiht en ganßen Dag nit mehr op un hiät op nix mehr Aweteyt; ik gloiwe, se deiht et nit mehr lange."

„Jä, jä! – „Owwer segg, bei wahrt iär dann niu op? Uge Hännes is en ganßen Dag biuten, un diu, na, wann diu in deyner Wiärksteye Suolen pinnst un Reisters ansettest, dann sas'te dik äok wuol nit viel ümme de Mutter kümmern können. Un ey maitet doch ok en Menske hewwen, dat ug et Iäten kuoket un et Hius reinehöllt. Et beste wör, Anton," – –

„Och, Heer Vikarges, do feihlt nix. Em siälen Sneyder Biärz seyne Frugge, dat Kathreyneken, dat is gitzund Dages üöwer bey us un suarget vüör alles."

„Sau, sau. Owwer et wör doch et beste, Anton, äiner van ug beiden friggere; keyk mol, sau'n frümed Fraumenske imme Hiuse, dat lät me sik ne Teytlank gefallen, wann't nit anders geiht, owwer vüör liuter is dat doch nix Rechtes. Ik meine, am besten wör dat, Anton, *diu* söhest tau, dat diu ne Frugge kriegest."

„*Ik*, Heer Vikarges, *ik* söll friggen? B'rümme ik dann grade? Ik sall liuter de Dumme seyn. Wann äiner friggen sall, dann kann't use Hännes grade sau gut ärre ik."

„Na, na, Anton, nit gleyk sau hitzig! Segg mol, biu olt bis'te äigentlich?"

„Wannt an't Roggenmäggen geiht, weer ik twäiunvertig."

„Na alsau, keyk mol …"

„Heer Vikarges, dat met diäm Friggen, dat sloet ug män iut em Koppe. Ik dau et niu ämmol nit!"

„Aeok gut. Owwer das'te niu nit meinst, ik kuierte män in meynen Geldbuil – wann de mol ankumen söst met der Briut, Koppeläiergeld briukes'te nit te betahlen, ik dau et bey dey ümmetsüs." –

---

[107] ARNSBERGER HINKENDE BOTE / DE SUERLÄNNER 1930, S. 82.

Twäi Monate derop starf Schausters Mutter. Un weyer twäi Monate derop kam äines Soterdagowends Schausters Anton no'm Vikarges.

„Heer Vikarges, use Mömme is jo äis knapp en half Johr daut, owwer – äh – segget, Heer Vikarges – wiet ey nau, bat ey domols alle saggt het, är vey tehaupe imme Seypen ropper gängen?"

„Näi, is et müglich? Schausters Anton well friggen!"

„Heer, boher wiet ey?"

„O, ik dachte män säo."

„Dann härr ey richtig roen. Seyd säo gut un raupet mik un Sneyders Kathreyneken moren taum äistenmol af."

„Hör mol, diu hiäst et jo wahne eylich!"

„Jo, vey beiden seyd van Muorgen int reine kumen un niu möcht ik ok geeren vüöran maken. Wiet ey wuol, use Hännes was nämlich äok liuter ächter Kathreyneken hiär. Dat gänk dann: ‚Kathreyneken, bat smecket dat Iäten mol weyer echte! Kathreyneken, näi, bat hiäste 't propper imme Hiuse! Kathreyneken, diu weerst doch alle Dage jünger!' Un do wußt ik doch bolle Bescheid; en kleinen Dummkopp sey ik nämlich äok grade nit, dat konn ey mey gloiwen, Heer Vikarges. Jöß jo, bat sall use Hännes en Gesichte maken, wann hei moren in der Hauhmisse hört: Zum erstenmale un sau födder. Hei weit der nämlich nau gar nix van. Un bat ik nau seggen woll, biu is dat dann niu met diäm Koppe-läiergelle?"

„Was ich geschrieben habe, bleibt geschrieben, saggte Pilatus domols."

„Dann soll ey ok bedanket seyn. Gurre Nacht un nix vüör ungut, Heer Vikarges!"

DE SUERLÄNNER
1932

De Suerlänner

Heimatkalender für das kurkölnische Sauerland

1932

Verlag des Sauerländer Heimatbundes, Antfeld bei Bestwig

212

ÜMME NE HANDVULL EERE[108]

Von Anna Kayser

De alle Knecht Peiter hualere näu in der Iuhlenflucht ne Birkenbäum vam „Hualberge" un satt ne beniäwer de Euckenbank viär dr Niendiär. Wann deu junge Biuer härre düt Johr dran denken sollt, härre Hellers Huaf keunen Mäubäum krien.

Et jöhrde sieck nämlek te Meudage tem twerrenmole, dät Hülwers Heunrich van Dalbrügge met dreu bäumeshäugen Briutwagens, veier melken Käuhn un me Sparkassenbaucke op dreudiusend Dhaler Kinddeil op Hellers Huawe intuan was. Un niu, no twei Johren stonk et säu, dät iäme van twiälf Iuer bit Middag alles wier in de Wicken gohn konn. Viär en paar Dagen harre de junge Hellerske en kleun Miäksken krien.

Op der viärnsten Kammer wören de Finsters näu liuter tauhangen, de Klinken wören met Tuig bewickelt, de ganse Huaf met Sträuh besprett, dät keun Geliut no der Kammer gohn soll. De alle Sanitätsrat Pulwer un de junge Dokter Fimmerich harren näu ne gans berühmten Spezialisten van Dortmund kummen loten. Un doch härre keuner van Beuden sien konnt, weu't et längeste dä, dät junge Menske oder dät emerge Dingelken in der Weuge.

„Wat meunste dann niu, Heunrich," frogere de alle Hülwerske, em Biuern siene Mutter, un trock ne rinter Härenstuawe. Se was en reseliut Menske un was op en fräuen Muarn allt deu twei Stunne te Faute van Dalbrügge kummen. „Wann 't Kind eger stirwet as de Mutter, bis'te iuthuiseg."

Hai trock de Schullern in ter Hoih un saggte nicks.

„Hiäste dann gar keun kitzken viärsuarget? Wo't Lieschen einmol säun spirweleg Dingen was, konnste doch denken, dät et mol twiäs gohn konn. Wann ieck ok nit viär alles sälwer suarge, geit et der beniäwer. Paß op, te Jehannsdag kanns'te diene Prütteln wir oplaen un trecken af."

Heunrich soh siene Mutter düister aan.

„Äuk egal. Ieck häwwe jetz wat anders im me Koppe, aß Iärwen un säuwat."

---

[108] DE SUERLÄNNER 1932, S. 44-51.

„Weier ieck wual, dät diu'n Kopp vull hiäs. Awwer diu drawwes nit vergiätten, weu Bräut backen well, mat inscheuten. De alle Heller is ennen, deu hört et Gras wassen. Deu hiät liuter *twei* Messer op'm Sliepesteine. Me härre ne domols näu mehr piltern sollt, wiägen 'm Uewerdriän. Diu hiäs dieck op Hellers Huaf droimet, aß wann 't ümme'n Besmenstiel härre gohn un nit ümme'n schöndesten Huaf imme Kiäspel."

„Do was mieck äuck allt alles egal, dät maß diu doch et beste wieten."

Wann dai griesen Aeugen in der Hülwersken iärem schroen Gesichte säu aan te gnöggeln fängen, dann was se boise. „Säu, et was dieck egal? Egal? Äuk, aß de in Hellers Feldmarket met em Tollstocke en Mutterboden miäten hiäs, wie deup dätt'e wör, do waß et dieck äuk egal, hö? Stell dieck mens nit, aß wann die nit äuck en Schieppel Weuten leuwer wör aß ne Sack voll Kawe."

Heunrich dräggere sieck langsam rümme un soh siene Mutter so stiuer un etterbietes an, dät seu iär Wiskedeukelken kriegen un sieck schnuiten mochte. „Jo, Mutter," saggte Heunrich Wort fiär Woert, „wann'ek dann einmol Foß un Iesel spielen soll, woll'ek ock wietten wofiär un w'rümme. Hiäs gans recht, anderthalv Hundert Muarn Eere un en paar däue Schuiern un Muiern sind mie domols leuwer wiäst as ne guerren, läbändegen Mensken – un aß mien eigene Liäwensglücke. Aewwer diu bis't in schuld därr'et säu kam, diu!"

Heu beit de Tiäne openein un kahr sieck rümme. Diär Hellers Wiesengrund soh he raff, wo de Keuh imme eisten geulen Maigrase schlaueren.

Der Hülwersken wort binaut. Se was en gehärs Menske, fräuh Wietfrau woren un harre bie Mann un Kingern liuter de Liene faste in dr Hand hat. „Bis' unwies, Junge," saggte se un genk op de Sofakante sitten.

Hai lustere en Poisken no uawen, awwer hai hor nicks: „Säu, unwies, meunste, wör ieck? Weu iess'et dann wiäst, deu Rötgers Martha äxtert un gnietert und miek un iät derdiär tuan un verhackstoiwet hiät, as diu un Kasperges Sette? Mens, därr ih uns vanein hewwen wollen. Un as ieck en Kloggeshuaf te Kracht pächten woll, weu hiät diän allen Makelsmann Wulf diär Land un Sand jaget, dätt'e Luie binein trummeln soll, deu ne mie in de Hoih driewen?"

Wör de Hülwerske nit säu in dr Wiut wiäst, se härre joilt. „Un säuwat mat me sie van sienen Blagen gefallen loten? Wat wos'te dann met diäm verkummenen Guerre? Härres dien halwe Kinddeil an Hius un Schuiern lien konnt. Keune Buale was mehr heile, un de Wind peip diär diusend Glissen. De Feller wören iutpulwert un de Anewengen verdreusket. De Winkler, deu jetz droppe sittet, harre Geld te Häupen, konn en Kunstdünger waggonwiese ümme sieck schmieten un harre de Blagen gräut. Wat wos diu Einloiper dogiegen? Do wör diäm Rötgers sien fiene Gesichtken fix tau Keiernmielke woren. Leuvhewwen hiät sieck näu siliäwe nit schieppeln loten." „Besonders nit van Teiwen Rasse," smeit hai niäwen sieck. „Wann unse Vatter näu liäwet härre, heu härre mie't Martha loten, un ieck wör nit de bärmlegeste Kerel imme Kiäspel woren."

Sai stonk op. „Niu sui dieck awwer viär. Ieck lote mieck awwer doch van'n eigenen Blagen näu nit op en Hoggekloß daun." Seu mochte wier et Wiskedauk kriegen. „Hiät me sieck quiält un versocht bi Dag un bie Nachte, dät de Blagen wat Fastes unger de Beine hewwen sollen, un därre't ne nit gohn soll asse dienes Vatters Brauer, deu äuk ümme en witt Gesichtken in de Nietteln is sitten gohn, dät me sieck jetz näu met sienen Blagen schiämen mat, – un säu wär'et emme niu läuhnt."

Se fenk niu richteg an te joilen.

Heu keik awwer garnit derhienne, awwer iutkuiern mochte sieck mol. „Hiäs üewwer keunen van uns te klagen hat, Mutter. Diu hiäs awwer gans guet wußt, där ieck – et Martha säu geren harre. Un diu un de alle Heller hät ock wußt, därr'et Lieschen un deu Müellers Hubert sieck geren hewwen wollen, awwer ih hätt säu lange pruackelt un drögget un Knüppels in de Raer smietten, bit därr ih de Kar do harren, wo ih se hiene hewwen wollen. Ieck sin mienes Vatters Suehn. Deu hiät sieck van die driewen loten, un ieck häwwe't leider Guarres äuk don."

Heu peck de Diär un woll doriut. Seu vertrachte me en Wiäg. Dät harre se domols äuk dohn, as heu op en Sunndag Middag no Rötgers harre wollt. Hellers te Dolmecke härren ne niggen Hengest, harre se saggt, diän möchte heu sie düen Nummerdag unbedinkt mol beseuhn … Heu harre ne sie beseuhn. Äuk deu geulen Weuhen un Wiesen un Fruchtfeller harr'e beseuhn. Heu härre keun Biuernblaut hewwen mocht, wann ne deu schworen Hawersangeln nit diär Finger un Oddern kiettelt härren.

Dät was de eiste Schriett van Rötgers Martha futt wiäst. De leste Dag, dätt'e ne ehrleken Kerel was.

„Junge, diu hiäs mie Saken an'n Kopp smieten, därr'k die wat andaun könn, wat'te nit geren härres. Awwer domet kumme vie nit üwwern Schrom. Wat verbie is, is verbie. Wat jetz is, dät is de Sake. Ieck giewwe die diän Rot, wann deu beuden Dokters futt sind, geihs'te no der Kammer un suihs tau, dät'te, säuviel aß et geiht, merr'em Lieschen alleine bliewes. Diän Allen well ieck wuall bieme futt hallen. Weu wellt ternoh wieten, weu't längeste liäwet hiät, de Mutter odder't Kind."

De Biuer wor witt imme Gesichte. Heu was säuwiesäu harre verwaket un der beniäwer. Heu täug en paarmol met'n Fingern diär de struwwelgen Hoor un keik sine Mutter grüggelek an: „Me könn bange sin viär die."

„Quaterluack! Sall dät dann recht sin, diu bis asse Biuer op en Huaf kummen, hiäs dieck hie ploget un saß vlicht ümme säu'ner Kleunegkeut halwen wier afteun aß de eiste beste Knecht? War ieck drgiegen daun kann, dau ieck."

„Goh heime, Mutter. Ieck könn süß vergiätten, dät diu et bis."

Niu mochte he sieck wündern. Sine Mutter, deu nitmol joilt harre, aß de Vatter stuarwen was, deu met fiefunseckseg Johren näu säu stiuer un strack was, as ne Stiel op der Greipe, wor opmol flau. Se leut iärk in'n Pluissesessel fallen, slaug de swuate Schiäte viär't Gesichte un grein as'n Blage.

„Tau'me Undier stempels'te mieck, Junge, un ieck häwwe dieck van diän siewen liuter et leuweste hat. Meuns g'wiß, ieck wör liuter säu wiäst, ock, un härre't säu lichte hat imme Liäwen? Ieck sin äuckmol junk wiäst. Un hewwe äuck mol wiän leuwer hat asse – dienen Vatter. Awwer deu harre't Hius nit reune, dreu Swögers un de Aellern wören der näu. Do kam dien Vatter, diäme was et Hius lieg stuarwen, heu selwer was äuck nit faste. Do härre't bie Teiwen Vatter un Mutter nit: „Lowisken, wat fiär ennen hiäste et leuweste? Do wor no veier Wiäcken Einskopp maket un no sessen Hochtiet. Do is emme et Rümmefigeleiern vergohen. Unse Hiärguatt weit, war ieck für Tien op Hülwers Huawe hat hewwe. Un säu geir'et emme niu."

Dät peck ne doch. „Lot't guet sin, Mutter. Mages guet meunt hewwen. Wiut jetz is', säu mat me sieck drin schicken."

Heu genk. Un seu genk no'm allen Hellerbiuern. Vlicht konn se me doch mol en kitzken op en Tahn feulen.

Awwer deu alle Grieskop leut sie nit säu lichte in de Katen kieken. Düt was ne harren Dag fiär ne. Häu sat met dr kallen Piepe in der Stuawe un döselere fiär siek hien. Wat de Hülwerske ok fiär ne Wuest ansneit, et was nicks iut me te kriegen as: „Dät mat me afwachten!" Stillekes bie sieck dachte heu sienen allen Sprüeck, diän allt sien Gräußvatter saggt harre: „En Schop, weu sieck eger iuttuit, ass'e te Berre geiht." Heunrich genk ungerdiässen iutem Hiuse inter Schuier, iuter Schuier intem Hiuse. No der Kammer gohn konn'e nit. Wann ne siene Frau mens doliehn soh met iärem gräuten bloen Aeugen, säu getrui un säu gedülleg, dann könn heu sie alle Hoor op em Koppe iutrieten. Dann küemmet heu sie viär asse ne Waukerjiuden, deu met läbändegen Mensken handelt hiät, un de Luie trecket doch en Haut viär me af.[109] D'm Martha hiätt'e'n Rink verhett un hiär't dann stiufaf läupen loten. Et Lieschen hiätt'e me andern stuahlen, diäm Müellers Hubert, wo heu doch wußte, dät se sieck eins wören. Ne, en Huaf hiätt'e stuahlen. Et Lieschen mochte wuahl odder üewel derbie niähmen. Wann'e Hellers Guet härre ohne't Miäken kriegen konnt, wört me leuwer wiäst.

Asse'n Bleukedauk hiät dät aarme Miäcken domols iutseuhn. Et wör blautaarme, säggten de Verwandten, un driewen op fixe Hochtiet. Awwer sienerliäwe kann heu nit vergiätten, wiu't ne viär em Altor ansoh, as et me de Hand giewwen un „Jo" sien soll. Diär un diär is et me gohn. Härr'e do näu trügge konnt, heu härr'et dohn, un wann de ganse Hülwers un Hellers Sippschaft Gift spuggt härren. Awwer et was te spät.

Heu hiät sienen Swiegervatter viärhiär un nohiär froget, wat dät fiär ne Sake met diäm Müellers Hubert un'm Lieschen wiäst wör. „Luiegefoile!" harre heu saggt. „Is'ne ategen Kiättersjungen un split guet Läuh. Awwer Biuerndöchter friggen steiht me nit aan." Ok där't Lieschen säu bloi gieger iän wör, wör nicks asse Anstellerie. Siene Frau wör domols grad'säu wiäst. Dät gäffte sieck.

Iän wass'et egal wiäst, där et Lieschen ne geren harre odder nit. Heu was op alle Fälle versuaret. Dät andere, – einfach nit dran denken. Arwet is de beste Medizin viär Droimerie.

Dät mochte't Lieschen äuck dacht hewwen. Asse ne Mad hiär't arwet, Muarens et eiste, Owends et leste. Awwer heu hiär et in diän twei Johren nit ein einzegmol lachen hort. Manechmol, wann heu't ankuiere, schäur'et inein un soh ne säu frümerd aan, asse wan't ne garnit kännte. Met alles leut et ne gewähren, asse wann heu, un nit iät, de Iärwe van Hellers Huawe wör.

„Aarme Lämmecken," harr'e heu de alle Krämerske, em Lieschen sine Tante, mol sien hort. De Tiäne hiät'e openein kniepen mocht, as-

---

[109] Vgl. zu judenfeindlichen Steroetypen in der sauerländischen Mundartliteratur meine Studie in: LIÄWENSLÄUP 2012, S. 553-740 und 749-787.

se't hor, odder heu härre sieck selwer odder de Krämerske swaren mocht. Twei Dage iss'e do van der Jagd nit heime kummen, un't Lieschen frogere ternoh nitmol, wo heu wiäst wör.

De Luie fängen an, me drüewer te kuiern. Stunnenlang säte siene Frau 't Owendes bie der Linge am „Falke" un „spünne", un heu kähr sieck an nicks. Emmol, asse allt de Uilen iut'm Siepen reupen, is de Swiegervatter no me in'n Piärestall kummen un hiät wahne döllert: Et Veuh däe 't Owends in, de Frauleute biuten. Heu dächte g'wiß, heu härre jo jetz en Huaf imme Sacke, do könn dät Menske gohn, wo 't wöll. Heu söll siek nit verriäcken.

Heu is no der Linge läupen. Lieschen hiät do siäten un hiät säu spassege Augen maket. Asse 't met heime gohn soll, hiär'et anfant te grienen un hiät nit met wollt. Heu harre 't näu keunmol grienen seuhn. Iäme is äuk weikmeureg woren, awwer heu hiär't verbieten. Hiär'et Lieschen in 'n Armen nuamen un hiät me guet tau kuiert. Do is et metgohn.

Uewerall wo heu hiene kummen is, hett de Luie puspelt, am meisten de Knechte un Miäre, heu här siene Frau mens ümmen Huaf frigget, jetz leut'e se links lien. Do hiät heu met em Lieschen schant, et brächte Hellers Huaf in de Muiler, et könn sieck ock en kitzken dernoh hen, heu wör doch äuk keun Barenleuer. Et hiät keun Wot drop saggt, mens de Släwwen hät me säu eigen biewwert. No dr Linge is et nit wier gohn.

Näu emmol is'se butt mer me wiäst. Aß de Jiude Max vertallte, Müellers Hubert wöll no Amereka. Do iss'et Lieschen witt woren asse Kalk an dr Wand, de Lieppel is me iuter Hand fallen, un dagelank is et stille wiäst aß 'n krank Vuielken. Do hiät heu me saggt, wann iät dät Rümmedroimen nit leute, smiete heu de Brocken äuk in de Ecke.

Heu härre leuwer hat, wann iät äuk mol wör boise woren, düt swermeudege Wesen makere ne wahn. Lieschen hiät awwer keun Wot drop saggt. Jetz weit'e 't, et is allt te meue dertau wiäst. Et was, asse 't eiste met diäm Kinge genk. De Kremerske hiär'et me en anderen Dag saggt. Un heu söll en wänneg Nohsicht met me häwwen, de meisten jungen Wiewer wüßten ümme säu'ne Tied nit, wat se van Weihmeuregkeut anfangen söllen.

Härre, wat hiätt me dät domols leie dohn! Awwer wat saggt is, is saggt, op wiäme et Hiätte drümme blott odder nit. –

Asse Heunrich tem fieftemol üewwer de Diälle in de Küecke genk, kam dät alle Fine diär de Kammertrappe rin un joilere. Heu söll fotens no der Frau kummen.

Heu makere gräute Aeugen. Tem eistenmole in diän twei Johren, dät heu no'me kummen soll!

„Is et schliemmer woren, Fine?"

„Ieck weit nit. De Dokters, deu allen Puspelliäcker, siät keun diu Wot."

„Et Kind?"

„Is' grad stuarwen."

Heunrich dä ne Söcht un kneip de Niäle in de Fuiste. Düt was me ne sworen Gank.

Op en Teiwen kliestere sieck an 't Berre. Heu härre sehrrsnoh ne Raup dohn, säu soh siene Frau iut. Krietewitt. Keun Blautsdruappen mehr ungern Aeugen. Mens de Hänge wören briuner un vull kleune swuatte Nöhekes. Se harre bit tem lesten Dage arwet.

Heu kreig keun Wot riut. Mens kröchen mocht'e, wielen där ne wat in der Struate krassere. Asse Lieschen ne ansoh met sienen bloen Aeugen, do wör'e geren futläupen asse ne Schaulejunge, deu bange is. Iät weis met der Hand op 'n Stauhl un makere de Aeugen wier tau.

„Heunrich, niu hiäste doch keun Kind. Ieck härre 't säu geren hat. Dann wörste doch ternoh nit säu alleine."

„Kuier doch nit säu, Lieschen. Diu mas wier guet weren. Un dann – sall alles anders weren."

Heu frümmelere met der Hand amme Lakentippe rümme un wußte nit, wo heu siek loten soll. Hundert swore Eucken op 'm „Harwerge" ümmehoggen wör me nix, awwer dät aarme Menske hie säu lien seuhn, aß 'n verläupen Lamm, wat sieck däutjomert hiät, dät könn ne säu iutnein rieten.

„Ieck hewwe säu viell d'rümme biät, Heunrich, däs'te eis dät Kind hewwen soß, ieck woll dann geren stiärwen … Ieck sin säu mcuc, Heunrich … Düen Nacht was de Mutter bie mie … deu hiärr'et mie saggt … Ieck sin jo miliäwe nirgens terheime wiäst."

„Sin doch nit säu schwermeureg, Lieschen," storr'e heu dohien. Heu dachte, wann't jetz wier guet wör, dann könn heu 't richteg leuf hen. Heu harre viell guet te maken. Awwer heu harre sieck ock nit opdrengen wollt. Un iät soll doch wuall näu liuter no diäm anderen jomern.

Lieschen wor op emmol räut imme Gesichte, asse wann 't sieck schiämere. „Heunrich, eger eck gohe, mar'ek di näuwat sien. Ieck hewwe mieck giegen dieck versünneget. Ieck hewwe allt amme Altor luagen. Ieck saggte ‚jo' – un dachte ‚nei'. Ieck was bange viär 'm Vatter. Heu woll mieck futjagen, wann eck nit hörde. Et wör mieck einerleu wiäst, awwer ohne sienen Siägen härre 'k doch keun Glücke hat. Biäter wör eck no der Landstrote gohn, asse – wiu ieck et die twei Johr lank maket hewwe."

Heu harre en Kopp in 'n Hängen un riere un wiere sieck nit.

„Heunrich, wann mie einer saggt härre, ieck söll mi 't Hiäte iut 'm Liewe rieten, dät härre gohn, awwer – nit mehr an diän andern denken, dät was unmüeglek. Ieck hewwe d'rümme biät un joilt, awwer ieck hewwe nit dergieger aan konnt. Ock an diäm Owende, aß eck van dr Linge nit met heime woll, aß ieck et 't eiste wußte – met 'm Kinge, do harre 'k ümme ne joilt. Ieck konn nit anders; dachte, unse Hiärgott möchte mieck in de deppeste Hölle daun drümme. Do hewwe 'k ne anhallen, dät heu mieck soll stiärwen loten. Diu härrest dann 't Kind – un ternoh – wann de Vatter mol nit mehr liäwere, dann könnste – die 't Martha halen. Et Kind härre dann ock ne guerre Mutter wierkrien."

Heunrich sprank op, dät de Staul balle rümme flaug. Einen van diän Dokters kam in de Diär un makere: „Bsst!"

„Lieschen, – wat weist diu van Martha? Hiärguatt – dütt is – schrecklech!"

„Dät aarme Miäcken! – Heunrich, jetz is et klor tüsker uns."

„Ne, et is näu nit klor," saggte heu unheimlek rüggelek. „Lieschen, ieck hewwe äuck luagen, asse 'k mieck stallte, aase wanne 'k dieck leuv härre – un 't gänk mie doch mens ümme – dienen Huaf."

Heu dachte, niu drägger 't sieck no der Wand. Awwer et bleif säu stille, asse wann 't nicks hort härre: „Härre ieck eger Rötgers Martha kannt, dann wör't nit säu kummen. Awwer et hiärr'et mie vergafft ..."

Heunrich woll näu wat frogen, do kam de alle Heller dorin te tappen. Heu was krumm woren in 'n lesten Dagen. Heu kröchere en paarmol, peck em Lieschen siene Hand un dä, asse wann'e en Puls feulen wöll, schüllere amme Koppe un genk wier. En Heunrich keik'e nit an.

En selwen Owend starw de junge Hülwerske.

Iäre geisleke Onkel, kam un dä se met 'm Kinge in de Eere. Op dr Hochtiet wass'e nit wiäst. Tau säu me Handel gäffte heu sienen Siägen nit. Tau me „Jo" met „gebungenem un getwungenen Willen" säggte de Hiärrguatt imme Hiemmel „Nei!" Heu wußte, Lieschen was asse de Mutter. Da[i] harre äuk iäre Kruize draggt un stille swiegen – un fräuh Fierowend maket.

Et wor spä duister an düem Maiowende. Aß alle Triuergäste van Hellers Huawe fut wören un de Köster-Peiter näumol Rundgank ümme de Kiärke maket harre, do genk et Hoiertken hingen op em Kiärkhuawe näumol gans sachte, un 'd kam enner dorin. De Mon stonk mirren amme Hiäwen, awwer heu mochte wual Bescheid wietten un genk hinger en Wölkelken hiuken. Düen guerren Jungen kannte heu. En gansen Nummerdag harr'e ne in Hellers Biärgen rümme strieppen seuhn ümme ne Handvoll Meuklöckelkes. Dät harr'e asse Schaulejunge allt geren dohn, awwer dann was liuter dät kleune Miäksken van Hellers Huawe bie me wiäst. In en lesten Johren nit mehr. Wat deu Junge niu op em Kiärkhuawe met Meuklöckelkes woll? De Mon keik niesgiereg diär ne Wolkenglisse, un watt'e soh, gefäll me.

Hubert keik sieck no allen Sien ümme un kliestere sieck heimlek no der jungen Hülwersken iärem Grawe. Dät was jo niu keun Unrecht mehr. Hiärguatt un Engelkes dröften 't drieste seuhn, awwer nit de Luie. Heu draf ok niu wier an 't Lieschen denken. Is keune Sünne mehr. Un no Amereka briuket 'e äuk nit te gohn. Un op en allen Heller hiätt'e jetz äuk nit mehr diän wahnen Gift, wielen dätt'e ne domols „Zienbiuern" un „Muellekesspieller" schannt hiät. Heu is gries un krumm woren, un heu tiusket nit mer me.

Hubert schäuf en paar Kränse opsiet, – ne gansen Biärg laggte op em Grawe – stak de Mäuklöckelkes in 'n Drinkeglas un satt se mirren viär 't Kruize. „Lieschen, – suihste se äuck? Se sind vam „Reihhahn".

Met emmol schäut'e inein. Do kam weu diär de gräute Pote rin. Hubert hurre sieck hinger ne Triuerwie. De alle Hellerbiuer was et. Heu soh ne tüsker diän Griäwern rümme sweumeln un met sie selwer kuiern. Hubert dachte: „Wachte näu 'n bietken, dann hiäs'te en Huisken un en Gärken, dät is näu klender as et miene."

Diär 't Hingerhoiertken kliestere heu sieck fut. –

De alle Hülwerske te Dalbrügge huapere heimlek liuter näu, dät Heunrich op Hellers Huawe bliewe. Heu könn jo ternoh ent van em allen Heller sienen Süsterkingern wierniähmen, Renken Anna oder 't Threschen. Sind zworens beue keune Bieller int Kiärkenfinster un ok allt tiämlek bie Johren, awwer deu Junge wör wuall nit säu unwies sin un sie de Soppe tem twerrenmole versalten.

„Sös diäm Allen ock en wänneg mehr sin unger de Augen gohn," was se jümmeshien amme te pruackeln, wann'e mol op ne Nummerdag terheime was. „Heu mochte feuhlen, dätt'e op dieck anwiesen was. Bis ne Sock, un bliß ne Sock, Junge. Ternoh kannste Hülwers Oihme wären."

„Äuk egal."

Wann se wenegstens wüßte, op deu alle Heller dät Tästamänte näu imme Kuffer lien härre, wo 'e viär dr Hochtiet van kuiert harre. „Maket uch nicks tegange, Hülwerske," harr'e saggt. „In der Bielage liät de Papieren. Wat der Frau is, is ock em Manne. Awwer iuttrecken dau ieck mieck eis, wann ieck te Berre gohe."

Se härre diäm allen Twiäskopp geren de knuftene Hand wiesen, awwer wat härre 't batt?

Säß Wiäcken no der Begriäbnisse kreig Heunrich en Schriewens vam Notar in Lottfeld, dät no 'm twerren Tästemänte Hellers Frans, en Brauerssuehn vam allen Heller op et Guet käme. Iäme wör en halw Pflichtdeil, aß et me Hiuses Suehne taustönge, vermaket: achteuhnhundert Daler. En guet Verwalterläuhn fiär twei Johr Arwet.

De alle Hülwerske aat un drank an diäm Dage nit, se genk no'm Walmerge un no'm Kuahlhahn, leut bie 'n Pöters Missen liäsen, leup no dreu Awekoten, richtere awwer bie keunem wat iut.

„Snäcke möchteste hän, Junge, däß'te Hänge un Fäute hangen läß un läß düen allen Sliekenfänger van Frans op dienen Huaf sitten gohn. Wes'te dieck ternoh int Hiellenhuisken bestahen?"

„Nit drin un nit derniäwen, Mutter. Hellers Huaf, wann'ek ne kriegen könn, ieck wöll ne nit. Ieck well wier ne anständegen Kerel wären. Wiäme de Kliuten hört, dai sall ock et Bräut dervan backen."

Op Jopesdag, Owends ümme elf Iuer, kämen de dreu Briutwagens, de „Blässe" un de „Mäublaume" un „Roisken" derhinger, wier diär en „Hawerhahn" raff. Heunrich kam imme twiälwene. Heu genk pucks dr Trappe rop no siener Jungenskammer un dräggere en Slüettel hinger sie rümme.

De Hülwerske was nit terheime. Se was no Neuhmen no iährem Süster Drütchen, bit dät alles verbie wör, harre se saggt.

Wilm, de Aelleste op Hülwers Huawe, was nit böise d'rümme, dät Heunrich wier kam. Heu harre ne flietegen Knecht anne me. Ne stillen Knecht. Heu konn sieck op ne verloten. Mens, wann heu am „Hulwerstein", beniäwer Rötgers Huisken pleugen soll, dann saggt'e, heu söll leuwer en Fiänand derhinger daun … Dann wündere sieck de Wilm. Dät Rötgers Miäken was doch allt lange nit mehr terheime. Wo 't hiene was, dät wußte keun Menske.

Ennes guerren Dages kreig Heunrich ne Breuf van siener Fraun's Oihmen, em Religiäunslehrer in der Mark. Heu fäuer säufort derhienne. Un am selftegen Nummerdage näu en paar Statiäunen widder in ne stille Giegend. En gräut Hius laggte do niäwen me kleunen Dännenknäppken. Heunrich täug de Klingel an der Diär.

Ne Nunne in ner witten Schuätte makere me uappen.

„Ich möchte gerne Dr. Haub sprechen."

Aß heu diäm Dokter saggte, watt'e wöll, soh deu ne van uawen bit ungen aan un saggte, heu söll met me gohn. Kruizewies un kriuswies genget diär Gänge un Trappen. In me kleunen Gange makere de Dokter „Psssstt!" täug en Schiäwerken in ner Wand opsiet un wenkere me, heu soll derdiär kieken.

Heunrich keik. Wann de Dokter nit härre merr'em Finger drögget, härre ne Raup dohn. Awwer ne Söcht konn'e doch nit bie si hallen.

Dät Miäcken, wat in diäm Stiäweken am Diske sat un ne Breuf schreiw, keik siek verstiärt ümme un schreiv widder. Liuter men en paar Riegeln op en Buagen, dann terreit et ne wier un fänk ne niggen aan.

Asse Heunrich wier ne Söcht de, täug ne de Dokter biesiet. „Wenn Sie sich nicht beherrschen können, müssen wir gehen."

Heunrich beit de Tiäne in de Släwwen un de Fingerniäle in de Hand un hält sieck rüggelek.

Dät Miäken doinne harre en fien witt Kleid aane, asse en Briutkleid, säu störeg. An der Hand harre 't ne Rink mer'me räuen Steine. – Op Schützenfäst-Sunndag viär dreu Johren harre heu me diän schonken. Op Kriutwigge kriege't diän andern, harr'e saggt.

Martha terreit en drüdden Breuf, sprank op, bie't Schap, släut uap un reit ne Krans met me langen Briutschleier iut ner Schachtel. „Is' de höggeste Tied. Se lütt allt met allen Klocken," saggte 't un smuslachere. Et genk viär diän kleunen Speugel un satt sie en Krans op. Heunrich konn imme Speugel giegenüewer seuhn, wiu me 't Gesichtken löchtere un wiu't sieck selwer anlachere. Dann täug et en Sleuer gans ümme sieck un besoh sieck wier.

Heunrich mochte de Hand viär'n Mund hallen, süß härr'e mocht loß huilen. De Dokter täug ne dofut un keik dorin. „Das alte Lied!" Heu täug an en Schullern.

Opmol hor Heunrich en Geliut, dät genk me diär Mark un Bein. Heu schäuf en Dokter biesiet un keik wier dorin. Martha stonk nit mehr viärm Speugel. Et laggte op em Stauhle viärm Diske, Krans un Sleuer op dr Eeren, de Flechten wören halv los, en Kopp harre 't üewer de Aarmen smietten – un joilere – un sluckere – asse ne aarme Seile in dr Näut.

„Die Wolke ist vorüber," saggte de Dokter, „dies ist die Wirklich-keit."

Heunrich woll nit viär diäm Schiäwer futt. Awwer heu mochte. Wiu heu wier int Sprechzimmer kummen was, heu wußte 't selwer nit. De Dokter leut ne en paar Miniuten alleine un kam dann wier.

„Wie ist das denn möglich gewesen?" frogere Heunrich un wußte kium watt'e saggte.

„Seelische Erschütterungen!" Dr. Haub täug an 'n Schullern. „Das traurige Lied, das immer denselben Kehrreim hat."

„Sie war doch gesund. Und andere kommen doch über sowas über. Wenn einer gleich derneben kommen wollte!"

De Dokter täug de Stären krius. Heu was selber van heime ne Biuernsuehn un wußte, wiu't wuallmol taugenk ümme Frasen un Kliu-ten. Un wiu se doch ant leste all met veier Briärn un met en paar Hand-lang Eere gnaug krieen.

„Was wollen Sie, junger Herr, die Eiche hält sich strack im Sturm, die Tanne beugt sich, die Blume knickt. Die Schlechtsten sind's nicht die sich knicken lassen. Aber die andern sind klüger, hm! Lebenskunst nennt man das."

„Wie ist es denn gekommen?" frogere Heunrich un beit sie de Släwwen blauereg. „Ich habe – nichts mehr – von ihr gehört."

„Erst ein bischen Nervenfieber. Sie erholte sich nicht, aß nicht, schlief nicht. Sie wartete nur. Endlich fing sie an, Briefe zu schreiben … Ein Karton kam. Wir nahmen ihn ihr fort, als wir sie absondern mußten, aber sie weinte Tag und Nacht, wenn er käme, wäre sie nicht fertig. Sie fingen schon an zu läuten … Jeden Tag, wenn irgendwo eine Glocke geht, kommt dieses über sie."

„Erzählt sie wohl mal was von früher?" Heunrich kannte kium siene eigene Stemme, säu heiser was'se.

„Wenn ich sie jetzt ansprechen würde, würde sie immerfort sagen: „Hundert Morgen Weizenland – hundert Morgen Wald – und einen groooßen Hof – einen groooßen Hof." Wenn man wüßte, was für eine Bewandnis das hat, hätte man einen Anhaltspunkt."

Heunrich härre sieck rädern konnt. *Heu* wußte ümme de Bewandtnis …

Heu stonk vam Stauhle op un soh 'n Dokter stiuer un duister aan: „Herr Dokter, hier steht der, wegen dem sie sich den Kranz aufsetzt. Hundert Morgen tote Erde kann Menschen schon mal lieber sein als –

ein lebendiger Mensch. Sie brauchen vor mir keinen Hut abnehmen, wenn Sie mir mal wo entgegen kommen. – Ist keine Hoffnung?"

„Kommen Sie mal wieder. Ich bin dankbar, daß ich nun einige Anhaltspunkte habe."

Heunrich dräggere an sienem Haue rümme un konn nit fut kummen.

„Sagen Sie mal, Herr Dokter, hätte sie das – auch so kriegen können, ich meine – wenn sie das nicht erlebt hätte?"

Dr. Haub weugere amme Koppe: „Die Sonne knickt keine Blumen, Herr Hülwer. Jedenfalls hat jedes Geschehen seine Ursache."

„Dürfte ich sie sprechen, wenn ich wiederkomme?"

„Vielleicht. Man muß abwarten. Vielleicht, daß das den Wahn des Wartens auf den Verlobten von ihr nimmt." –

Dreu Wiäcken später kreig Heunrich wier ne Breuf:

„Herrn Heinrich Hülwer, Dahlbrügge.

Wider Erwarten geht es unserer Patientin besser. Die Wahnvorstellungen werden immer seltener. Den Kranz rührt sie seit acht Tagen nicht mehr an. Sie verlangt fort, aber nicht nach Hause. Ihre Tante nannte ihr dann und wann Ihren Namen. Sie ist dann rot und unruhig geworden und hat noch dringender fort verlangt. Heute hat ihre Tante sie gefragt, ob Sie einmal kommen dürften. Da kam wieder das Verstörte in ihre Augen. ‚Wenn ich tot bin – und wenn sie tot ist, dann soll er kommen.' Ob das nun Wahn oder Wirklichkeit ist, läßt sich nicht klar sagen. Warten wir weiter.

Dr. Haub"

Un Heunrich wachtere. No veierten Dagen wier Noiricht:

„Herrn Heinrich Hülwer!

Ehe ich mit meiner Nichte in meine Heimat fahre, übermittele ich Ihnen ihre Grüße. Sie scheint soweit genesen. Nur wenn ich Ihren Namen nenne, kommt die alte Traurigkeit über sie. In die Heimat will sie niemals wieder. Wenn ich von einem Wiedersehen mit Ihnen spreche, sagt sie nur: ‚Wenn das andere Leben kommt.' Ich möchte sie nicht weiter ängstigen und bitte auch Sie, ihr ihren Frieden zu lassen. Von Dr. Haub wissen Sie ja, daß eine spätere Verbindung nicht ratsam ist. Für Sie beide wird es am besten sein, wenn ich Ihnen ihren ferneren Aufenthaltsort verschweige.

Marie Rötger.

Mens diäm Hellers Onkel in der Mark hiät Heunrich diän Breuf wiesen. Un dann is heu säu noh un noh Hülwers Oihme woren. Wiu heu dät woren is, det vertellet'e keumes. No Johren vlicht mol ennem van Wilm sinen Jungens, wann deu iäk mol ümmeseuht no'me Miäken, op dät niu Martha odder Lieschen hett, un no'me Huawe taum inbestahen. Dann well'e se anhallen, se söllen doch viär'm Altor nit leugen.

USE STRYKGOOREN[110]

Von A[nton]. Freiburg

Diu kennest 'ne nit. Dat gloiwe 'k dy. Vlichte nit mol dem Namen no. Et giet nämlik men äinen Strykgooren, sauweyt as ik wäit, un dat is use Strykgooren. Un dai legget weyt af in äinem afgeliägenen Düärpken imme Siuerlanne. Dai Frümeden kumet der nau nit hin, dai Biuern sind der ok rächt frauh dotau. Un selwers, wann diu ok mol dohine raiserest, diu fännest dün Strykgooren duach nit, denn hai is der nit mehr. De Separatiaun hiät ne wiägputzet. Hai was der nit mehr noirig.

Use Strykgooren. De Biuern harr 'ne anelaggt, domet de Schaulmester – dün schoinen Namen harr' domols de Lehrer noch – iähren Junges dat Bäume ryisen lohrte un bat alles sau doby hoorte, dat dai jungen Puarten läter mol düftig Appeln un Biären brachten.

Ah sau! Seggeste, 'nen Appelgooren! Jo, mynetwiägen nen Appelgooren, wenn ok süß allerley Tuig drinne woß, bat füär en richtig Jungeslyfken guet passere. Biu hai tau dü'm Namen Strykgooren kumen was, wäit ik nit, is ok leßten Ennes äinerlai. – Ik segge met Afsicht: *Use* Strykgooren. Denn ‚Use Strykgooren' seggten de Biuern, dai ne aanlaggt harren. ‚Use Strykgooren', saggten vyi Junges, willen et vyi diäm Schaulmester halpen un van wiägen diäm Tuig, bat imme Hiärwest op dün Bäumen was. ‚Use Strykgooren', saggte de gurre Schaulmester, dai duach de mäiste Arbet d'rmet harre.

Use Strykgoren! Dat was 'e ok in Wohrheit. Denn viel gures was van düm halwen Muargen iutgohn füär 't ganze Duarp. Füär de Schaulblagen was liuter wuat drinne te dauhn im Froihjohr, Sumer un Hiärwest; se lohren viel praktisket, bat se imme Liäwen briuken konnen, mäken ok d'rwylen süß kaine Dummheiten. Füär de Biuern: denn äinmol sohn se, dat et iähren Junges gut däh, sohn se ok met 'r Tyt, dat de siälige Pastauer rächt hatt harre, wenn hai ne sau viel vüärpriäket harre: „Auf jeden Raum pflanz' einen Baum. Und pfleg' ihn fein, er bring's dir ein." Se harr 'n äis gar nit dran wollt, nen Strykgooren anleggen, et was doch grade det schönneste Styeken, un bai konn 't wyten, bat et mol innbrachte. Füär dü'n Schaulmester: Aeinmol harr' hai synen Spaß drane, in d'r fryen Tyt liuter imme Strykgooren rümme te klüngeln, te daun was liuter drinne; hai deh't geeren füär syne Junges. Se sollen

[110] DE SUERLÄNNER 1932, S. 82-87.

duach alle mol düftige Keerls imme Liäwen weeren, deh't ok geerne füär 't ganze Duarp, dat syn twerre Häime woren was. Harr' ok seynen stillen Spaß, wann dai Biuern sau kamen: „Herr Schaulmester, herr y nit bo sau ne schoine Puarte füär mik üäwrig?" Wenn met d'r Tyt bey jäidem Biuernhäuse ne Trop Obstbäume was, dann was dat in d'r Hauptsake doch syn Wiärk. Anerkänntlik wören dai Biuern auk wyer. „Dai Appeln in düm Strykgooren hört usem Schaulmester," saggten se. Wenn hai ok füär dai Puarten kain bar Geld kräig, biu mannig Küärfken brachten ähme de Blagen: „Schoinen Griuß von Vaar un Mömme!" Biu mannigen Pünsel brachten [i]ähme de Biuern in later Stunne: „Heer Schaulmester, y söllt doch wuat d'rfüär hewwen." Et bare Geld was domols ror. Un hai fröggere syk, wenn hai dat schoine Wörtken „Use Schaulmester" hor, wenn hai biu fake in d'r ganßen Uemmegiegend hor, biu syne Biuern [i]ähme luaweren. Sau kräig hai mehr füär syne Arbet, as wenn se 't [i]ähme in bar gafften.

Sau wyt was alles guat un schoin.

Dat ganße Obst iut dü'm Strykgooren kräig de Schaulmester. Odder duach nit? Ne, ganß nitte. Aeinen „Fyend" harr'e un dat wören syne Junges, diän hai sau nette dat Bäume ryisen bybrachte, dai iähme in d'r fryen Tyt sau flytig halpen. Se harren bym äigenen Hiuse sat Appeln, ower sai moggten dai imme Strykgooren duach auk mol probäiern, dai smeckeren biäter, se wollen duach auk wuat füär iähre Arbet hewwen. Biäter wör jo wiäsen, wenn sai 't iährem Schaulmester äis saggt härren, owwer bai wäit? Un sau 'n richtigen Jungen hiät alltyt en smachtrig Lyf, un by 'n droiget Buater smecket nix biäter as en saftigen Appel. Op t'r annern Syt hiät sau'n richtigen Jungen jo ok nen klauken Kopp un en guat Hiärte. Se wußten ganß guat, dat iähre Schaulmester met synen Junges hällt düär dick un dünne. Unner väier Augen, nu joh, owwer süß lait hai op syne Junges nix kumen, suargere met iährem Pastauern, dat se alle imme Liäwen mol wuat Düfteges woren. Nen ganzen Tropp van synen fröggeren Schailers harr hai ümme Guatslauhn füär't Seminor vüärberett, annere stönnten vüär'm Altore, wyer annere harren en Handwiärk lohrt odder wören düftige Biuern woren. Wenn se alsau vannwiägen iährem smachtrigen Lyf un van wiägen düm Probäiern ok mol innen Strykgooren verlaipen, all te grapsig wören se nit, se leiten geeren alle Appeln iährem Schaulmester.

Un se wußten ok ganß guet, giegen dat Probäiern harr hai nix giegen, im Giegendäil. Imme Hiärwest, wenn se in d'r Schaule mol ne ganß klauken Kopp wyesen harren, dann nahm hai det Nummedags dai ganßen Blaagen, ok dai Miäkes met innen Strykgooren, un dann gafft'et ne graute Prauwe. Et was t'r jo saat do. Un hai soh an düm Griußen un Nicken van diän Ollen, sai brächten 't iähme duwwelt wyer. Un bat makere dat Blaagentuig 'nen Juchhai! Vaar un Mömme konnen sai nit laiwer hewwen as iähren Schaulmester.

Joh, de Kinner harren 'nen guren Schaulmester. Blaus schare, dat syn Puckel liuter krümmer, syne Hoore liuter gryser, witter woren. Wenn hai op dai langen Johre trügge käick, dann woll hai wuall dem laiwen Hiärguatt opp'en Knaien danken, dat hai sau viel Gures harr dauhn könnt. Bo hai hiene käik, do harr hai gure Soot iuströgget, un se harr ryiken Erdrag bracht. Jo, dat ganße Duarp was met t'r Tyt syn Strykgooren woren. Un dat schönneste Bäumken drinne, dat was de Dankborkeit van allen Luien, graut un klein.

Wann hai mol immen [in'nen] Spaigel käik, dann wor iähme selwer angesthaft te Maue. Bat soll dat wiären? Kumet Johr harr hai fiftig Johr synen Dennst trui versaihn in d'r Schaule, in d'r Kiärken un – imme Strykgooren. Dat wör iähme de Regäierung duach wual nit te Läie dauhn, un … O, dat was gar nit te denken! Bat soll dann iut synen laiwen Blaagen wiären!

Bat soll dat wiären? Sau dachte dat ganße Duarp, graut un klein. Näi, dat was doch gariut nit te denken. Se harren fast alle tau synen Fäiten seäten … näi, dat genk nit, iähre Schaulmester! Wenn hai ok sau lanksam fiftig Johr im Dennste was, sau'n paar Johr gäng 'et noch, moggte't gohn. Se saggten sau viell den Kinnern: Syd rächt ardig, use Schaulmester is olt 'e woren, drüw et iähme nit siuer maken!

Un et kam duach, bat nit te denken was, bat alle füär unmüglik hällten. De Vüärsteher harr't kryegen, sau 'n Schrywen van d'r Regäierungc, do stonnte't drinne. Keiner wollt'me seggen, un et moggte duach saggt wiären. Dann in Guares Namen, harr'e saggt, harr' synen Stock nuamen un was no dr Kiärken stupelt, van do in de Pastrote.

Allen Luien dä et läid, un duach was nix d'riut te maken.

Aeines Dages kam sau'n hauget „Dyer", as de Luie saggten, un am annern Muargen was grautet Grynen in d'r Schaule. Dai Heer hällt iähme jo ne ganß schoine Rede, owwer de Kinner grynen und de olle Schaulmester gräin auk. Hai druchte dem Heern de Hand, kiuern konn hai nit, det Hiärte stonn iähme bit unnern Hals. Hai gaffte taum Afschäid noch mol jäidem Kinne de Hand un de Schauldüär was füär iähne tau. Blaus syne Stye in d'r Kiärken ächter den Kinnern, dai lait'e siek nit niehmen.

Se söllen nen düftigen Heern wyer hewwen, harr' ne dat hauge „Dyer" van d'r Regäierunge saggt, dai ok wat van Appelbäumen un bat doby hört, verstönne. Dat was alles guet un nett, mens sau ennen, as't dai olle Schaulmester was, sau gafft'et kainen Twerren, dat was ne iutgemakete Saake.

Dai friske Lehrer kam den Dag no Wittensundag. „Lehrer" saggten dai grauten Luie un iähne no de Blagen. Aeinmol was dai schoine Name „Schaulmester" iut t'r Maude kumen un dann moggte siek äis mol iutwyisen, dat hai würklich ne Schaulmester was. Dai Ollen harren de Blagen wuat bange maket: Hai hiät kriuse Hoor. Hai hiät ne ganßen Dracht Hiäselnstöcker metbracht. Sau bekieken se ne siek van allen Syen. Ower nee, de Blagen harr'n fixe riut, bat se an iährem frisken Lehrer harren. Hai is gar nit sliem, vertallten 'se t'rhäimen, hai is grade sau guet un kann't wual noch biäter as use Schaulmester. Dai Ollen kieken me auk nype op de Finger. Se wußten: Ne guren Pastauern un ne guren Lehrer imme Duarpe is nit met Golle te betalen. Jo, hai makere alles genau as de olle Schaulmester. Jäiden Muargen foiere hai de Kinner nette in t'r Kiärken, hält op Ornunge, soh drop, dat de Kinner nette gruißeren, konn de Ueärgel gut spielen, probäiere saugar, dat schoine Platt te kuiern. Aeines Dages kamen de Blagen häime gesprungen: Vaar, Mömme, use Schaulmester is met usem Lehrer in d'r Schaule wiäst, hai hiät lachet un grienen. Geerne sohen de Luie, dat dai Olle un dai Junge tehaupe spazäiern gengen, sohen 't geern, wenn dai Beiren tehaupe met d'r langen Pype vüärm Schaulmester synem Hiuse saten.

Se harr'nt guet druapen met iährem frisken Lehrer. Amm'e fröntliken Gruißen van den Luien miärker'e, dat se met iähme tefrien wören.

Sau'n kitzken nysgierig wären se doch. Et sall se doch wunnern, bat et met iährem Strykgooren gäffte. Un ok do harren se't guet druapen. Se meineren fast, hai verstönnt'et noch biäter as iähre Schaulmester.

Se harren 't würklik guet druapen, de Blagen, de Ollen, de Lehrer. Sau kam de äiste Hiärwest. Bat was met diän Jungens los? Se stönnten bynäin, puspelern, halw schaliu kieken se iähren Lehrer an. Uemme diän Strykgooren gängen se rümme as de Katte ümme den häiten Bry. Dai Burßen, dai iut d'r Schaule wören, foppern 'se un tiärern 'se. Et was wuat nit in d'r Ornunge. De Lehrer miärker't auk, et stämmere wuat nit. Bat, dat konn hai nit klor kryegen.

Hai harr' ne wuahl in d'r Schaule saggt: Dat ganße Obst imme Strykgooren hört my. Bo'e ne dat saggte, harr'n se ne wual schaif ankieken, harrn't Miul hangen loten bit op de Schauh, harr'n me wual saggt, süß … ower dat genk doch nit, se härren jo alle genaug bym äigenen Hiuse, alsau …

Auk guet, harr' n dai Jungens dacht, dann müte vy dat anners maken. De Strykgoorn hor doch dem ganßen Duarpe. De Biuern, iähre Vätters harr' ne anlaggt. Sai harrn doch genau sau flytig drinne hulpen ase frögger. De Lehrer soll doch alles hewwen, ments dat probäiern, se moggten doch wyeten, welke am beßten smeckeren …

Wenn dat nit sau as frögger genk, dann moggten se 't iäwen anners maken. Un dat dähn se ok.

Sau richtige Junges hät ne guren Magen un ok mäist ne anschläigigen Kopp. Un dai soll ne helpen, dat se tau iährem Däil kamen.

Im Duarpe was sau'n schoin Heerenstuäweken. Jäiden Nummedag sau ümme säß Uhr fännten siek do de Heerens in bym Gläsken Bäier. Manget Gure was do iuttiftelt woren füär de Allgemeinheit. De Pastauer kam hien, de Pastoiers van dün Nowerdüarpern kamen, äin oder de annere Biuer, dai't siek leisten konn, de olle Schaulmester was stännig do, un ok de friske Lehrer kam d'rhien.

Dat harren dai Junges bolle riuter un do buggern' se iähren Plan op. Uemme düse Tyt fannten sai siek auk in, allerdings ments vüär düm Heerenstuäweken op d'r Strooten. Se spielern: „Parchen, Löttken slohn, Hitte oppen Kinn" un bat se süß üm düse Jahrestyt te spielen harren. Dem Lehrer gefällt' tet, käik nen Auigenblick tau, saggte 'ne 'n fröntlik Wort un genk dann rinn.

Kium was hai ower imme Heerenstuäweken, dann was de Luft reine un – dai Junges immen Strykgooren ant Probäiern. Se wollen iährem Lehrer jo nix niehmen, awwer se wollen auk hewwen, bät iähne taustonnt, mens probäiern.

Annern Dages soh de Lehrer bolle, dat Spitzbauwen in seynem Gooren wiäsen wören. Aeih, dat was aisk! In synem Gooren? De Liue konnen iähme dat doch nit andauhn. Hai konn siek nit denken, dat iähme imme ganßen Duarpe äiner boise was. Syne Jungens? Nee, dai dähn sau wuat äis rächt nit. Op jäiden Fall woll hai se frogen.

Dat däh hai dann ok. Owwer Flaitepypen sint hual. Ganß triuhiärtig saggten' se alle, nee, dat wören sai nit wiäsen. Un op iähre Wyse stämmere dat ok. Sai wören in usem Strykgooren wiäsen, dai hor iähne sau gut, as iährem Lehrer.

Hai laggte siek op te Liuer, spickeläiere. Alles ümmetsüß. An dat Stünneken imme Heerenstuäweken dacht'e nit.

De Blagen moggten bichten. Rächt iutfoierlik nahm hai dat siewente Gebuat düär. „Wenn y bo stuahlen hiät imme Gooren odder biuten im Felle, dann mut y dat terügge giewen, odder ümme Verzeihunge bidden." Ganß richtig, mens dat harren sai nit dohn. Sai wören doch keine Spitzbauwen. Nee, dat was kein stiählen, dat was mens klemmen. Wenn bo sau'n gyzigen Biuern imme Duarpe was, dai den Jungens iähr Rächt nit inriumen woll, mol te probäiern, dann dehn se dat iäwen sau, un dofüär saggten se klemmen. Klemmen is kain stiählen, stonnt ok im Bichtespaigel nit drinne, also briukern' se't ok nit te bichten.

Un sau genk ok dat Bichten vüärby, ohne dat äiner siek mellere.

Diäm frisken Lehrer wor ganß spassig te Maue. Syne Jungens wören 't nit. Dai Burßen konnen't auk nit daun, met diän stonnt'e siek auk ganß guet.

Hai woll dai Sake mol met düm ollen Schaulmester beprohlen. Un dat däh' e dann ok. Dai smunzelere. Do was Nümmes tüsker as dai klauken Schauljunges, dai siek iähr Rächt nit niehmen loten wollen, dai't met dün Gewuhnheiten genau sau hellen as de Ollen. Verrohn woll'e se owwer doch nit van wiägen diäm Vertruggen.

„Myn laiwe Frönd," fenk hai ganß nette an, „y kennet wual hy imme Duarpe dai Gewuhnheiten nit, besonners dat nit, bat hy imme Duarpe de Liue ok al de Blagen unner Nowerskopp verstatt. Jäider hiät hy imme Duarpe genaug Obstbäume byme Hiuse stohn, as y saiht, diäswiägen briuket Nümmes te stiählen, dait ok Nümmes. Owwer se hollet alle op gure Nowerskopp. Jäider settet synen Stolt drin, nen schoinen Appelhuaf bym Hiuse te hewwen, frögget siek owwer ok, wenn syn Nower ouk en schoinen, störigen Appelhuaf hiät, kyket geeren, bat hai füär Suarten hiät, of biäter odder slechter as hai selwer. Uemme sieker te gohn, niemet' se mol ne Prauwe. Syn Nower dait dat by iähme jo auk. Do hiät Nümmes wuat giegen. Ik gloiwe, im Giegendäil, hai wör boise, wenn siek keiner ümme syne Suarten kümmere un nit mol ne Prauwe niähme. Dai glyke Nowerskopp gellt ok füär'n Strykgooren, jo füär düsen am mäisten, denn dai ganßen Boime stammet doch iuten Strykgooren. Saiht, wenn mol iut ugem Strykgoorn ne Prauwe nuhmen wert, dann is dat nit boise meint. Im Giegendäil, et is uge Scharen nit. – Un noch äinte: Dai Blagen wert van diän Ollen tau'r Nowerskopp ertrocken un anhollen. In d'r Schaule hew' ik in dün langen Johren auk liuter in de selwe Kiärwe hoggt: Kinner, mütet nette op Nowerskopp hallen! Hewwe ne ok liuter Anwysunge gafft, biu se dat maken können un möggten."

Sau de olle Schaulmester. De friske Lehrer harr nyipe tauhort. Dai ganße Sake was füär iähme klor. Hai woll't anners maken.

Am annern Muargen kam hai met fröntlikem Gesichte in de Schaule. De Kinner harren fortens riuter, de Lehrer vertrugger' ne wyer. Sau genk alles nette am Snoierken. Bo't twälwe slaig, d[o] saggt'e 'ne: „Kinner, düsen Muargen hew' y my Spaß maket, ik well ug auk Spaß maken, van Nummerdag is graute Prauwe im Strykgoorn, de Miäkes könnt auk metgohn."

Dai hellen Kinnerauigen löchtern. Dat was iähr Lehrer! Diän Junges woll't fast läid dauhn, dat se op iähre Wyese sik hulpen harren. Soll' n se' t seggen? Dat wor d'r nit noirig syn, iähre Lehrer verstonnt se.

Un graute Prauwe was. Van allen Suarten moggten se probäiern. Jo, van dün besten Suarten drafften se wuat in de Taske stiäken, soll'n se t'rhäime Vaar un Mömme wyisen. De Blagen harren Spaß, vertallten t'rhäime. De Lehrer harr Spaß, ok hiärno an diän Küärfkes un Pünsels, dai me in't Hius bracht woren. Un dai Ollen harren am mäisten Spaß: Et was wyer Aeinigkeit tüsker Blagen un Lehrer, un de Strykgooren was wyer use Strykgooren.

De olle Schaulmester rugget sik all lange opp'em Kiärkhuawe. Dai friske Lehrer wor bolle use Lehrer. Met den Johren is hai auk olt un grys woren. Aeines Dages kam wyer sau'n hauget „Dyer" van d'r Regäierunge, hält iähme ne schoine Rede, de Kinner dai grienen, hai gräin un – de Schauldüährr was auk füär iähne sluaten. Allen Liuen dä't läid, fast noch mehr as by düm siäligen Schaulmester.

Niu rugget hai siek auk all etlike Johre. Opp'em Kiärkhuave hätt' se baire iähr Styeken tiegeräin, se könnt siek forts de Hand giewen, wenn se am jüngesten Dage wyer opstott. Guat hewwe' se siälig un laune 'ne do uawen, bat se hy unnen Gures dohn hett an den Blagen un am ganßen Duarpe.

Use Strykgooren is auk längest begrawen. Biu gesaggt, de Separatiaun hiät ne wiägputzet. Schare is et. Wenn bo Aeiner van dün Ollen, dai noch by düm „frisken Lehrer" in d'r Schaule wiäst is, an d'r Stye vüärbykümet, dann segget 'e wual wäihmaidig: „Suih, hy laggte frögger use schoine Strykgooren."

Aeinte is bliewen bit van Dage: de schoine Nowerskopp. Giewe Guat, dat se liuter in Eehren hollen wiärt!

ALLÄINE[111]

Vam Pastäuer te Miäseber
[*Anton Moenig*]

De Mutter laggte imme Berre. Beniäwer sik harr se en Kleinte, dät was twäi Dage alt.

Ganz langsam un sachte genk de Kamerdüär op, 'em Fränzken seyn Kopp kam taum Vüärscheyn, un säu piene as'e mens iäwen konn, kleysterte Fränsken ter Kamer rin ant Berre, un buckere met' em Koppe an de Mutter.

„Fränzken, wat weßte?" (frogere de Mutter.)

„Mutter, kumm, stoh op!" (saggte Fränzken.)

„Fränzken, wäißt doch, ik sey krank, ik kann nit opstohn," un sai laggte iäme iäre Hand op seyn Köppken.

Et durte en Weyleken … „Mutter, kumm rafer!" saggte Fränzken ganz langsam un druggte seynen Kopp näu düener an de Mutter.

„Berümme sall ik dann rafer kummen, Fränzken?" frogere de Mutter.

„Vey sind säu *alläine*."

„Suih Fränzken, de Vatter is ungen, de Joseph is ungen, et Lisebeth is ungen un de Tante Stine is äuk ungen, ey said doch nit alläine."

„ *Un dann sey vey doch näu säu alläine* ", saggte Fränzken, un dobey hockeleren iäm en par dicke Trönen üwer de Backen.

---

[111] DE SUERLÄNNER 1932, S. 90.

USE RÄUMRAISE[112]
Dat äiste Kapitel

Vertallt vam Pastauer te Miäseber
[Anton Moenig]

Ik sey in Räum wiäst. Dät härr ik vüör me halwen Johre selwers nit glofft, dät ik in düsem Johr näu dohiene keme. Use sällege Mömme saggte (un wat use sällege Mömme saggte, do hell ik mik an), wann ik no'm Raister Market woll: „Junge, do sind säu viel Luie, do pässest diu nit mehr henne."
Biu dät kam? Ik hewwe ne laiwen Frönd; dai hett Joseph. Jeden Sunndagnummedag, diän Guatt scheynen un weren lätt, wann ik et Hai in Hiusten hewwe, make vey ne Büest in de Biärge. Aeines Sunndages harren vey us iutkuiert, un weylank ik niks biätters mehr te siegen wußte, saggte ik füör Pasterletant: „Joseph", saggte ik, „wat main ey, wann vey baiden no Räum mächten?"
„Jau Heer, dät well vey", saggte hai. Ik gloffte nit, dät iäme dai Sake erenst wör. Awwer anderen Sunndages, vey harren use Lüns iäwen anmacht, do fenk hai wier van Räum an: „Heer, biu is et met user gräuten Raise?" Un wier ne andern Sunndag: „Heer, de Reykesmann van Bracht well äuk met no Räum!"
Ik harre näu liuter kännen rechten Schniuwen, dachte näu liuter, wat use sällege Mömme saggt harre. Awwer, wat was der te maken! Et durte en paar Wiäken, do stongen vey vüör'm Ruitken: „Zwei dritter Rom." „Näi, Heer, domet kann ik ug nit helpen", saggte Bahnhuawes Joseph, „ säu weyt gäit meyne Geographie nit." „Äuk gutt, dann giät us bit Finnentrop. Dät liet op em Wiäge dohiene. Use Kumpier, de Reykesmann, saat all imme Zuge. „Hoi in Guarres Namen!", saggte ik, un me konn der Mascheyne anmiärken, dät se häufferreg was op us. Luie, dai säu ne weye Raise maken wollen, harr se gewiß näu nit trocken. In Finnentrop kräigen vey en ander Piärd, dät konn't näu biätter. In en par Stünnekes woren vey in Frankfurt, un dann näu ne knappe Stunde, un vey woren in Mainz, et was tüsker Dag un Duisterweren, säu ümme half siewen.
Imme „Holländer Hof" sollen vey düse Nacht use Bleyf hewwen, harr us dai Menske schriewen, dai us imme Pilgerzuge no Räum met-

---

[112] DE SUERLÄNNER 1932, S. 98-99.

niämen woll. Dai Keerel harr gut schreywen. Biu konnen vey in Siär-
kenruae wieten, bo de Holländer Hof is. Vey frogeren un gengen un
gengen un frogeren. Amme hingesten Enge saggte ik füör dai baiden
andern: „Do gäiht ne Heervedder, dai suiht mey grade iut, ase wann hai
äuk no Räum wöll." Vey der hinger hiär! Un richtig! Uemme Teyt wö-
ren vey imme „Hof von Holland." Dät dik dät Hauhn triet un känn
schliemer Dier! Bat was et do awwer störeg inne! Fotens wann me rin
kam, trat me mens näu op Teppiche, säu wäik ase meyn Külter, un ne
Masse Kerels laipen dorümme, un dai wören alle säu feyne imme Tuige
ase de Schadarme un Polizai op Kaisers Geburtsdag. Un bat ne Unmas-
se Luie! Dai wollen all hey slopen. „Joseph", saggte ik, „säu viel Ber-
rens het dai Luie sieker nit, vey mott gewiß in't Hai." Awwer näi, je-
dem äinen saggte säu ne feynen Kerel ne Nummer un dann genk ne an-
dern Kerel met me af. Joseph un ik kräigen ne Stuawe Nr. 65 met twäi
Berrens droppe. Ik woll wual beschauwen, säu feyne was et do. Feyne
Berrens, un dann en Sopha un ne Diß, un ne Spaigel. Schae, dät ik mik
nit te putzen briukere, dät härr do kummäude gohn. Un an diär Stuawe
was näu ne Düör. Ik was neysgiereg. Jö, jö, do was jo ne Badewanne
inne un twäi Kranens, un iut äinem kam kalt un iut em andern waarm
Water. Ik kräig ne Druck op et Hiärte. „Joseph", raip ik, „hew ey äuk en
dick Potmanneh metnuamen?" „Latt gewähren, Heer, kumme vey
üwer'n Ruien, dann kumme vey äuk üwer'n Steert", saggte Joseph. „Ne
schlechten Träust", saggte ik, „ik maine, düt wör äis de Anfang un näu
lange nit de Steert." De Mage henk us schaif un diärümme frogere ik
äinen van diän schoinen Kerels: „Konn vey äuk wat te iäten kreygen?"
„Im Speisesaal ist serviert." Jo, dät was ne richtigen Saal, grötter gewiß
ase de Kiärke te Ruien, un Lampen brannten drinne, mehr ase terhäime
in der Christnacht. Liuter klaine Diskelkes stönten drinne; ter Näut
konnen väier Mann drane sitten. Un op diän Diskelkes stongen ganze
Bansen Tällers, ik gloiwe, füör jedenäin drai odder väier, un twäi
Putällgen Weyn un ne ganzen Trop Gliäser, un et durte nit lange, do
harr ik all äint van diän schoinen Gliäsern met der Mogge op de Eere
schmieten. Dät Iäten was gutt, dät mott me siegen, un vey het us dran
hallen un sind rund rümme saat woren. Wann mens dat wahne, wahne
Betahlen nit wör. Diän Weyn wollen vey stohn loten, odder ments äine
Putällge drinken. Vey wollen usen Duast füör en echt Glas Bäier ver-
wahren. Näi, säggten se, dät genk nit. Wann vey nit drünken, möchten
vey 'ne doch betahlen. Wat vey do dehen, konn ey ug denken.

Awwer Duast op en echt Glas Bäier harren vey doch näu, wann vey äuk kaine Heringe hat harren. Et lutt, ase wann 't nit wohr wör, awwer säu sieker ase twäi mol twäie väier, vey konnen in diäm Dingen känn richtig Wäiertshius fingen. Am hingesten Enge wäis us ne Polizaikerel äint. Dai mochte us wual ansaihn, dät vey häuge Luie wören un diärümme wäis hai us en ganz feyn Wäiertshius. Dunnerwiäer, dät was Bäier! „Hä, säu echt, säu lecker", saggte Känten Threschen in der Schmalmereg. Un wat dät schoinste was, denket ug, do wören väier Kerels, dai spielern, awwer kännen Wist, näi, dai machten Musik, säu schoine, säu saite, näu schoiner ase use Musekanten op Schüttenfäst, näu viel schoiner ase de Schmalmersken, un dät well wuat haiten. De äine van diän Musekanten spielere säu ganz saineg un saite op me Vigeleyneken, un wann hai amme Spielen was, helt hai seyn Schnuiteplett met 'em Vigeleyneken ungerm Halse faste. Ne anderen spielere Klavier. Wat hiät dai Kerel do oppe rümme hoggt! Me söll nit gloiwen, dät säu'n Dinges dät Biusen iuthallen könn! De drüdde harr de Rauthenne, berniäwer [sic] iäme saat de väierde un dai harr en Instrumänte, dät harr ik meyn Liäwedage op Schützenfäst näu nit saihn. Dät soh grad säu iut ase ne Rauthenne, was awwer viel klenner, soh tiegen de Rauthenne iut ase ne Krüwwek tiegen ne Mutte. Dai baiden mochten iärk wahne plogen, apart dai Kerel met diär Rauthenne. Et matt doch wohr seyn, wat mey düse Dage Schmitten Vatter saggte: „De Baß is en swor Instrumänte. Et is ne Rake, wann me 't driepet." Dai Kerel met diäm Vigeleyneken was sieker de Kapellmester. Wann hai amme spielen wor, käik hai gar nit int Bauk, mens liuter säu ganz fröndlek no us, vey mochten iäme ganz besonders gut gefallen. Dai Kerel un seyne Musik gefell us äuk, un jedesmol, wann se ophorten te spielen, schlaugen vey de Hänge un raipen Bravo, besonders, asc sc säu'n schoin Stücke spielt harren, dät wor säu'n ganz Düörnäin van liuter Studäntenlaiekes; un dann fengen de Musikanten fotens wier an.

Et gefäll us echt hey, besonders usem Frönne Joseph. Hai machte sik ümmeteyt ne Zigarre an met me Bänneken ümme 't Leyf. Dät dait hai mens Christdag un Aeustern un wann 't iäme säu ganz unweys echt is. Wat mey awwer nit gefell, do sat en Miäken, ne Schüötter van siewentain odder achtain Johren, was sieker dün lesten Aeustern, höggestens terjohr iut der Christenlehre kummen, un dät abschailege Blage, dät schmoikere, schmoikere richtig ne Zigarette. Un et schanäiere un schiämere sik känne Kitze vüör diän anderen Luien. „Kind", dachte ik, „kanns dik fröggen, dät diu nit iut Siärkenruae bis."

Ne gurre Stunne harren vey gewiß do siäten, do saggte ik füör dai baiden andern: „Häime dreywen! Süß gäit et us, ase use sällege Mömme saggte: „Owends flaiten un springen un muargens konnt se de Büxe nit fingen."

Literatur – Quellen
(mit Kurztiteln)

Bei Quellen und Werken, die auch frei im Internet zugänglich sind, ist der vorangestellte Kurztitel mit einem Sternchen* gekennzeichnet.

AANEWENGE 2006 = Peter Bürger: Aanewenge. Plattdeutsches Leutegut und Leuteleben im Sauerland. Eslohe 2006. [Herausgeber und Vertrieb: www.museumeslohe.de]

ANTHOLOGIE I = Sauerländische Mundart-Anthologie. Erster Band: Niederdeutsche Gedichte 1300-1918. Bearbeitet von Peter Bürger. Durchgesehene, zweite Auflage. Norderstedt: BoD 2016.

ANTHOLOGIE II = Sauerländische Mundart-Anthologie. Zweiter Band: Plattdeutsche Prosa 1807-1889. Bearbeitet von Peter Bürger. Norderstedt: BoD 2016.

ANTHOLOGIE III = Sauerländische Mundart-Anthologie. Dritter Band: Plattdeutsche Prosa 1890-1918. Bearbeitet von Peter Bürger. Norderstedt: BoD 2016.

ANTHOLOGIE IV = Sauerländische Mundart-Anthologie. Vierter Band: Lyriksammlungen der Weimarer Zeit. Bearbeitet von Peter Bürger. Norderstedt: BoD 2016.

ANTHOLOGIE V = Sauerländische Mundart-Anthologie. Fünfter Band: Verstreute und nachgelassene Gedichte 1919-1933. Bearbeitet von Peter Bürger. Norderstedt: BoD 2016.

ANTHOLOGIE VI = Sauerländische Mundart-Anthologie. Sechster Band: Prosa-Sammlungen der Weimarer Zeit – Kölnisches Sauerland. Bearbeitet von Peter Bürger. Norderstedt: BoD 2017.

ANTHOLOGIE VII = Sauerländische Mundart-Anthologie. Siebter Band: Lüdenscheider Prosa der Weimarer Zeit von Emma Cramer-Crummenerl [‚Reprint‘]. Bearbeitet von Peter Bürger. Norderstedt: BoD 2018.

ANTHOLOGIE VIII = Sauerländische Mundart-Anthologie. Achter Band: Gesamtausgabe der Theaterstücke von Friedrich Wilhelm Grimme 1861 – 1885. Bearbeitet von Peter Bürger. Norderstedt: BoD 2020.

ANTHOLOGIE IX = Sauerländische Mundart-Anthologie. Neunter Band: Bühnentexte von Gottfried Heine, Jost Hennecke, Johannes Schulte und Franz Rinsche. Bearbeitet von Magdalene Fiebig. Norderstedt: BoD 2020.

ANTHOLOGIE X = Sauerländische Mundart-Anthologie. Zehnter Band: Mundartprosa von Ludwig Schröder, Friedrich Wilhelm Haase und Fritz Linde. Bearbeitet von Peter Bürger. Norderstedt: BoD 2020.

ANTHOLOGIE XI = Sauerländische Mundart-Anthologie. Elfter Band: Mundartprosa aus den Zeitschriften „Trutznachtigall" und „Heimwacht" 1919-1932. Bearbeitet von Peter Bürger und Magdalene Fiebig. Norderstedt: BoD 2021.

ANTHOLOGIE XII = Sauerländische Mundart-Anthologie. Zwölfter Band: Mundartprosa aus dem Heimatkalender „De Suerlänner" 1922-1932. Bearbeitet von Magdalene Fiebig und Peter Bürger. Norderstedt: BoD 2021.

BECKMANN 2008 = Plattdeutsches Wörterbuch für Olpe und das Olper Land. Von Carl Schürholz †. Bearbeitet, eingeleitet und mit einer Geschichte und Grammatik der Olper Mundart versehen von Werner Beckmann. Olpe 2008.

BLÖMEKE 1992 = Sigrid Blömeke: Nur Feiglinge weichen zurück. Josef Rüther (1881-1972). Eine biographische Studie zur Geschichte des Linkskatholizismus. Brilon: Demokratische Initiative e.V. 1992.

BÜRGER 1993 = Peter Bürger (Bearb.): Christine Koch. Liäwensbauk. Erkundungen zu Leben und Werk. (= ChristineKoch-Werke, Band 4). Eslohe / Fredeburg: Grobbel 1993.

BÜRGER 2013 = Peter Bürger: Fang dir ein Lied an! Selbsterfinder, Lebenskünstler und Minderheiten im Sauerland. Eslohe: Museum 2013. [Verlag & Vertrieb: www.museum-eslohe.de]

BÜRGER 2014* = Peter Bürger (Red.): Maria Kahle (1891-1975), Propagandistin im Dienst der Nationalsozialisten. – Beiträge von Hans-Günther Bracht, Peter Bürger, Karl Ditt, Walter Gödden, Wolf-Dieter Grün, Roswitha Kirsch-Stracke, Werner Neuhaus, Iris Nölle-Hornkamp und Friedrich Schroeder. (daulots. internetbeiträge des christine-koch-mundartarchivs am museum eslohe. nr. 71). Eslohe 2014. www.sauerlandmundart.de

BÜRGER 2016a = Peter Bürger: Friedenslandschaft Sauerland. Antimilitarismus und Pazifismus in einer katholischen Region. Norderstedt: BoD 2016.

BÜRGER 2016b = Peter Bürger (Hg.): Sauerländische Friedensboten. (= Friedensarbeiter, Antifaschisten und Märtyrer des kurkölnischen Sauerlandes. Erster Band). Norderstedt: BoD 2016.

BÜRGER 2018 = Peter Bürger: Sauerländische Lebenszeugen. (= Friedensarbeiter, Antifaschisten und Märtyrer des kurkölnischen Sauerlandes. Zweiter Band). Norderstedt: BoD 2016.

BÜRGER 2018 = Peter Bürger: „Voll bereit für die neue Zeit". Deutschnationale, militaristische und NS-freundliche Dichtungen Christine Kochs 1920-1944 (= edition leutekirche sauerland, Band 15). Norderstedt: BoD 2019.

BÜRGER 2021 = Peter Bürger (Hg.): Feyfhundert Muaren Hiemmelblo. Südwestfälische Mundartgedichte über Begehren, Liebe und Herzensnot. Schmallenberg: Woll Verlag 2021.

CHRISTINE KOCH-MUNDARTARCHIV 2014* = Christine Koch-Mundartarchiv in Zusammenarbeit mit dem Kreisheimatbund Olpe (Hg.): Josefa Berens-Totenohl (1891-1969), nationalsozialistische Erfolgsautorin aus dem Sauerland. – Forschungsbeiträge von P. Bürger, R. Kiefer, M. Löcken, O. Niethammer, Ulrich F. Opfermann, F. Schroeder. (daulots. internetbeiträge des christine-koch-mundartarchivs am museum eslohe. nr. 70). Eslohe 2014. www.sauerlandmundart.de

CKA = Christine Koch-Mundartarchiv am Dampf Land Leute-Museum Eslohe [Internetseite: www.sauerlandmundart.de].

CORDES/MÖHN 1983 = Gerhard Cordes / Dieter Möhn (Hg.): Handbuch zur niederdeutschen Sprach- und Literaturwissenschaft. Berlin 1983.

DAUNLOTS 2010-2021 = daunlots. internetbeiträge des christine-koch-mundartar-chivs am museum eslohe. www.sauerlandmundart.de

DE SUERLÄNDER / DE SUERLÄNNER 1922-1932* = De Suerländer / De Suerlänner – Heimatkalender für das kurkölnische Sauerland (für 1922-1932). http://www.sauerlaender-heimatbund.de/index.php/zeitschrift/zeitschrift-archiv/de-suerl%C3%A4nder-heim atkalender/285.html

DITT 2016 = Karl Ditt: Volkstum und Heimat. Wilhelm Schulte in der westfäli-schen Heimatbewegung und Landesgeschichte. In: Westfälische Forschungen 66. Jg. (2016), S. 217-318.

FOERSTE 1987 = Lotte Foerste: Westfälische Mundartliteratur des 19. und frühen 20. Jahrhunderts. Der Raum Westfalen. IV: Wesenszüge seiner Kultur. 5. Teil. Münster 1987.

GÖDDEN/NÖLLE-HORNKAMP 1997 = Walter Gödden/Iris Nölle-Hornkamp, Iris (Be-arb.): Westfälisches Autorenlexikon Bd. 3: 1850-1900. Paderborn 1997. [http://www.lwl.org/literaturkommission/alex/]

HEIMATABEND 1932 = Heimatabend des Sauerländischer Heimatbundes (Helden). In: Sauerländische Volksblatt (Heimat- und Kreisblatt für den Kreis Olpe) Nr. 28 vom 24.02.1932 (Lokalteil „Unsere Heimat", Blatt 1).

HEIMWACHT 1928-1932* = Heimwacht. Zeitschrift des Sauerländer Heimatbundes (1928-1932). http://www.sauerlaender-heimatbund.de/index.php/zeitschrift/zeit schrift-archiv/heimwacht/282.html

HENNECKE 1921 = Jost Hennecke: En Soppenfrigg. Ne lustege Geschichte in twäi Akten met tragischem Schluß. Bigge: Sauerländischer Heimatverlag der Josefs-druckerei 1921. [Band der Reihe „Suerländske Baikelkes"; Vorwort von Franz Hoffmeister; Illustrationen von Hubert Schöllgen, Bigge.]

HENNECKE 1925 = Jost Hennecke: Versunkene Glocken. Balladen und Sagen. Mit 6 Holzschnitten von Vinzenz Pieper. (Band der Reihe „Suerländske Baikelkes"). Bigge: Sauerländischer Heimatverlag der Josefsdruckerei 1921.

HERBERT 1995 = Ulrich Herbert: Arbeit, Volkstum, Weltanschauung. Über Fremde und Deutsche im 20. Jahrhundert. Frankfurt a.M.: Fischer 1995.

HEYDEBRAND = Renate von Heydebrand: Literatur in der Provinz Westfalen 1815-1945. Ein literaturhistorischer Modell-Entwurf. Münster 1983.

IM REYPEN KOREN 2010 = Peter Bürger: Im reypen Koren. Ein Nachschlagewerk zu Mundartautoren, Sprachzeugnissen und plattdeutschen Unternehmungen im Sauerland und in angrenzenden Gebieten. Eslohe 2010. [Verlag und Bezugs-adresse: www.museum-eslohe.de]

LAHME 2016 = Casper Lahme, in Zusammenarbeit mit Dr. Werner Beckmann: Plattdeutsches Wörterbuch für Alme. Brilon: Podszun 2016.

LIÄWENLÄUP 2012 = Peter Bürger: Liäwensläup. Fortschreibung der sauerländi-schen Mundartliteraturgeschichte bis zum Ende des ersten Weltkrieges. Eslohe: 2012. [Verlag: www.museum-eslohe.de]

LUDWIGSEN/HÖHER 1997 = Horst Ludwigsen / Walter Höher: Wörterbuch südwest-fälischer Mundarten in den früheren Landkreisen Altena und Iserlohn, in der al-ten Grafschaft Limburg, in den Städten Altena, Iserlohn, Lüdenscheid und Men-den, im Raum Hagen und in der kurkölnischen Region Balve. Wörter. Wort-felder. Redewendungen. Hochdeutsch-Plattdeutsch. Hg. Heimatbund Märkischer Kreis, Altena und Verein für Geschichte und Heimatpflege in der Gemeinde Schalksmühle. Altena: Verlag Heimatbund Märkischer Kreis 1997.

MUNDARTKOMMISSION = Kommission für Mundart- und Namenforschung Westfalens. https://www.mundart-kommission.lwl.org/de/

NEUHAUS 2009* = Werner Neuhaus: Heimat, Volk, Glaube. Zum Selbstverständnis des Sauerländer Heimatbundes in der Weimarer Republik. In: Sauerland Nr. 2/2009, S. 90-95. [Als Internetressource: http://www.sauerlaender-heimatbund. de/index.php/zeitschrift/zeitschrift-archiv.html]

NEUHAUS/GOSMANN/BÜRGER 2018* = Werner Neuhaus / Michael Gosmann / Peter Bürger (Hg.): Georg Nellius (1891-1952). Völkisches und nationalsozialistisches Kulturschaffen, antisemitische Musikpolitik, Entnazifizierung – späte Straßennamendebatte. Norderstedt: BoD 2018.

PIEPER 1920* = Pieper, Lorenz: Der Sauerländer. In: Trutznachtigall Nr. 7/1920, S. 74-77.

PIEPER 1925 = Pieper, Lorenz: Heil dir, mein Land, mein Sauerland. In: Der Jungdeutsche (Tageszeitung für Volkskraft und Ständefrieden), Jg. 1925, Nr. 51 vom 1.3.1925, 3. Blatt („Heimatbilder aus deutschen Landen"). [Ebenso erneut in: Mescheder Zeitung 90. Jg. (1929), Nr. 77.]

PIEPER 1934 = Pieper, Lorenz: Nationalsozialismus und Heimat. Vortrag auf dem 30. Sauerländischen Gebirgsfest in Fredeburg 1934. In: Sauerländischer Gebirgsbote Juni 1934, S. 91-92.

PILKMANN-POHL 1988* = Reinhard Pilkmann-Pohl (Bearb.): Plattdeutsches Wörterbuch des kurkölnischen Sauerlandes. Herausgegeben vom Sauerländer Heimatbund e.V. Arnsberg 1988. [https://www.yumpu.com/de/document/read/5013272/plattdeutsches-worterbuch-des-kurkolnischen-sauerlandes]

PILKMANN-POHL/BECKMANN 2019 = Sauerländer Heimatbund (Hg.): Sauerländer Platt. Ein Wörterbuch. So kuirt de Sauerlänner. Bearbeitet von Reinhard Pilkmann-Pohl (alte Fassung) und Werner Beckmann (neue Fassung). Schmallenberg: Woll-Verlag 2019.

PRÖPPER 1949 = Theodor Pröpper: Franz Hoffmeister, der Wächter sauerländischen Volkstums. Leben und Werk. Paderborn: Bonifacius-Druckerei 1949.

SAUERLÄNDISCHES VOLKSBLATT 1931 = Sauerländische Volksblatt (Kreisblatt für den Kreis Olpe) Nr. 36 vom 18.02.1931, Viertes Blatt. [Plattdeutsche Ankündigung zu einer Aufführung von zwei plattdeutschen Lustspielen Joh. Schultes in Ennest.]

SCHNIPPERING 1927 = Wilhelm Schnippering: Hopp, Mariänneken! Tanzfolge für Klavier zu zwei Händen aus Friedrich Wilhelm Grimmes Lustspiel „Jaust un Durtel". Neheim: Sauerländer Musikverlag König [1927].

SCHULT 1927 = Schult, Julius (Hg.): Grimme-Gedenkbuch. Zum 100. Geburtstag des Dichters Friedrich Wilhelm Grimme. Iserlohn: Sauerland-Verlag 1927.

SCHULTE [1926] = Johannes Schulte (Attendorn): De nigge Fürster, oder Duwwele Hochtit op Balken Huawe. Plattdeutsches Lustspiel in 4 Aufzügen. Attendorn: Selbstverlag des Verfassers [1926 (?)]. [69S.; Druck F.X. Ruegenberg Olpe.]

SCHULTE 1924 = Johannes Schulte (Attendorn): Christinken. Volksstück in 3 Aufzügen. (In der Reihe: Suerlänske Baikelkes). Bigge: Heimatverlag der St. Josefs-Druckerei 1924. [71S.]

SCHULTE 1929 = Johannes Schulte (Attendorn): De Snider ase Makelsmann. Platt-deutsches Lustspiel in einem Aufzuge. Attendorn: Selbstverlag [1929]. [30S.]
SCHULTE 1987 = Toni Schulte: Plattdeutsches Wörterbuch. Eine Wörtersammlung für Attendorn und Umgebung. Hg. Stadt Attendorn. Attendorn: Selbstverlag des Herausgebers 1987. [69.S.]
SCHULTE 1990 = Johannes Schulte (Attendorn): Min Heyme, Min Siuerland. Aus-gewählte Schriften mit Bildern aus dem Nachlaß. Herausgegeben von Toni Schulte. [Herstellung & Verlag: Gronenberg Gummersbach]. Attendorn 1990. [165S.]
STRUNZERDAL 2007 = Peter Bürger: Strunzerdal. Die sauerländische Mundartlitera-tur des 19. Jahrhunderts und ihre Klassiker Friedrich Wilhelm Grimme und Jo-seph Pape. Eslohe 2007. [Verlag: www.museum-eslohe.de]
THIEME 2001 = Hans-Bodo Thieme: Herbert Evers – Landrat des Kreises Olpe von 1933 bis 1945. (Schriftenreihe des Kreises Olpe Nr. 29). Olpe 2001.
TOCHTROP 1975 Theodor Tochtrop: Chronik des Sauerländer Heimatbundes e.V. 1912-35/1950-75. Brilon: SHb 1975.
TRUTZNACHTIGALL 1919-1921* = Trutznachtigall. Organ / Monatsblatt der Vereini-gung studierender Sauerländer (1919-1921). http://www.sauerlaender-heimat bund.de/index.php/zeitschrift/zeitschrift-archiv/trutznachtigall/283.html [Wechselnde Untertitel im Namen der Zeitschrift]
TRUTZNACHTIGALL 1921-1928* = Trutznachtigall. Heimatblätter für das kölnische Sauerland, Zeitschrift des Sauerländer Heimatbundes (1921-1928). http://www. sauerlaender-heimatbund.de/index.php/zeitschrift/zeitschrift-archiv/trutznachti gall/283.html [Wechselnde Untertitel im Namen der Zeitschrift]
TRUTZNACHTIGALL-FESTSCHRIFT 1927 = Festschrift zum 100. Geburtstage des Dichters des Sauerlandes. Friedrich Wilhelm Grimme. Zugleich: Trutznach-tigall. Heimatblätter für das kurkölnische Sauerland 9. Jg. (Heft 8), Dezember 1927.
WAGENER 2017 = Ferdinand Wagener (1902-1945): Gesammelte Werke in sauer-ländischer Mundart, nebst hochdeutschen Texten. Herausgegeben von Peter Bürger und Wolf-Dieter Grün. Norderstedt: BoD 2017.
WEBER 1991 = Ulrich Weber: Die niederdeutsche Dialektliteratur Westfalens im 19. Jahrhundert. Ihre Anfänge und ihre Ausbreitung. In: Augustin Wibbelt-Ge-sellschaft (Hg.). Jahrbuch 7 (1991), S. 41-72.
WOESTE 1882* = Friedrich Woeste: Wörterbuch der westfälischen Mundart. Her-ausgegeben von A. Lübben. Norden-Leipzig: Soltau 1882. [Bayerische Staats-bibliothek digital: https://download.digitale-sammlungen.de/pdf/1447798428bs b11023641.pdf]
WOLF 2021 = Walter Wolf: Das Wendsche Platt. Eine Ermittlungsreise. Norder-stedt: BoD 2021.

Autorinnen & Autoren

(alphabetischer Index)

Zu den Autorinnen und Autoren findet man einen biographisch-bibliographischen oder doch zumindest bibliographischen Eintrag im Nachschlagewerk zur sauerländischen Mundartliteratur: Peter BÜRGER, Im reypen Koren. Ein Nachschlagewerk zu Mundartautoren, Sprachzeugnissen und plattdeutschen Unternehmungen im Sauerland und in angrenzenden Gebieten. Eslohe 2010. [Verlag und Bezugsadresse: www.museum-eslohe.de]

BERG, Gottfried (1858-1939) – Lennestadt-Saalhausen, Bochum-Linden → S. 83-87.

BEULE, August (1867-1923, Schuhmacher) – Olsberg-Elpe, Bestwig Ramsbeck →S. 64-66.

CRAMER, Hugo (1892-1961, Lehrer) – Winterberg-Niedersfeld →S. 38.

DEMPEWOLFF, Franz (1875-1953, Lehrer) – Schmallenberg: Fredeburg & Wormbach →S. 23-24, 48-51.

FREIBURG, Anton (1877-1957, Priester) – Sundern-Allendorf, Winterberg, Plettenberg, Marsberg-Beringhausen →S. 227-233.

GROETEKEN, Friedrich Albert (1878-1961, Priester, Schulleiter & zeitweilig Schriftleiter des Heimatkalenders) – Bochum, Schmallenberg-Fredeburg →S. 33-37.

HATZFELD, Johannes (1882-1953, Priester) – Kirchhundem-Benolpe, Paderborn →S. 101-105, 191-196, 199-202.

HENGESBACH, Johann (1873-1956, Lehrer) – Schmallenberg-Bödefeld, Meschede-Eversberg →S. 29-32, 41, 67-76.

HILLEBRAND, Fritz ([1898]-1944, Lehrer) – Brilon, Arnsberg-Wennigloh →S. 209-210.

HOFFMEISTER, Franz (1898-1943, Priester & Leitgestalt des Sauerländer Heimatbundes) – Bestwig-Ramsbeck, Schmallenberg-Holthausen →S. 137-143.

KAYSER, Anna (1885-1962, Schriftstellerin) – Lennestadt-Hespecke →S. 146-148, 173-182, 183-188, 203-208, 213-226.

KOCH, Christine (1869-1951, ehemalige Lehrerin, Wirtsfrau) – geb. Wüllner – Eslohe-Herhagen, Schmallenberg-Bracht →S. 46-47, 81-82, 95-96, 109-113, 129-136 (?).

LEIßE, Johannes – Winterberg-Siedlinghausen →S. 62-63.

MOENIG, Franz *Anton* Kaspar (1875-1945, Priester) – Schmallenberg, Olsberg-Elpe, Finnentrop-Serkenrode, Meschede-Eversberg →S. 25-28, 79, 88-90, 97 (?), 106, 114-126, 144-145, 153-157, 189-190, 234, 235-238.

POGGEL-DEGENHARDT, Maria (1890-1976, Lehrerin & Buchautorin) – Kirchhundem-Heinsberg →S. 98-100.

– Buchhinweise –

Peter Bürger

Forschungsreihe zur Mundartliteratur
Zugleich ein Beitrag zur
Kulturgeschichte des Sauerlandes
www.museum-eslohe.de
www.sauerlandmundart.de

Im reypen Koren.
Ein Nachschlagewerk zu Mundartautoren, Sprachzeugnissen
und plattdeutschen Unternehmungen im Sauerland
und in angrenzenden Gebieten (Eslohe 2010).
ISBN 978-3-00-022810-0

Aanewenge.
Plattdeutsches Leutegut und Leuteleben im Sauerland (Eslohe 2006).
ISBN 3-00-020224-2

Strunzerdal.
Die sauerländische Mundartliteratur des 19. Jahrhunderts und ihre Klassiker
Friedrich Wilhelm Grimme und Joseph Pape (Eslohe 2007).
ISBN 978-3-00-022809-4

Liäwensläup.
Fortschreibung der sauerländischen Mundartliteraturgeschichte
bis zum Ende des ersten Weltkrieges (Eslohe 2012).
ISBN 978-3-00-039144-6

Eger de Sunne te Berre gäiht.
Die sauerländische Mundartliteratur von der Weimarer Republik
bis zur Gegenwart (geplanter Schlussband).

*

Sämtliche Sauerland-Literatur aus dem
Dampf Land Leute-MUSEUM ESLOHE
ist bestellbar über www.museum-eslohe.de (Link: Bücherei).
Buchverkauf vor Ort während der Öffungszeiten des Museums.

Peter Bürger (Hg.)

Sauerländische Mundart-Anthologie

Erster Band

Niederdeutsche Gedichte 1300 - 1918

Sauerländische Mundart-Anthologie. Erster Band:
Niederdeutsche Gedichte 1300 – 1918.
340 Seiten (ISBN 978-3-8370-2911-6)

– Buchhinweise –

Die neue plattdeutsche Bibliothek:

Sauerländische Mundart-Anthologie

Texteditionen zur Mundartliteraturgeschichte
aus dem Christine Koch-Mundartarchiv
am Dampf Land Leute-Museum Eslohe

Erster Band:
Niederdeutsche Gedichte 1300 - 1918
Buchfassung ISBN 978-3-8370-2911-6
(Paperback, 340 Seiten; 14,90 €)

Zweiter Band:
Plattdeutsche Prosa 1807 - 1889
Buchfassung ISBN: 978-3-7392-2112-0
(Paperback, 456 Seiten; 16,80 €)

Dritter Band:
Plattdeutsche Prosa 1890 - 1918
Buchfassung ISBN: 978-3-7412-2240-5
(Paperback, 548 Seiten; 16,90 €)

Vierter Band:
Lyriksammlungen der Weimarer Zeit
Buchfassung ISBN: 978-3-7412-7387-2
(Paperback, 580 Seiten; 18,00 €)

Fünfter Band:
Verstreute und nachgelassene Gedichte 1919-1933
Buchfassung ISBN: 978-3-7412-7153-3
(Paperback, 472 Seiten; 15,90 €)

https://www.bod.de/buchshop/
Verlag der Druckfassungen (bislang 12 Bände): BoD Norderstedt
Überall im Buchhandel erhältlich.

Sauerländische Mundart-Anthologie. Achter Band: *Gesamtausgabe der Theaterstücke von Friedrich Wilhelm Grimme 1861 – 1885.* 456 Seiten; ISBN: 978-3-7504-9583-8

Franz Nolte
(1877-1956)

PLATTDEUTSCHE DICHTUNGEN
UND BEITRÄGE ÜBER
DIE MUNDART DES SAUERLANDES

Herausgegeben von Peter Bürger
Druckfassung zur Digitalausgabe:
Norderstedt: BoD 2016. ISBN 978-3-7412-4205-2
[Paperback; 324 Seiten; Preis: 13,90 Euro]

Der kurkölnische Sauerländer Franz Nolte (1877-1956) aus Hagen bei Sundern konnte sich nur schwer mit der Vorstellung abfinden, dass die plattdeutsche Alltagssprache seiner Kindheit einmal ganz verstummen sollte. Als pensionierter Schulrektor verbrachte er seine beiden letzten Lebensjahrzehnte in Letmathe (heute Stadtteil von Iserlohn). Hier entstanden zahlreiche Mundartdichtungen, aber auch Beiträge über die Eigentümlichkeiten der sauerländischen Mundart und die Förderung des Plattdeutschen Kulturgedächtnisses.

Die hier vorgelegte Gesamtausgabe erschließt überwiegend abgeschlossene Sammlungen aus dem bislang unveröffentlichten Nachlass, darunter einige Texte von beachtlichem Niveau. In der niederdeutschen Literaturgeschichte Südwestfalens kann Nolte nicht übergangen werden.
Sein Werk eröffnet aber auch die Möglichkeit, Mentalitäten und Weltbilder früherer Generationen kennenzulernen.

Vorgelegt wird diese sorgfältig bearbeitete Edition zum Literaturprojekt des Christine Koch-Mundartarchivs am Museum Eslohe in Kooperation mit dem Sunderner Heimatbund.

https://www.bod.de/buchshop/
Überall im Buchhandel erhältlich.

– Buchhinweis –

Joseph Anton Henke
(1892-1917)
Finnentrop-Frettermühle

GESAMMELTE WERKE

Herausgegeben von Peter Bürger.
Norderstedt: BoD 2017. ISBN 978-3-7431-1229-2
[Paperback; 240 Seiten; Preis: 13,40 Euro]

Im Alter von 25 Jahren fand der Kriegsfreiwillige Joseph Anton Henke (1892-1917) aus Finnentrop-Frettermühle in Rumänien den Soldatentod. Schon zuvor war er als Verfasser einer kriegstrunkenen Lyrik in Erscheinung getreten. Am Ende ging er nicht gerne in den Tod. Die Menschenschlächterei des 1. Weltkrieges hatte ihn in Abgründe geführt, von denen späte Manuskripte ein erschütterndes Zeugnis ablegen: „Wir wurden Tiere, stumpf in Mord und Blut ...“

Über die Heimatbewegung der 1920er Jahre kamen freilich nur unverfängliche Verse zum Druck. Eine Vertonung des 1916 entstandenen Gedichtes „Meyn Duarp, en Hius, en Linnenbaum“ gehörte noch nach dem 2. Weltkrieg zu den populärsten Chorstücken der Landschaft.

Die vorliegende Werkausgabe vereint die hoch- und plattdeutschen Dichtungen dieses kölnischen Sauerländers. Sie enthält auch bislang ungedruckte Nachlasstexte sowie Henkes Sammlung „Sauerländische Volkspoesie“ (1913). Das Buch erschließt Leben und Werk eines ambitionierten Lyrikers, gleichzeitig aber auch ein weiteres Kapitel zur "Friedenslandschaft Sauerland".

https://www.bod.de/buchshop/
Überall im Buchhandel erhältlich.

Ferdinand Wagener
(1902-1945)

GESAMMELTE WERKE
in sauerländischer Mundart,
nebst hochdeutschen Texten.

Herausgegeben von Peter Bürger und Wolf-Dieter Grün.
Ein Editionsprojekt zur Mundartliteraturgeschichte
aus dem Christine Koch-Mundartarchiv am Museum Eslohe
in Zusammenarbeit mit dem Heimatbund Gemeinde Finnentrop e.V.

Norderstedt: BoD 2017. ISBN: 978-3-7431-7570-9 (Paperback; 612 Seiten)

Dr. Ferdinand Wagener (1902-1945), geboren auf dem entlegenen Kleinbau-
ernhof Steinsiepen (Kirchspiel Schliprüthen) und seit Schultagen in der Hei-
matbewegung aktiv, entscheidet sich nach einer rätselhaften Vergiftung gegen
den eingeschlagenen Weg zum Priesterberuf. Er schreibt Heimatbücher, pro-
moviert in Freiburg (Zweitgutachter Martin Heidegger), wird
sauerländischer Verleger und kämpft um seine wirtschaftliche Existenz.
Als Soldat stellt er 1943/44 alle eigenen Dichtungen in
Manuskriptbänden neu zusammen: „Vielleicht ... bin ich bald tot."

Auf der Grundlage des Nachlasses erschließt dieses Buch das plattdeutsche
Gesamtwerk und eine Auswahl hochdeutscher Lyrik. Einige bislang unbekann-
te Texte weisen Wagener als einen Autor von Rang aus. Die autobiographi-
schen Erzählungen „Ächter de Kögge" erhellen die Hütekinderzeit und das Leu-
teleben der katholischen Landschaft. Die literarische Spurensuche gilt auch
Wageners ideologischer Kooperation mit dem NS ab 1933.

https://www.bod.de/buchshop/
Überall im Buchhandel erhältlich.

Magdalene Fiebig (Bearb.)

Sauerländische Mundart-Anthologie

Neunter Band Bühnentexte von
Gottfried Heine, Jost Hennecke,
Johannes Schulte & Franz Rinsche

Sauerländische Mundart-Anthologie. Neunter Band: *Bühnentexte von
Gottfried Heine, Jost Hennecke, Johannes Schulte & Franz Rinsche.*
312 Seiten (ISBN: 978-3-7519-5334-4)

– Buchhinweis –

Peter Bürger

Fang dir ein Lied an!
Selbsterfinder, Lebenskünstler
und Minderheiten im Sauerland.

ISBN 978-3-00-043398-6
(688 Seiten; fester Einband; 170 Abbildungen)
Selbstverlag/Vertrieb: Dampf Land Leute-Museum Eslohe
www.museum-eslohe.de

*Mit einer Untersuchung zu den sauerländischen „Kötten", zwei Studien
zum Thema „Wilddiebe", zahlreichen dokumentarischen Zeugnissen sowie
Originalbeiträgen von Hans-Dieter Hibbeln, Werner Neuhaus,
Dr. Friedrich Opes und Albert Stahl.*

Selbsterfinder sind beliebte Gestalten der heimatlichen Überlieferung des Sauer-
landes. In diesem Buch treten sie auf die Bühne: gewitzte Tagelöhner, Kleinbauern
und Handwerker, lustige Leutepriester, schlagfertige Sonderlinge, Nachfahren von
Eulenspiegel, Flugpioniere, Wunderheiler, berühmte Hausierer, Bettelmusikanten,
ein heiliger Landstreicher, eine legendäre Wanderhändlerin, der populäre „Wild-
schütz Klostermann" – flankiert von vielen sauerländischen Wilddieben – und sogar
ein ganzes „Dorf der Unweisen", dessen Klugheit nur Eingeweihte zu schätzen
wissen.

Fast alle diese Lebenskünstler gehörten zu den kleinen Leuten und „Behelpers". In
ihnen spiegeln sich Bedürftigkeit, Sehnsucht und Reichtum jedes Menschen. Wir
begegnen Gesichtern einer Landschaft, in der einstmals der „Geck", ein Hofnarr
besonderer Art, heimlich die Schützenfeste regierte. Unangepasste Alltagshelden
verführen uns zu neuen Wahrnehmungen und
zu einem anderen Leben: „Fang dir selbst ein Lied an!"

Bei den literarischen Erfindungen, Legenden und Räuberpistolen können
wir natürlich nicht stehenbleiben. Der folkloristische Kult um sogenannte „Originale"
verschleiert oft die Lebenswirklichkeiten von Armen und Außenseitern. Geschich-
tenerzähler und Historiker sollten sich deshalb gemeinsam auf eine sozialge-
schichtliche Spurensuche begeben. Tabus und Diskriminierungen müssen zur
Sprache kommen. Wer von „Heimat" spricht, darf die Geschichte der „Kötten" und
anderer Minderheiten nicht verschweigen.

– Buchhinweis –

Peter Bürger

Friedenslandschaft Sauerland

Antimilitarismus und Pazifismus in einer
katholischen Region. Ein Überblick –
Geschichte und Geschichten.

ISBN 978-3-7392-3848-7
(204 Seiten; Paperback; BoD)
Zweite, veränderte Auflage 2016

Mit diesem Buch liegt die vielleicht erste Friedensgeschichte einer katholisch ge-
prägten, später „neupreußischen" Landschaft vor. Lange verlästerten
die Sauerländer den Krieg und votierten standhaft für den Frieden ...

Als der katholische Teil des Sauerlandes nach 1800 unter hessische und dann
preußische Landesherrschaft kam, behagte den Bewohnern die neue Pflicht zum
Soldatsein überhaupt nicht. Es kam zu massenhaften Desertionen.
Über Schule und Kriegervereine musste der Sinn fürs Militärische
durch die neuen Herren erst geweckt werden.

Das kölnische Sauerland war zur Zeit der Weimarer Republik jedoch eine Hoch-
burg des Friedensbundes deutscher Katholiken. Der Bund gehörte dann mit zu den
ersten katholischen Verbänden, die 1933 verboten wurden.
Einige Kriegsgegner mussten für ihre Standfestigkeit große Nachteile
in Kauf nehmen oder wurden sogar von den Nazis ermordet.

Das weltkirchliche Bekenntnis zur Einheit der ganzen menschlichen Familie auf
der Erde spielt in den friedensbewegten Linien der „anderen Heimatgeschichte"
eine wichtige Rolle. Hierin liegt auch eine Zukunftsperspektive der katholisch ge-
prägten, heute immer bunter werdenden Region.

Die Überschrift „Friedenslandschaft" markiert kein Gütesiegel,
sondern die Möglichkeit einer guten Wahl: Heimat für Menschen,
Ausgrenzung nur für Stammeswahn und braune Stammtischphrasen.

edition *leutekirche sauerland*
Bislang 21 Bände
Im Verlag: https://www.bod.de/buchshop/